CW01657633

名画の本音

名画は嘘をつく3

木村泰司

ビジュアルだいわ文庫

大和書房

名画の本音　目次

第1章　タイトルの誤解

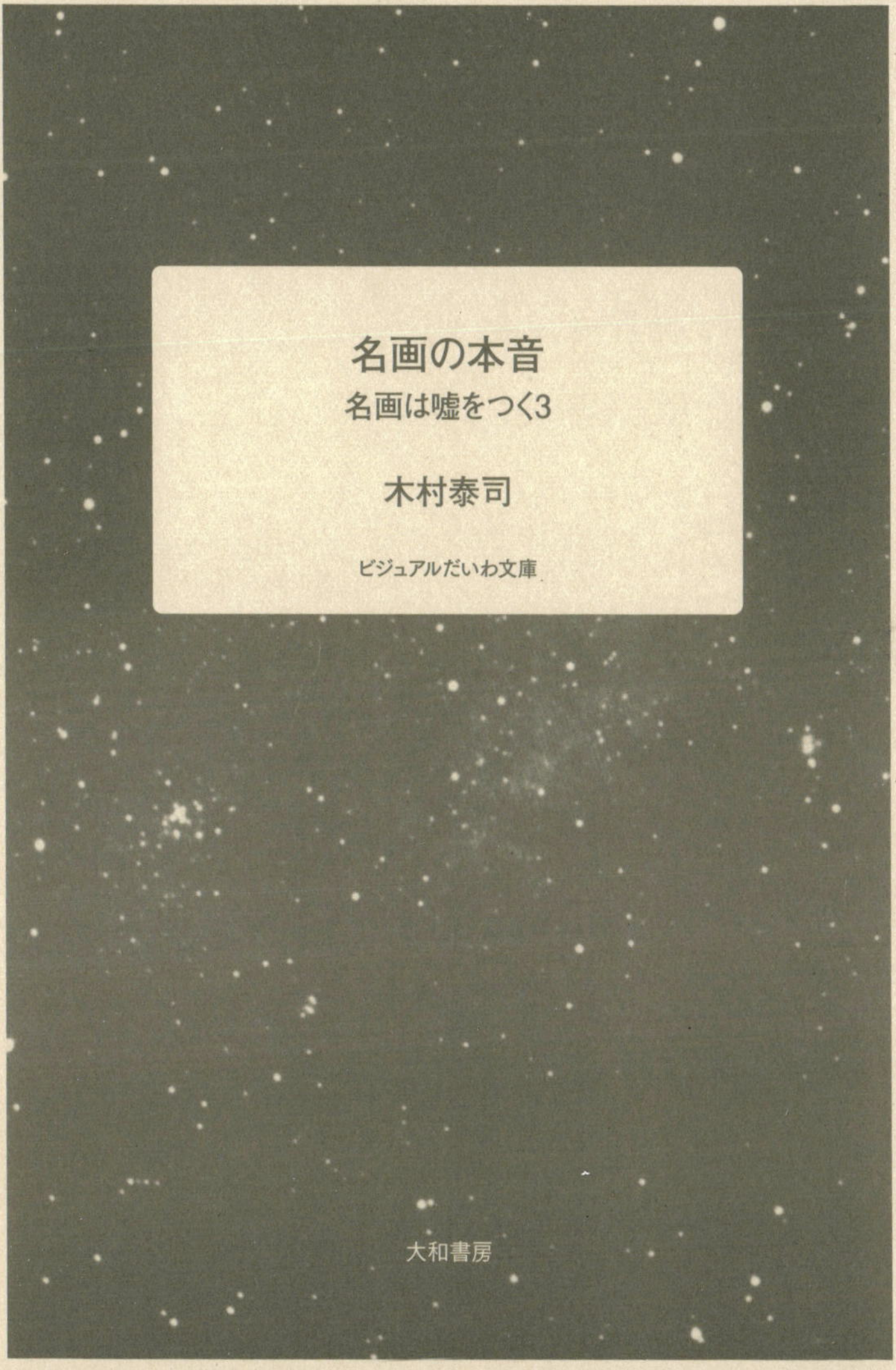

名画の本音

名画は嘘をつく3

木村泰司

ビジュアルだいわ文庫

大和書房

第2章　モデルのトリック

第3章 景観の秘密

第4章　描写の嘘

第5章「盛った」演出

第6章　時空を超えた背景

第7章　画家の本意

第8章　ありえない設定

第9章　家族たちの偽り

第10章　神々の謎

第1章

タイトルの誤解

そもそも春を描いたのかさえ不明

《プリマヴェーラ（春）》

サンドロ・ボッティチェリ［イタリア、1444－1510］

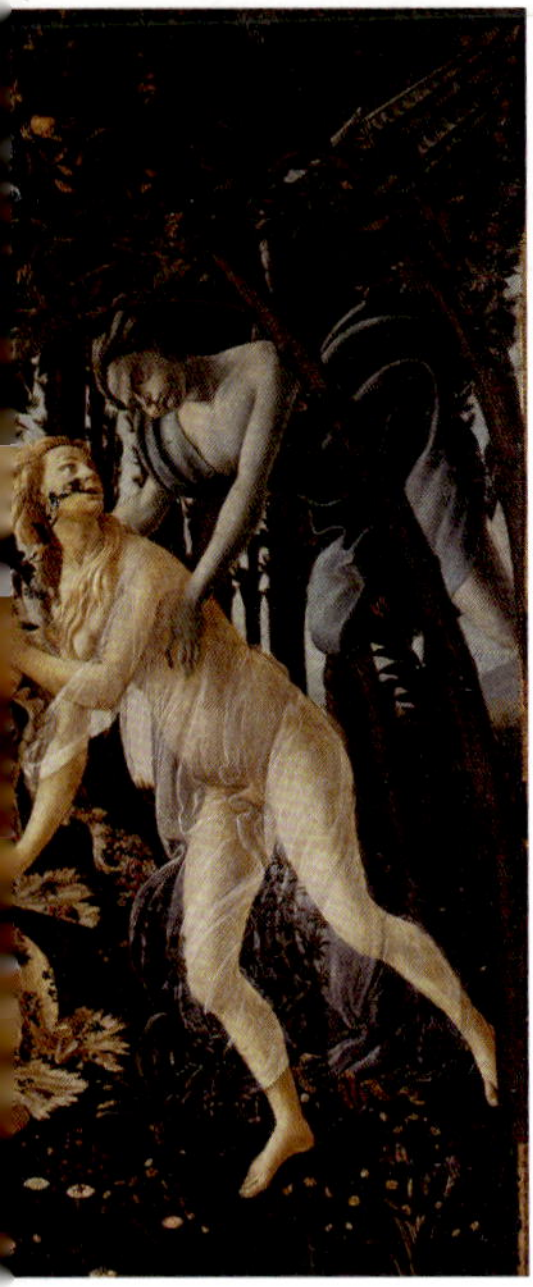

ボッティチェリ自身がつけたタイトルではない

世界で最も有名な絵画の一つであるこの作品は、メディチ家のロレンツォ豪華王の又従兄弟のために制作されたと考えられています。ルネサンスの文芸復興も進んだ結果、教養人のために描かれた寓意画も発展していきました。寓意画は、様々な解釈ができる点が魅力です。しかし、そのため未だに、この作品の寓意解釈も諸説存在するのです。

現在、ウフィツィ美術館では、この作品を「プリマヴェーラ（春）」もしくは「春の寓意」と呼びますが、当時の慣習で画家自身がタイトルをつけたわけではありません。そもそも、春をテーマにしているかどうかも不明なのです。

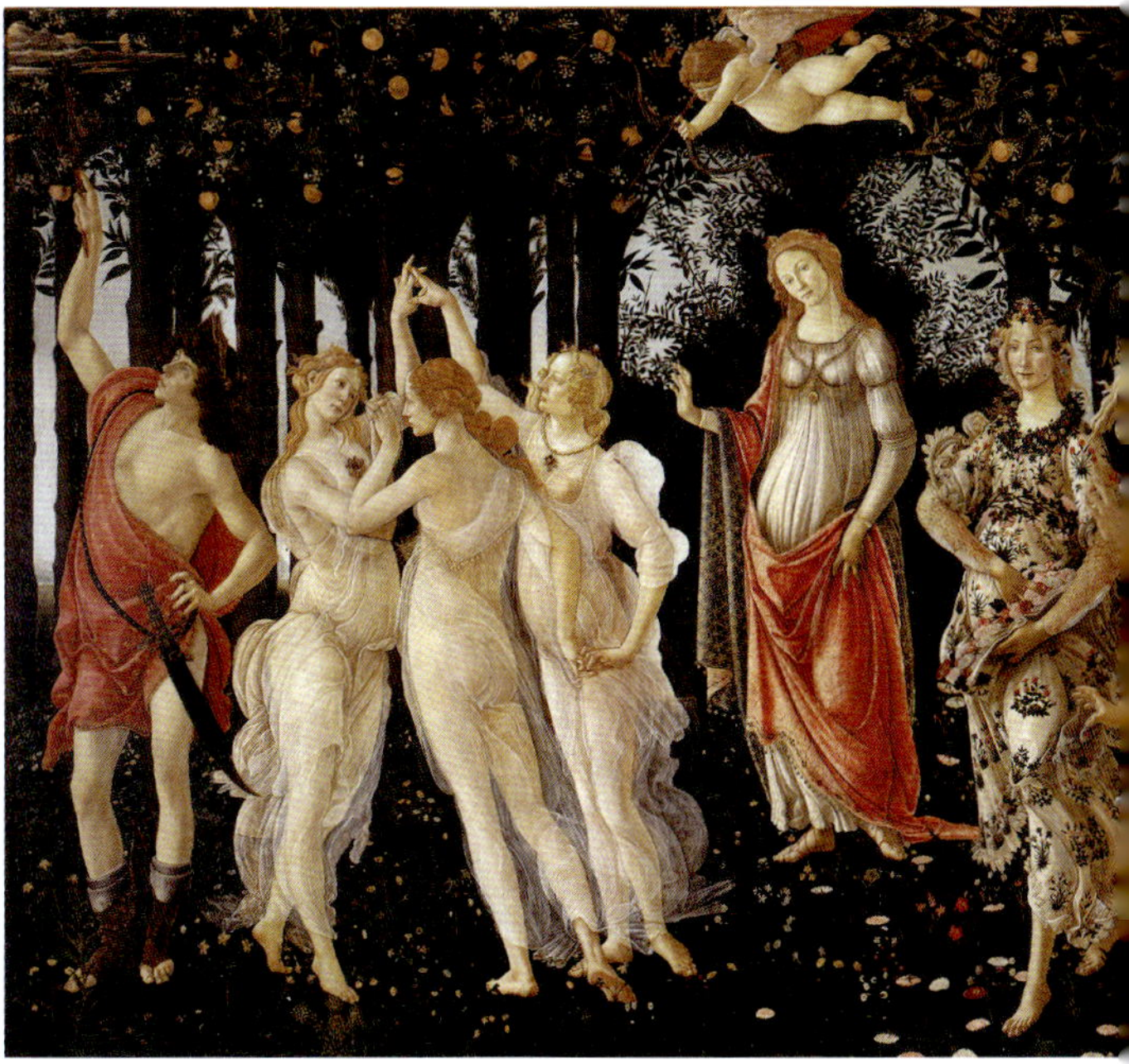

1477-82年　テンペラ　203×314cm　ウフィツィ美術館、フィレンツェ

ただし「春」というタイトルも、決して見当違いではありません。古代ローマの詩人オウィディウスによると、一番右に青色で描かれた西風の神ゼフュロスが妖精クロリスを捕まえ抱きしめると、その口から花が溢れ出ているようにクロリスは花の女神フローラに変身しました。

西風は、春の訪れを告げ豊穣をもたらすそよ風でもあったのでした。

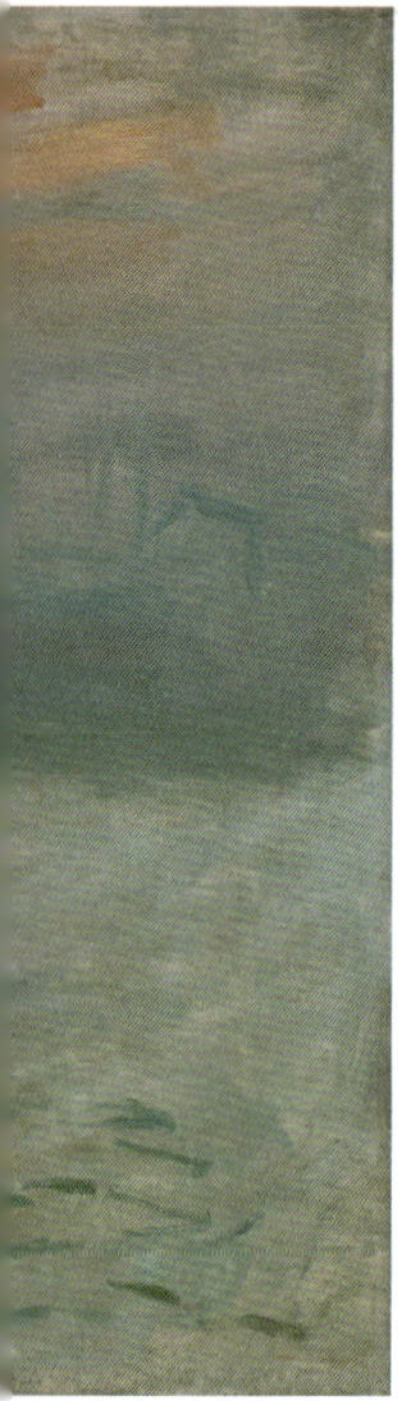

「印象派」の名称を確立したタイトルの秘密

《印象、日の出》

クロード・モネ［フランス、1840-1926］

じつは後からつけられた言葉だった

保守的な官展（サロン）に対し反旗を翻すように、印象派の仲間たちによるグループ展が開かれたのは1874年のことでした。それまでは集っていたカフェがあった地名を取って「バティニョール派」と呼ばれていた彼らが、「印象派」及び「印象主義」と呼ばれるきっかけとなったのが、その1874年のグループ展に出品されたこの作品だったのです。モネが育ったル・アーヴルにおける朝靄（あさもや）の中の港が描かれています。

しかし、印象派という名称は、高く評価されたために定着したものではありません。保守的な批評家が、この展覧会を面白おかしく論ずるため、モネのこの作品を引用して「印象派たちの展覧会」という題で論評も発表したのです。未完成のよ

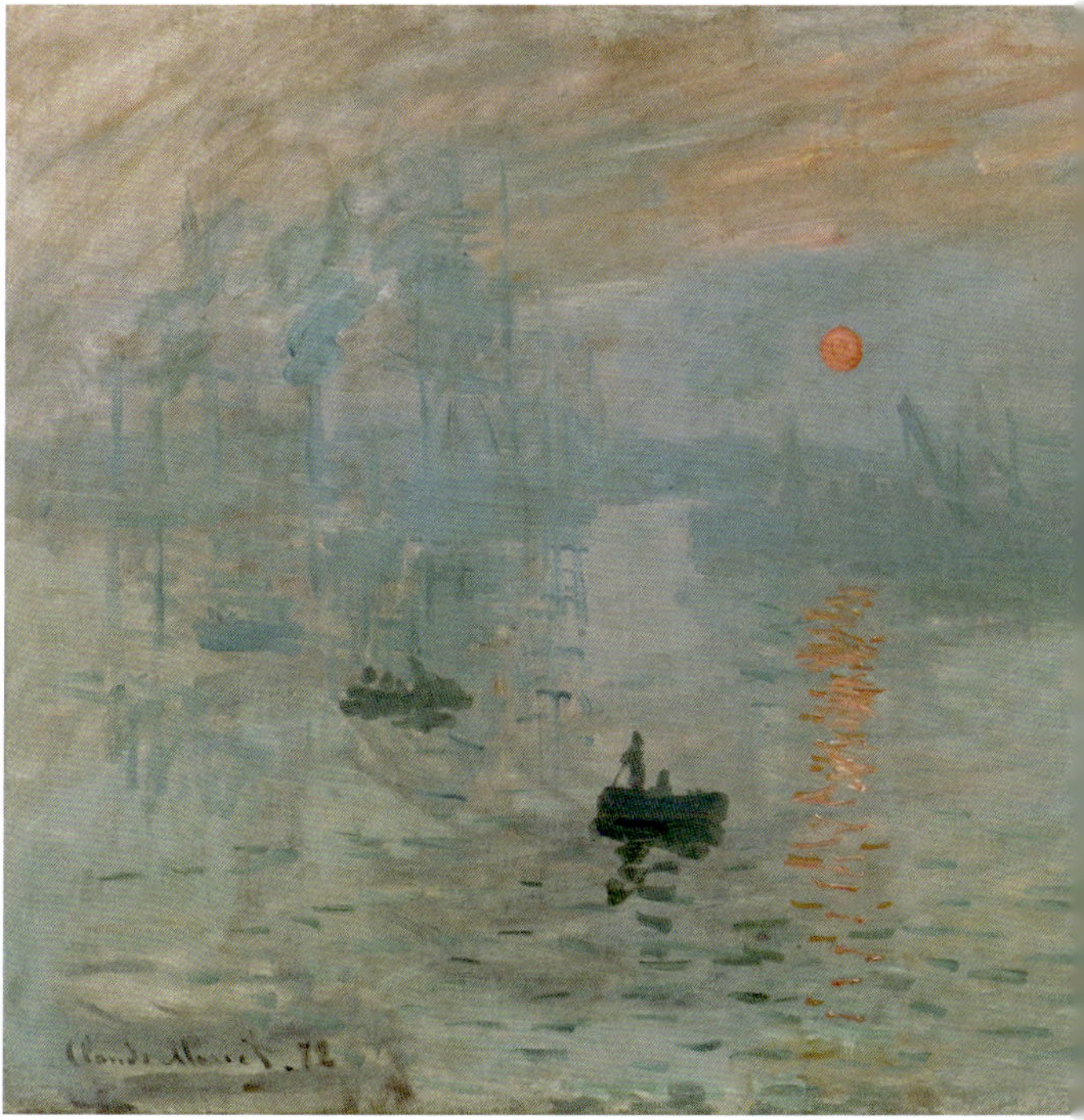

1872年　油彩・画布　48×63cm　マルモッタン・モネ美術館、パリ

うに映る「印象」という言葉自体が、保守的な美術界では絵画に相応しいものと見なされませんでした。

また、物議を醸した「印象」という言葉ですが、展覧会の図録製作中にシンプルすぎる題名に異議が唱えられたため、モネがその場でつけ加えた言葉でもあったのです。

ゆりかごはどこにあるの？

《ルーラン夫人 ゆりかごを揺らす女(子守唄)》

フィンセント・ファン・ゴッホ［オランダ、1853－1890］

ゆりかごの紐(ひも)だけが鑑賞者に向かって伸びている

郵便夫ルーランは、アルル時代のゴッホにとって唯一の親友でした。その夫人がゆりかごを揺らしている姿を描いた作品は、全部で5枚存在しています。

なぜ5枚も描かれたかというと、絵の出来栄えに大変満足していたゴッホは、彼にとっての最高傑作を求める人がいた場合、間違いなく供給できるようにしておきたかったからです。

ゴッホはオランダの画家らしく、まるで昔日のネーデルラント絵画の巨匠たちの三連祭壇画のように、ルーラン夫人の肖像を真ん中にして、両側にそれぞれ連作《ひまわり》の2枚をつなげてゴーギャンに贈ろうと考えていました。

ちなみに、メトロポリタン美術館版（次頁）は、ゴッホが5枚の中でも最も傑作だと考えていたものです。彼がルーラン夫人に1枚を進呈する際に、5枚の中から彼女が自ら選んだものでした。

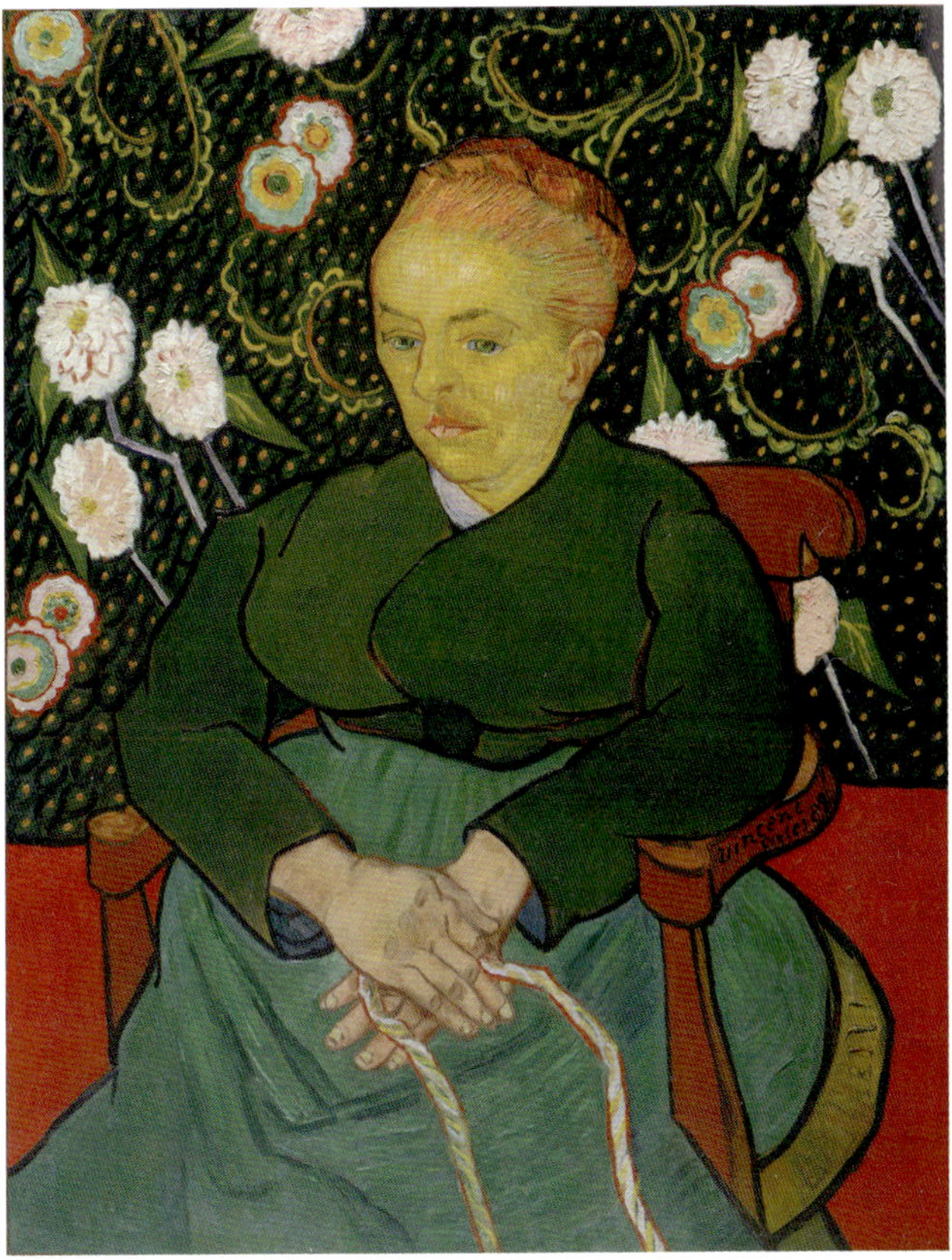

1889年　油彩・画布　92.7×73.7cm
メトロポリタン美術館、ニューヨーク

次頁で紹介するのはクレラー・ミュラー美術館（オッテルロー、オランダ）収蔵のものとなりますが、ほかの3枚はシカゴ美術館、ボストン美術館、アムステルダム市立美術館に、それぞれ収蔵されています。

タイトルがまぎらわしいのですが、ゆりかご自体は描かれていません。ゆりかごに結びつけられた紐を持って座る夫人が描かれているのですが、その紐がゆりかごのものであることが、紐がないゆりかごを見慣れている現代人にはわかりづらいのです。

また、フランス語の“La Berceuse”には「ゆりかごを揺らす女」という意味と同時に「子守唄」という意味があります。ゆりかご自体が描かれていないのは、ゆりかごを揺らす行為自体が重要だったからではありません。3人目の子どもマルセルを産んだばかりのルーラン夫人を、ゴッホはすべての母親の象徴として描きました。

したがって、ルーラン夫人が手に持つ紐が、鑑賞者に向かって伸びていることにより、見る者が母の愛に包まれ守られている赤ん坊になるのです。

自分の芸術を通して、人々に癒しや慰めを与えようと志し画家になったゴッホ。

自らの耳の一部を切り取る事件を起こす直前に制作を開始し、退院後に完成させたこれらルーラン夫人の肖像は、共同生活を送っていたゴーギャンにも去られたゴッホにとって、夫人の肖像を描く行為自体が傷ついた自分の魂への救済となっていたのでした。

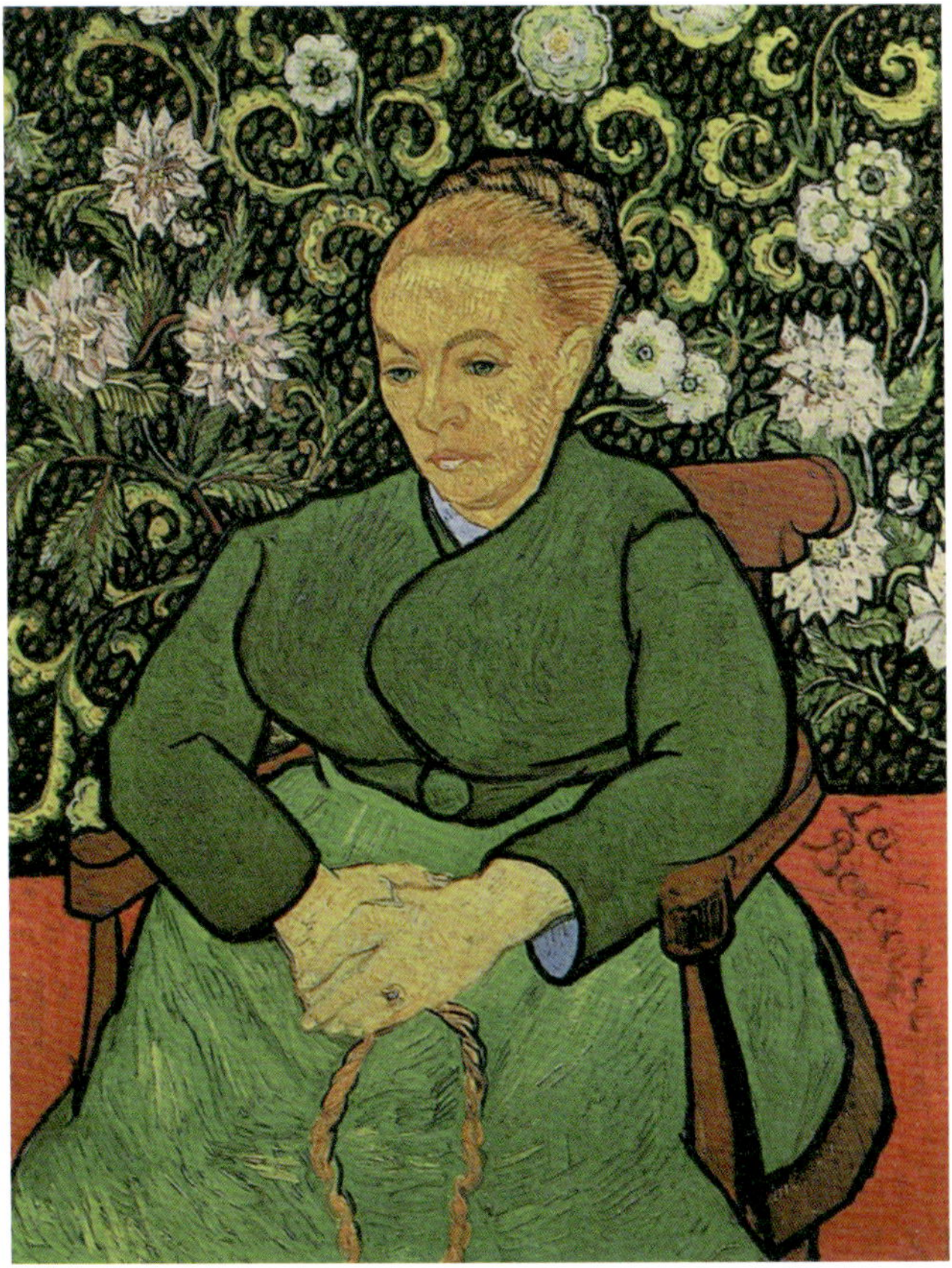

1889年　油彩・画布　92×73cm
クレラー・ミュラー美術館、オッテルロー（オランダ）

昼寝を意味する題名だが、ほぼ誰も寝ていない

《ラ・シエスタ、スペインの思い出》

ギュスターヴ・ドレ［フランス、1832-1883］

スペイン特有の習慣を象徴的に描いた

19世紀のフランスでは、ちょっとしたスペイン・ブームが起こります。スペイン絵画にも注目が集まり、ナポレオン3世妃もスペインから嫁いできました。

近代絵画の父マネをはじめ、スペインを大いなる霊感源として、自分の芸術を昇華させていった画家たちも少なくありませんでした。画家としてだけでなく、版画家やイラストレーターとしても活躍したドレもその一人です。スペインを舞台にした小説『ドン・キホーテ（フランス語版）』のドレによる挿絵も、よく知られています。

タイトルの「シエスタ」はスペイン語で午睡（昼寝）を意味します。ナポレオンの「ピレネーを越えればアフリカ」ではないですが、ヨーロッパとは異質なスペイン特有の風俗や文化は、ピレネー山脈より東に暮らすヨーロッパ人の異国趣味を大いにかきたてました。しかし、午睡をテーマにしながらも、描かれている人たちは睡眠中ではないようです。これはスペイン特有の習慣を象徴的に描いているのです。

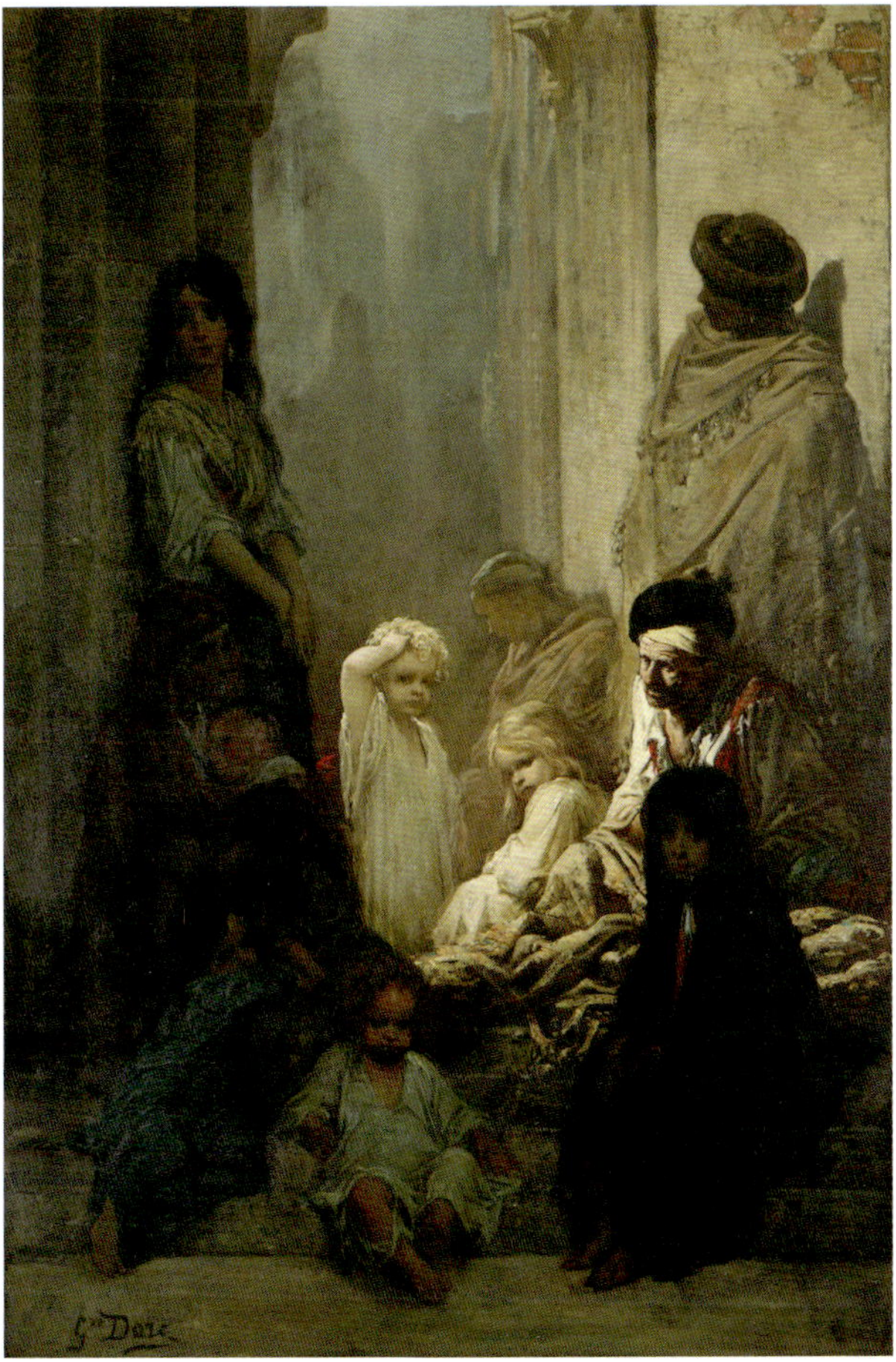

1868年頃　油彩・画布　278.1×191.8cm
国立西洋美術館、東京

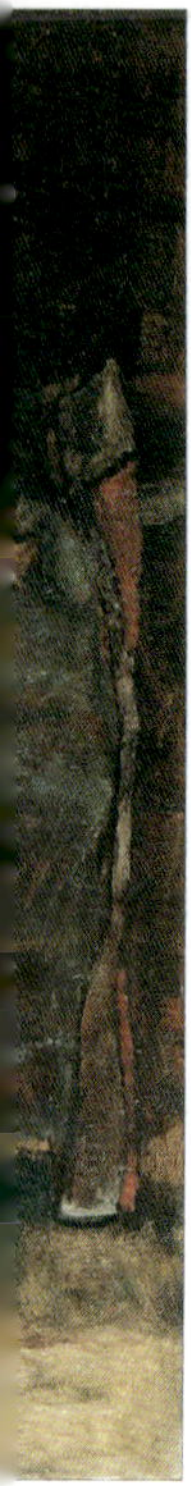

父親は自分の肖像画だが、この妻子は誰？

《家族》

エゴン・シーレ［オーストリア、1890－1918］

実際には子どもがいなかったシーレ夫婦

しゃがみ込む家族の姿を描いたこの作品で、父親のモデルとなっているのは画家シーレ自身です。数多くの自画像を遺したシーレらしい作品なのですが、そうなると母親と子どものモデルになっているのも、このタイトルからして彼の妻子と考えられて当然です。

性的に大変奔放であったシーレですが、彼にはエーディトという妻がいました。しかし、エーディトのモノクロ写真やシーレが彼女をモデルに描いたほかの作品と見比べると、この《家族》の母親がエーディトではないことがわかります。また、描かれている子どものモデルとなったのは、彼の甥のようです。シーレ夫妻には、子どもがいませんでした。未完に終わったこの作品では、象徴主義の画家シーレらしく、象徴的な家族を描こうとしたのであり、自分の家族の肖像を写実的に描こうとしたわけではないのです。

1918年10

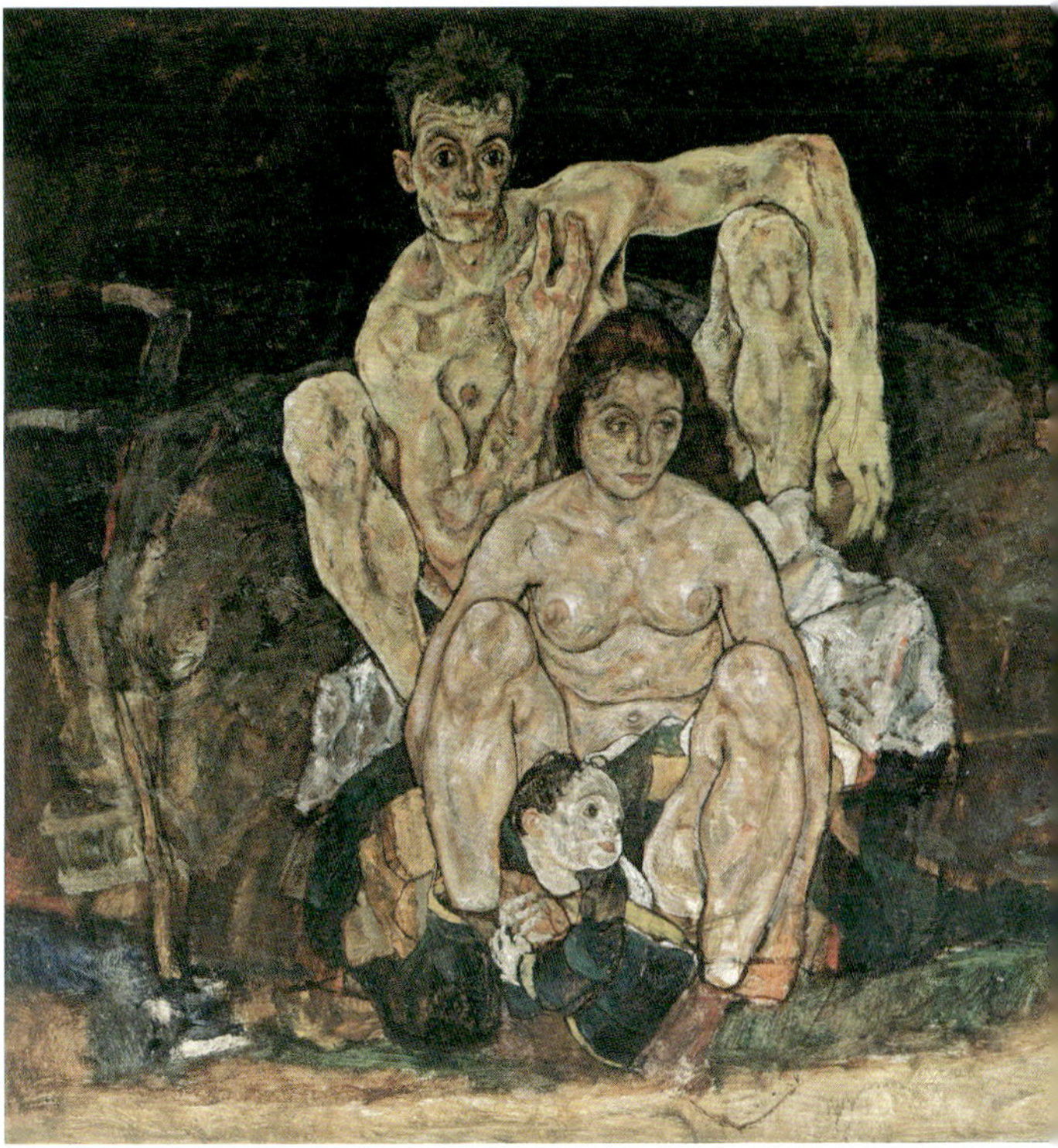

1918年　油彩・画布　150×160cm　オーストリア美術館、ウィーン

月、エーディトは当時世界的に流行していたスペイン風邪で、夫の子どもを宿したまま命を落とします。その3日後、シーレも同じ病で短い生涯を終えました。

どうしてタイトルが二つあるのか？

《ニンフとサテュロス（ユピテルとアンティオペ）》

ジャン＝アントワーヌ・ヴァトー［フランス、1684－1721］

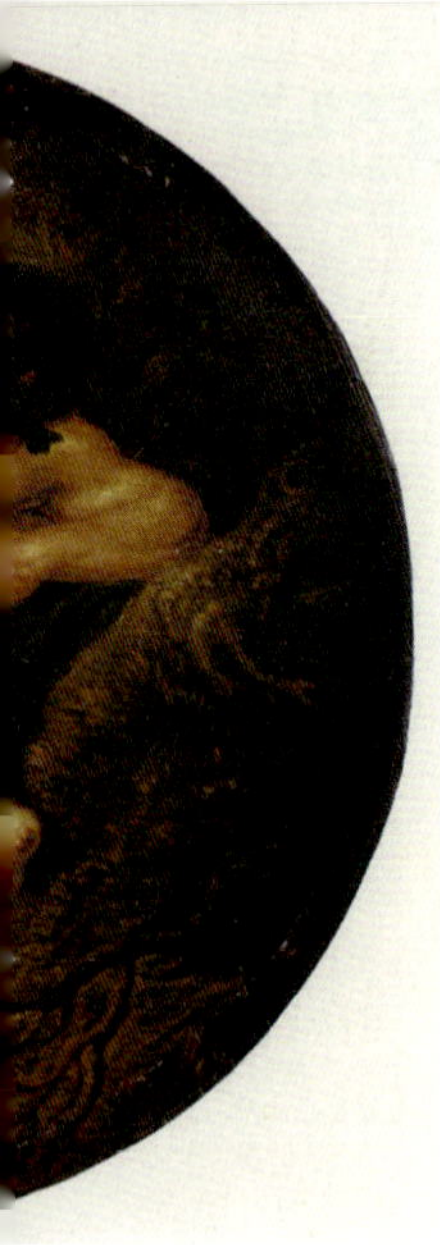

転売などにより複数のタイトルがつく場合も

現在、所蔵先のルーヴル美術館では《ニンフとサテュロス》のタイトルとして記録されているこの作品ですが、別名《ユピテルとアンティオペ》としても知られています。

なぜ、このような事態が起こるのかというと、近代以前の美術品には基本的にはタイトルがありませんでした。格調高い歴史画は、聖書や神話など主題が明確だったため、タイトルそのものが必要ないのです。なぜなら、一級品の作品を所有したり鑑賞したりする階級の人々は、絵画を「読む」ことができる知識があったからでした。現在に伝わるタイトルは、目録での説明書きがそのまま生かされていることが多いため、転売などされて説明書きが変わったりした結果、複数の

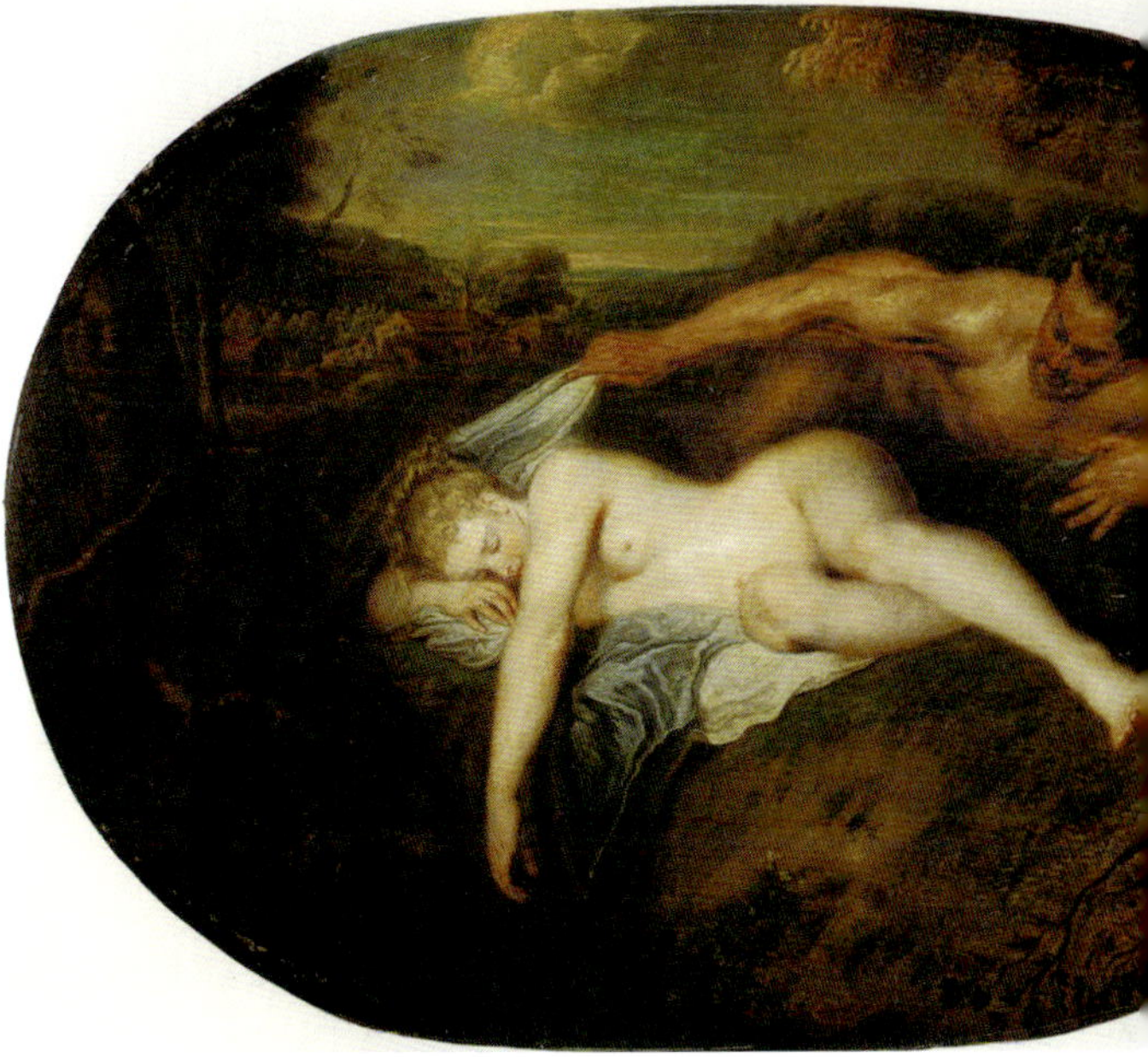

1715-16年　油彩・画布　73×107㎝　ルーヴル美術館、パリ

タイトルが残ってしまうこともあるのです。

ちなみに、この作品が持つ二つのタイトルですが、どちらも間違ってはいません。なぜならば、ラテン文学『変身物語』からのエピソードで、ユピテルがサテュロスに変身してニンフ（精霊）のアンティオペを襲っている場面が描かれているからです。

まぎらわしいタイトルだが歴(れっき)とした祭壇画

《快楽の園》

ヒエロニムス・ボス［ネーデルラント、c1450-1516］

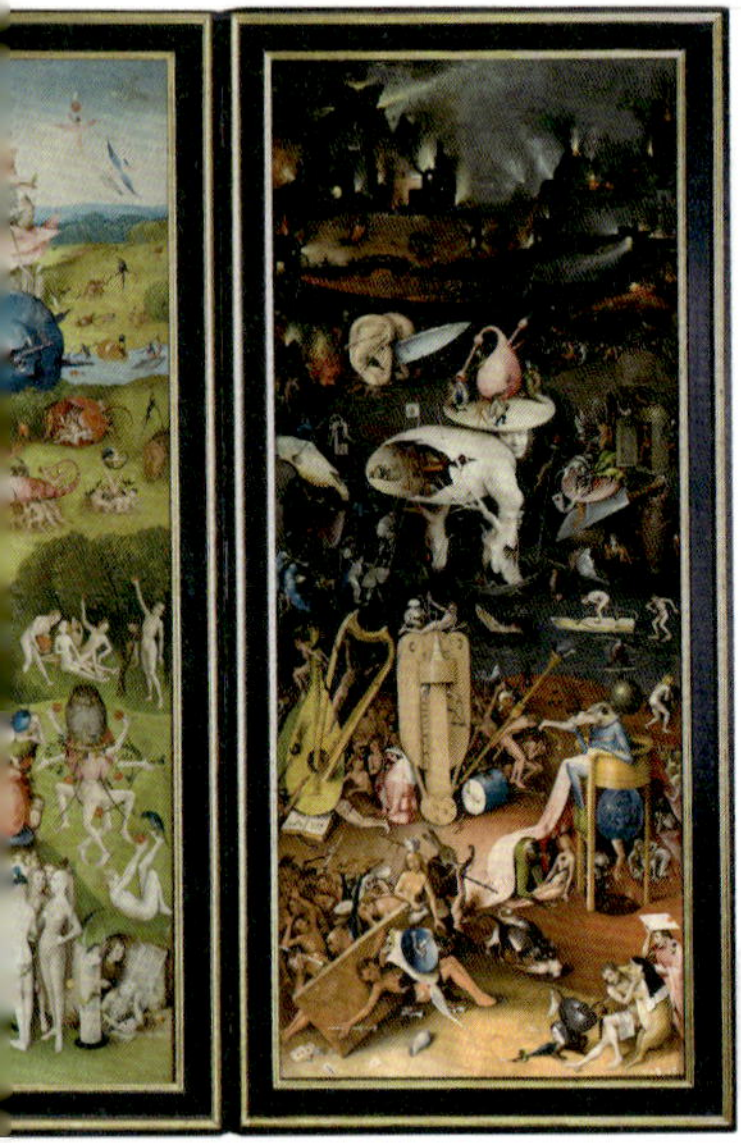

エロティック・アートと勘違いしないように

タイトルからして春画のようなエロティック・アートと勘違いする人がいますが、左翼ではアダムとエヴァが描かれているようにこれは祭壇画（宗教画）です。快楽に溺れる人間を描くことによって、世の堕落を描いているのです。中央翼では様々な形で罪深い人間の姿が描かれています。複雑な寓意には諸説ありますが、パレードする人々や動物にまたがる姿は性行為の隠喩(いんゆ)であり、果物は快楽、魚は男性器、ムール貝は女性器の象徴と考えられます。彼らは、右翼に描かれた地獄行きとな

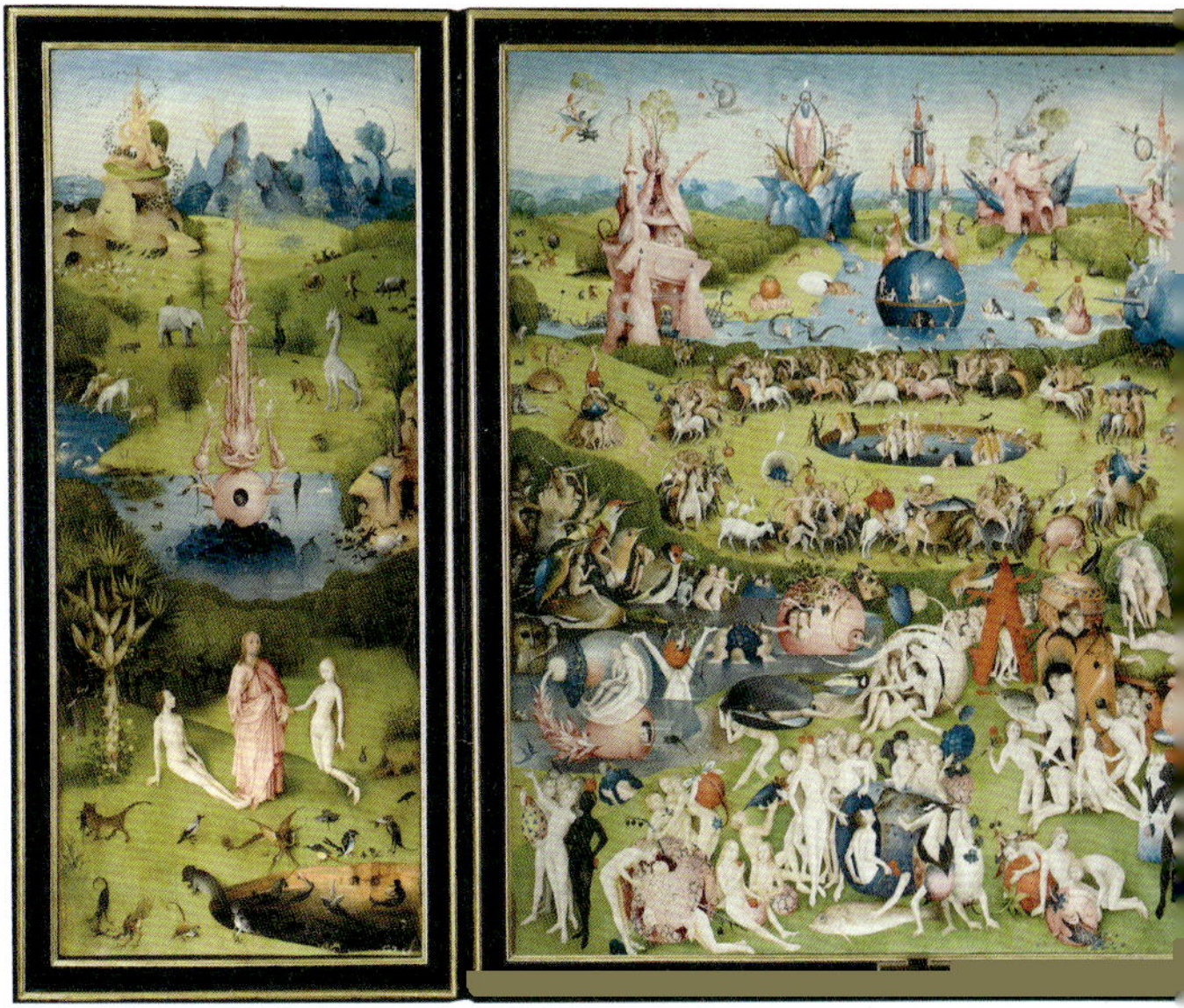

1500-1505年　油彩・板　220×195cm（中央）、
220×97cm（左右翼）プラド美術館、マドリード

るわけです。

　この三連祭壇画を1591年に購入したスペイン王フェリペ2世は、彼が建造した宮殿を兼ねたエル・エスコリアル修道院に、これを飾りました。当然、エロティック・アートとしてではありません。

　晩年のフェリペ2世は痛風のため、その痛みから身体を動かすこともままならず、エル・エスコリアルでの寝室は、ベッドから礼拝堂でのミサを授かれるように設計されていたくらい、熱心なカトリック教徒だったのでした。

サロンに落選したのも当然の理由とは？

《庭の女たち》

クロード・モネ［フランス、1840-1926］

本当に描こうとしたのは木漏れ日など光の効果

パリ郊外の自宅の庭で制作を始めた作品です。現代では戸外で絵画制作すること自体、珍しいことではなくなりましたが、19世紀前半にチューブ入りの絵の具が開発されるまでは、アトリエ内で制作することが常識でした。戸外で制作する画家たちは「外光派」と呼ばれ、とても珍しい存在と見なされたのです。ただし、印象派も戸外で制作したことで有名ですが必ずしも全員でもなく、ドガは伝統に従いアトリエで制作しましたし、モネ自身もアトリエを持っていて、この作品が完成したのもアトリエにおいてでした。

この作品は1867年の官展（サロン）に落選してしまうのですが、その理由は当時の審査員が評価しなかったモネ特有の技法からくる筆触の跡が目立つ点と、「絵画は読むもの」という考えが主流の時代における主題性・物語性の欠如でした。しかし、それも当然のことで、題名は《庭の女たち》とあるものの、モネが作品で探求しようとしたのは、外光あふれる屋外における人物像や木漏れ日などの光の効果だったからなのです。

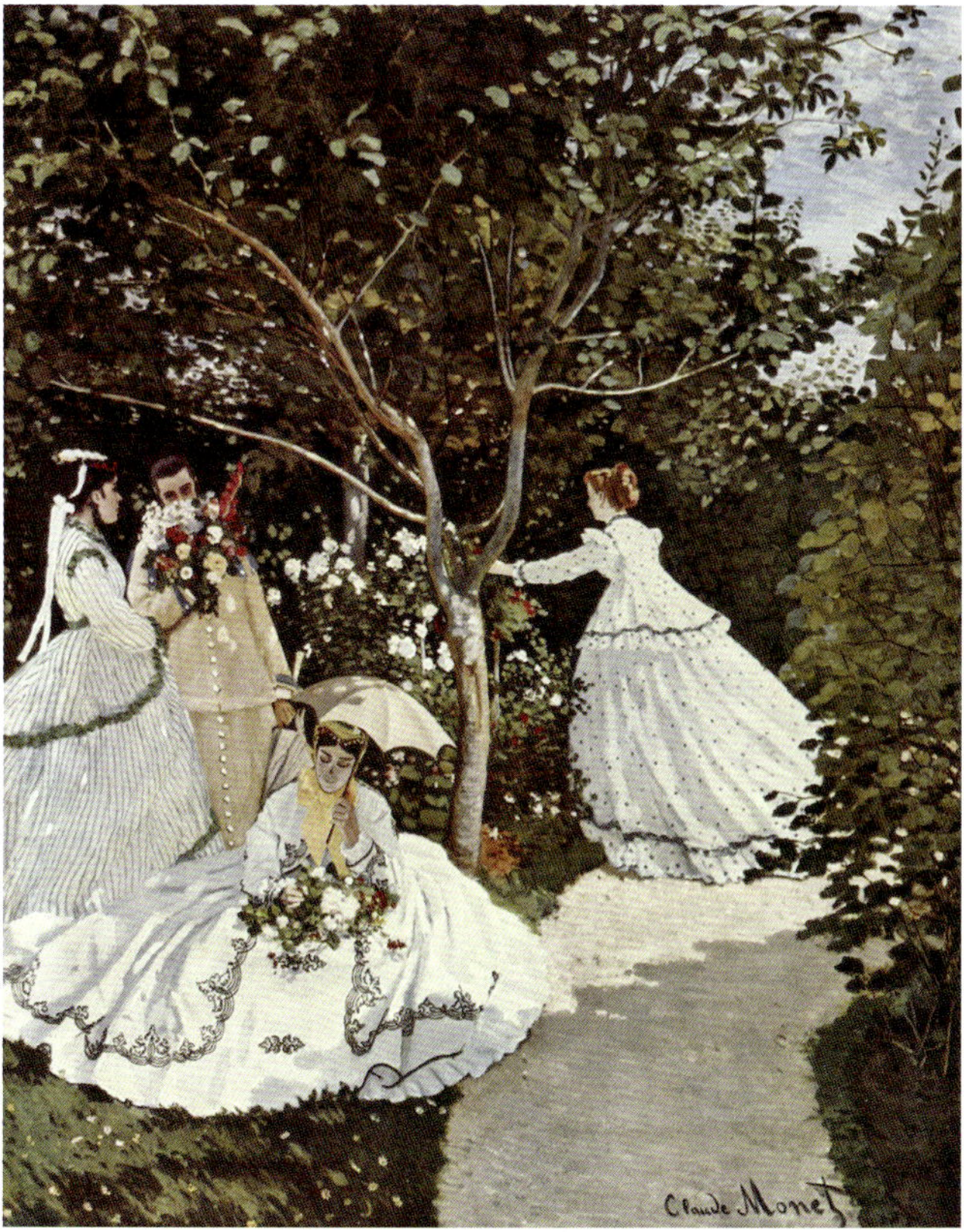

1866年頃　油彩・画布　255×205cm
オルセー美術館、パリ

主題はタヒチではなくキリスト教的世界観

《タヒチの三人》

ポール・ゴーギャン［フランス、1848－1903］

ゴーギャンが描くタヒチ版「エデンの園」

キリスト教を理解しないことには西洋を理解できないとは言いますが、まさに西洋美術に関しても同じことがいえます。キリスト教を抜きにして西洋美術の発展はありえませんでしたし、それは近代絵画においても同じでしょう。人間は幼少期に身についた教育や躾（しつけ）、信仰は、生涯にわたりまったく失われてしまうことはないからです。

産業革命が発展し、商業主義がはびこる西洋文明に失望して、希望とインスピレーションを求めて異郷のタヒチに渡ったゴーギャンでしたが、神学校の寄宿舎で少年期を過ごした彼も、やはり生涯にわたりカトリック信仰が抜け去ることはありませんでした。地元の人々を描いているこの作品も、主題となっているのはキリスト教的世界観なのです。

二人の女が若い男に選択を迫っています。左側の女が手に

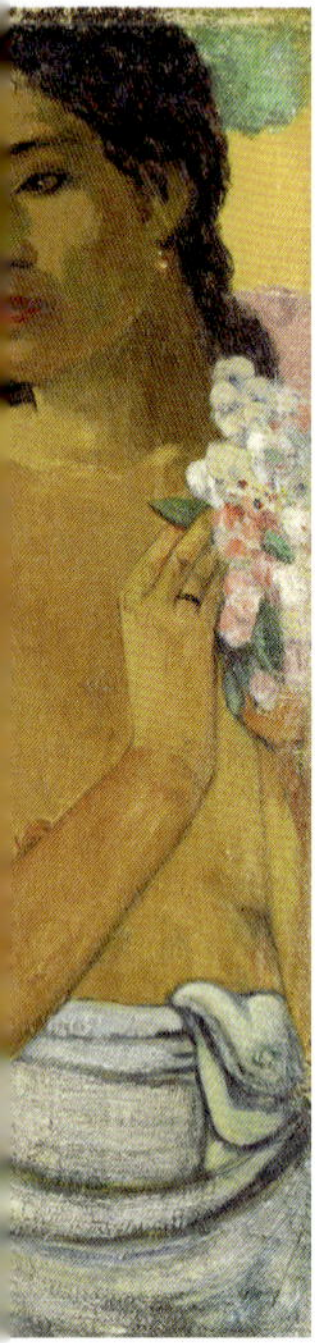

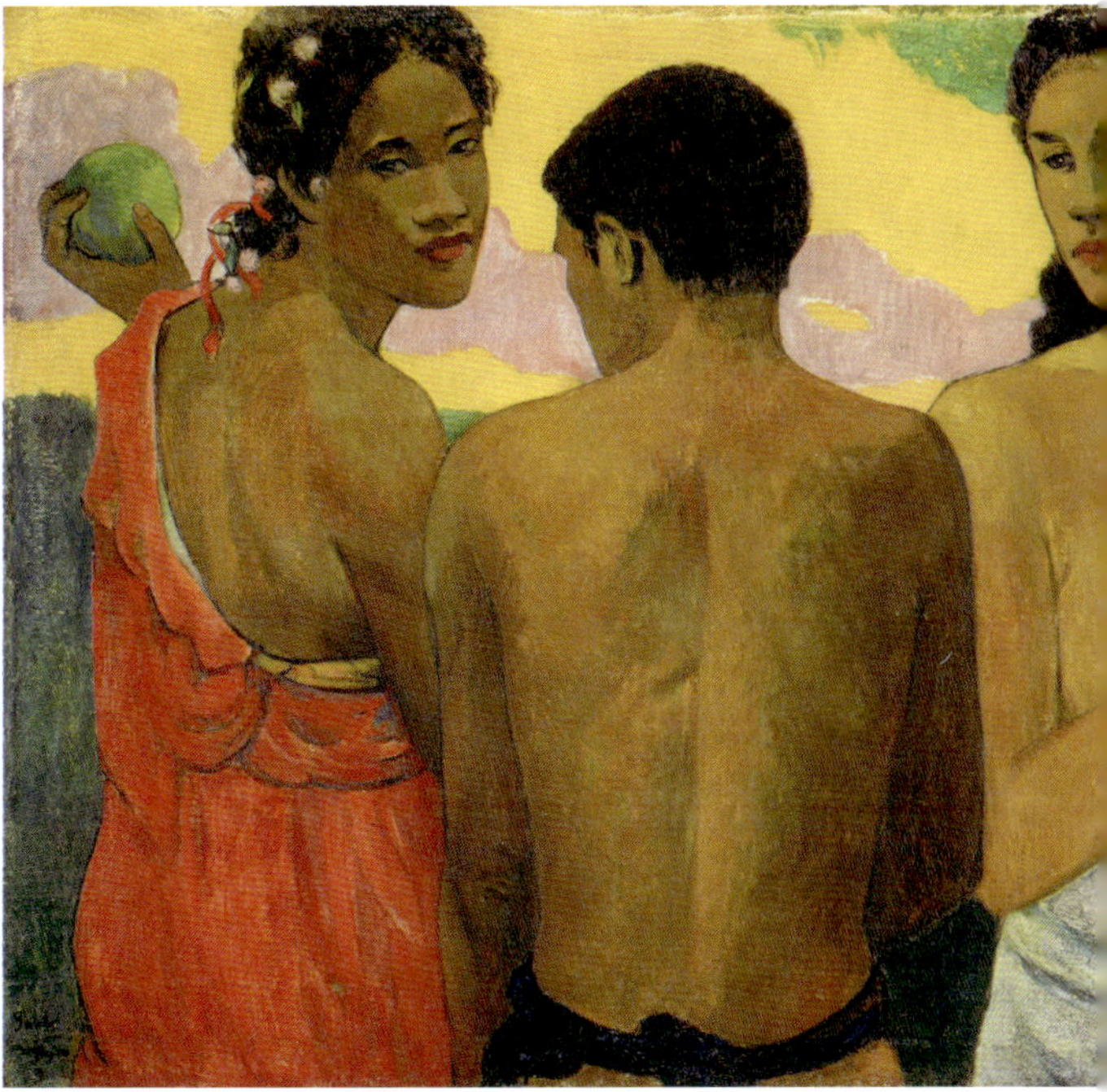

1899年　油彩・画布　73×94cm　スコットランド国立美術館、エディンバラ

する果物は、男を誘惑する「罪」を表します。そして、もう一人が持つ花は「美徳」の象徴です。「エデンの園」における「誘惑」が、舞台をタヒチに変えて描かれているのでした。

海ではなく淡水湖での奇跡の一場面

《ガリラヤの海の嵐の中のキリスト》

レンブラント・ファン・レイン［オランダ、1606－1669］

「ガリラヤの海」は主に風景画ではなく宗教画の舞台

現在のイスラエル北部にあるガリラヤ湖は、聖書では「ガリラヤの海」と呼ばれるため、英語でも“sea of galilee”となります。1990年にフェルメールの《合奏》などと共に美術館から盗難にあったこの作品も、美術館でのタイトルは《ガリラヤの海の嵐の中のキリスト》です。ちなみに、レンブラントがこの作品を描いた当時は、絵にタイトルというものは存在せず、財産目録の記述が現在のタイトルになっています。

この作品は、レンブラント唯一の海景画であると紹介されますが、海ではなく実際は淡水湖が舞台です。しかも、これは風景画ではなく歴史画です。ただ単に嵐の風景を描いたのではなく、その嵐を鎮めるキリストの奇跡の一つを描いているのです。

キリスト教の巡礼者にとって聖地となった「ガリラヤの海」と呼ばれるこの湖では、キリストが湖の上を歩いたり、ここで漁師だったペトロとアンデレの兄弟、ヨハネとヤコブの兄弟を召命した場所としても、絵画に描かれることが多い舞台なのです。

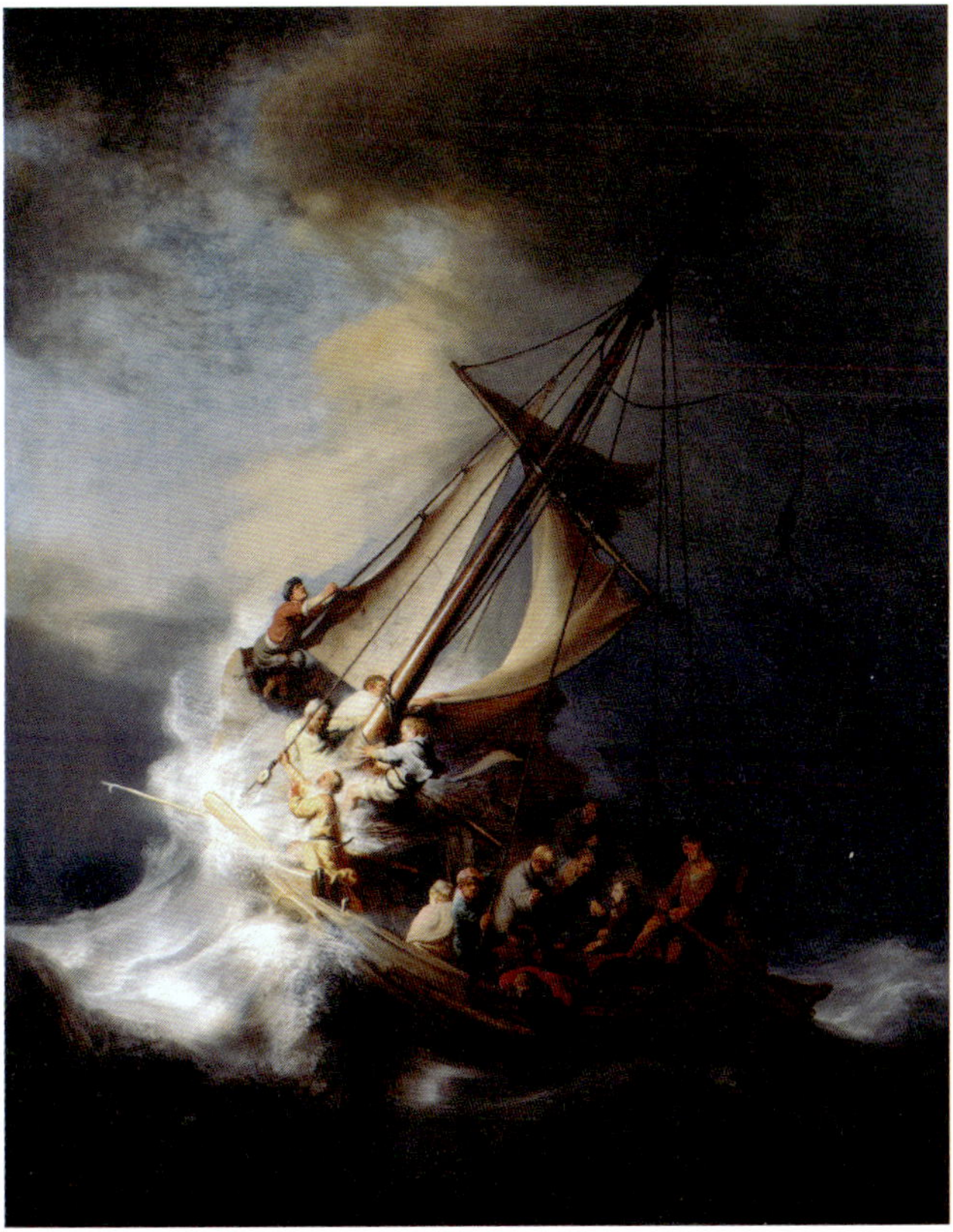

1633年　油彩・画布　160×128cm
イザベラ・スチュワート・ガードナー美術館
(1990年に盗難)、ボストン

前景の女性たちは主人公でも主題でもない

《マルタとマリアの家のキリスト》

ディエゴ・ベラスケス［スペイン、1599-1660］

宮廷画家になる前の若きベラスケスが描いた1枚

旅をしていたキリストをもてなそうと家事に追われ、かいがいしく働いていた姉のマルタは、妹のマリアがキリストの傍らに腰を下ろしたまま話に耳を傾けているのを非難します。それをキリストが「マリアはよいほうを選んだのだ」と、マルタを咎(とが)めている場面が描かれています。

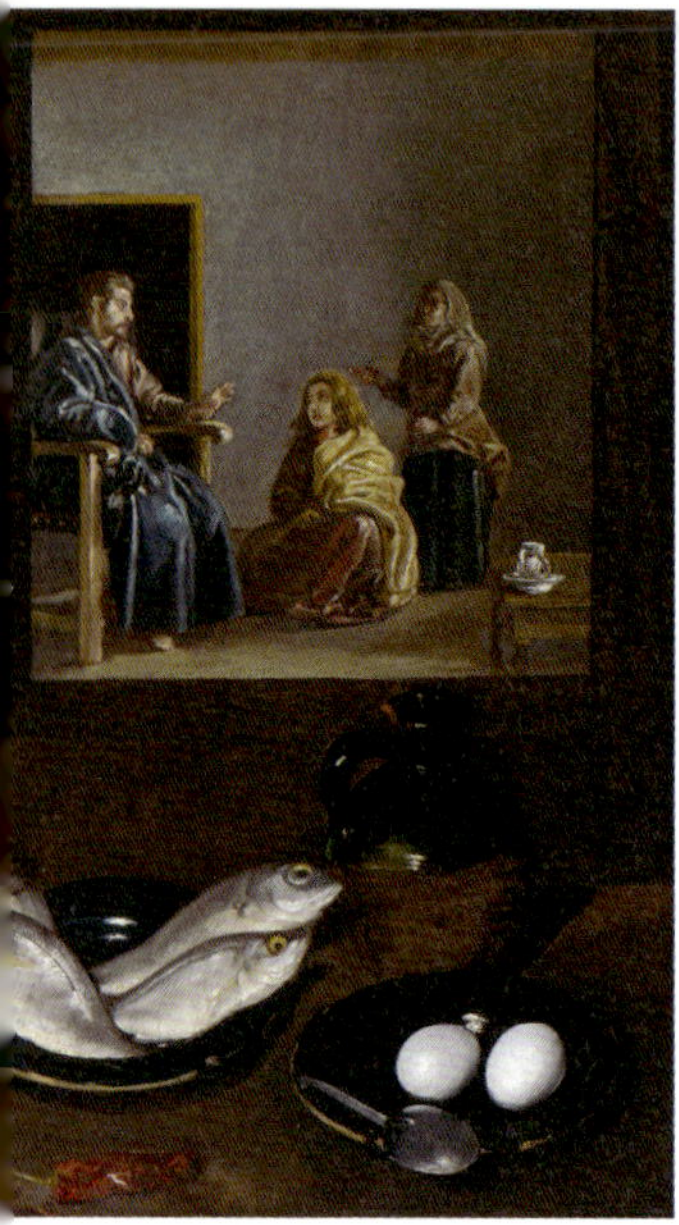

ただし、主題が描かれているのは画面の奥であり、手前の厨房(ちゅうぼう)場面ではありません。しかし、すり鉢を持ちながら不満気な表情をしている召使いの若い女性は、まるでマルタの気持ち

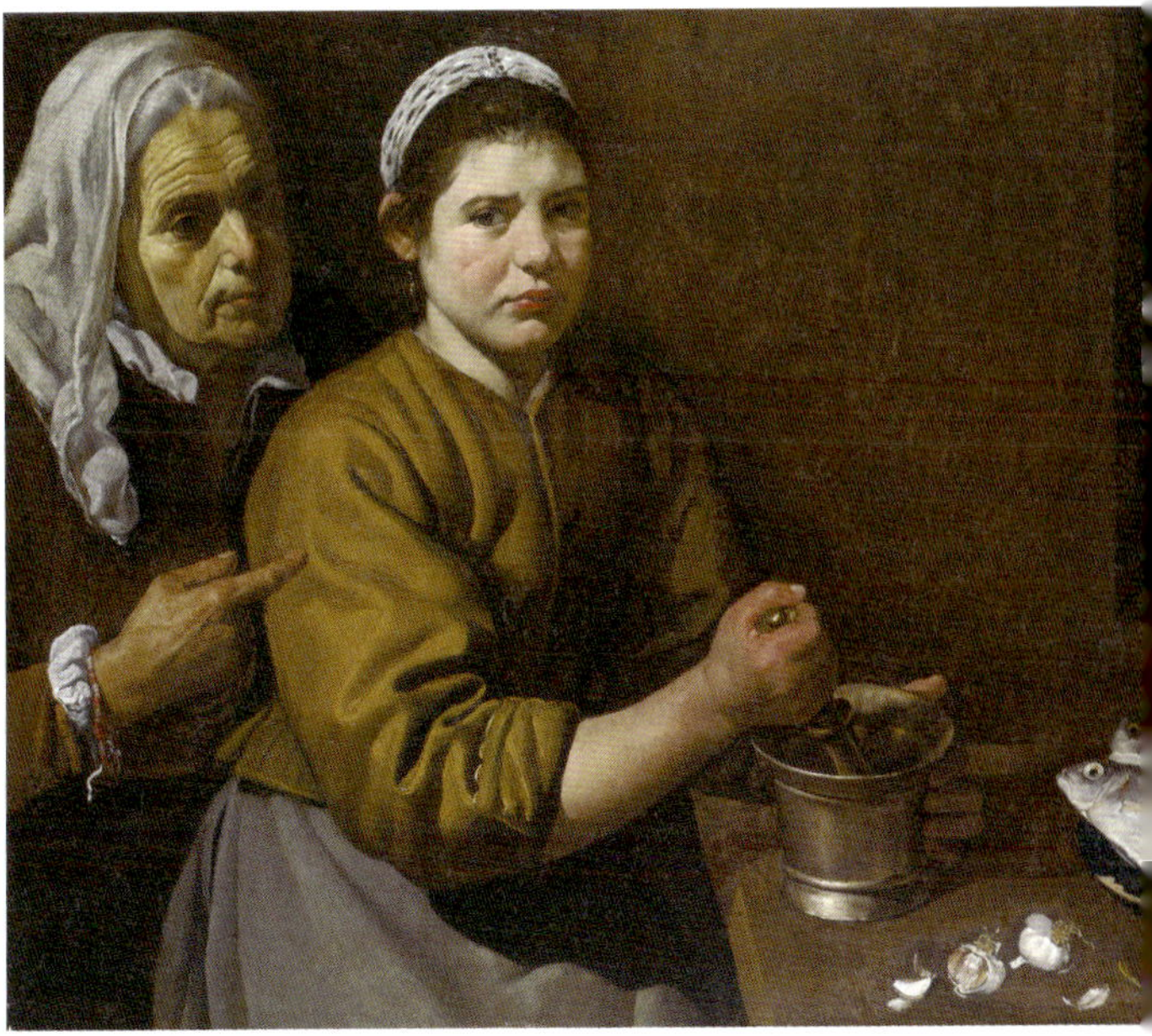

1618年頃　油彩・画布　60×103.5cm　ナショナル・ギャラリー、ロンドン

を代弁しているかのようです。

　この作品のように、新約聖書のような歴史画的主題を背景に持っていきつつ、厨房の場面のような風俗画的な要素を前景に描いた絵画は、前世紀までスペインの支配下にあったネーデルラントで描かれたものです。ベラスケスが暮らしていたころの17世紀のセビリアにも、スペインの支配下に残ったフランドルの商人たちが多く暮らしていました。

スペイン・ハプスブルク家の宮廷画家になる前のベラスケスが、主に商人階級向けに制作していた時代らしい作品です。

ちなみに、次章の最後に登場するゴヤは、スペイン王家の宮廷画家としてはベラスケスの後輩に当たりますが、ゴヤの代ではスペイン王家はブルボン家に代わっています。

第2章

モデルのトリック

「見知らぬ女」ではなく「椿姫」を描いた

《見知らぬ女》

イワン・クラムスコイ［ロシア、1837－1887］

帝都でのし上がっていった女性たち の存在

トレチャコフ美術館が誇る看板娘です。発表当時からセンセーショナルな評判を呼んできました。

高価な毛皮のコートと帽子を身につけ、馬車の上から見下ろすようにポーズを取る彼女は、現代人が思う以上に、当時の人々にとっては高慢な印象を与えました。直接的に見つめる視線も、大胆で品のないことと見なされる時代でもあったのです。一方で、社会における女性の意識や地位の変化が、着実に現れつつある時代でもありました。

爛熟した帝都サンクトペテルブルクでは、ロマノフ家を頂点とした王侯貴族と、台頭してきた実業界で構成する華やかな社交界がありました。そこでは、高貴な出自によってでも莫大な資産によってでもなく、持って生まれた魅力に磨き

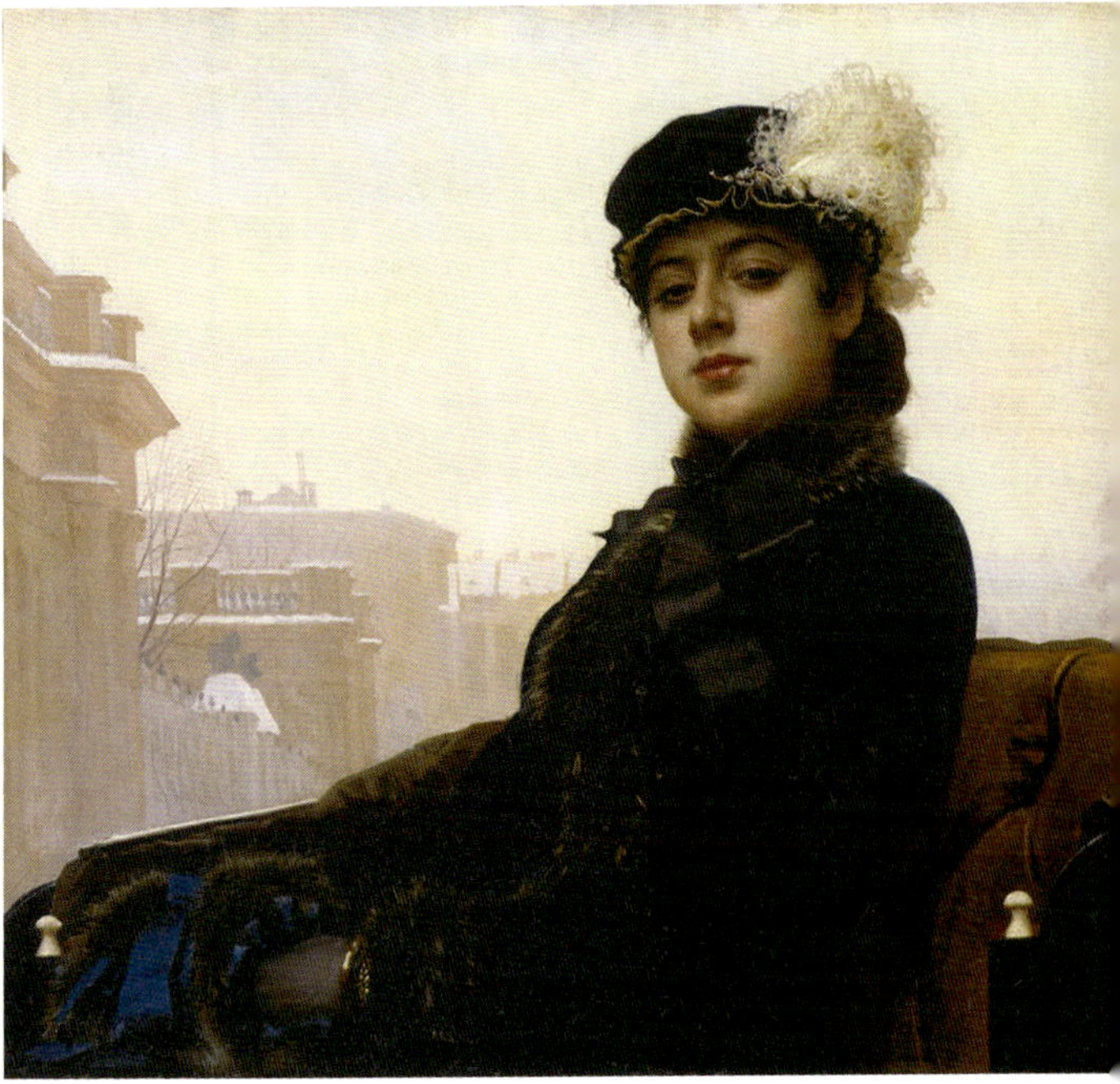

1883年　油彩・画布　75.5×99cm　トレチャコフ美術館、モスクワ

をかけ、才気と美貌でのし上がっていった特定の社会的地位に属した女性たちの存在があったのです。

　したがって、クラムスコイは言明こそしていませんが、彼が描いたこの女性こそは「見知らぬ女」ではなく、高貴ではなくとも高価なロシア版「椿姫」なのでした。

同一人物に見えるが、実際は前妻と義理の娘

《日傘の女》

クロード・モネ［フランス、1840−1926］

顔の描写が曖昧なためわかりにくいが……

これら3枚の《日傘の女》を描いたものは、一見全員同じモデルに見えます。しかし、現在ワシントンDCのナショナル・ギャラリーにあるものと、オルセー美術館にある2枚の習作は制作年も違いますし、モデルとなっている人物も違うのです。

ワシントンDCの《日傘の女》で描かれているのは、モネの最初の妻カミーユ・ドンシューと長男のジャンです。そのカミーユは、1879年に32歳の若さで亡くなります。

1886年の2枚の習作に描かれているのは、亡き妻の思い出の姿ではありません。当時モネは、1892年に再婚することになるアリス・オシュデと彼女の娘たちと、すでに暮らしていました。習作でモデルを務めているのは、その娘の一人で、再婚によってモネの娘となったシュザンヌ・オシュデです。

顔の描写が曖昧なのは、モネは基本的には風景画家のため、顔を描くのがあまり得意ではなく、貧しい時期に珍しく仕事として受けて描いた肖像画の庇護者の妻でさえ、47

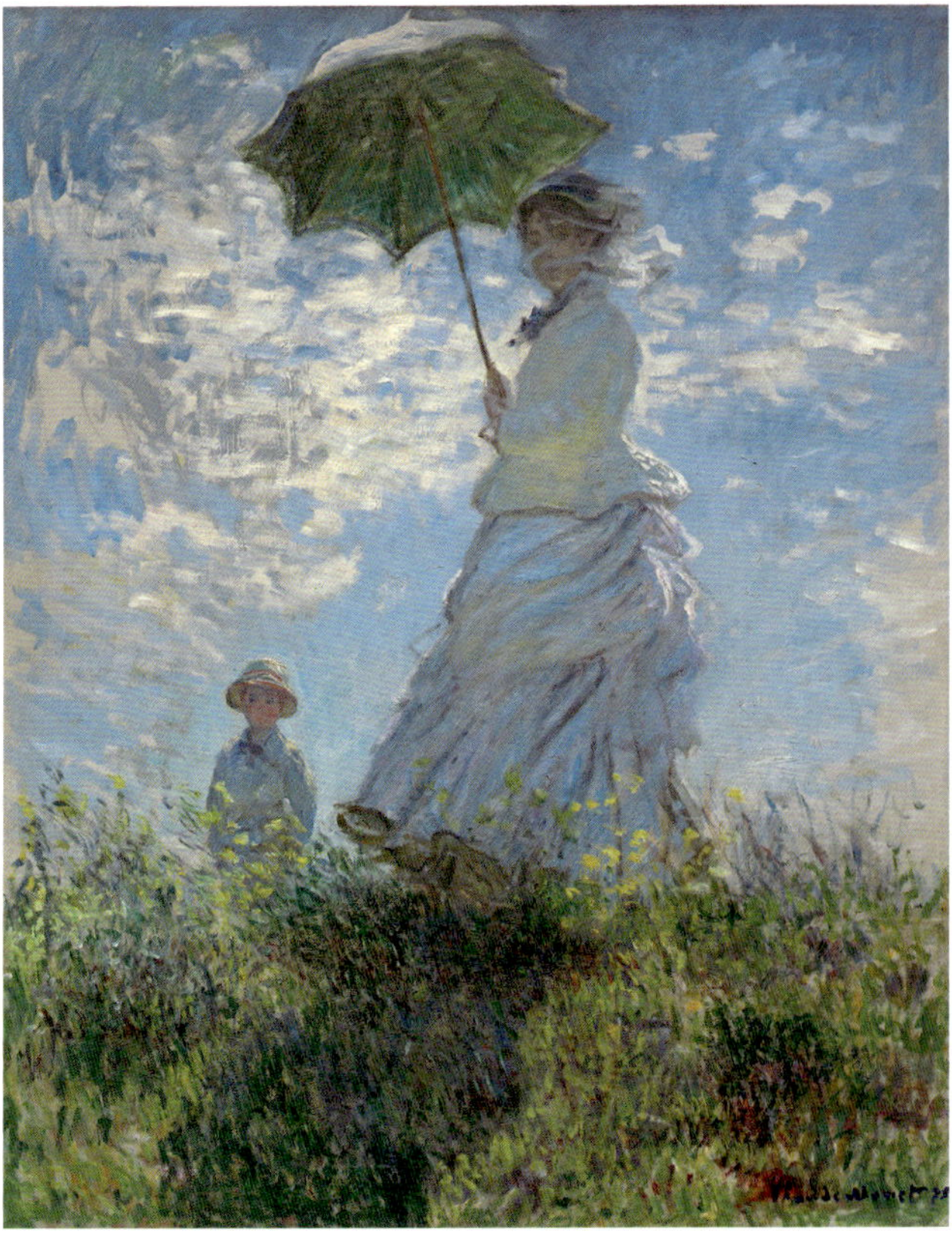

1875年　油彩・画布　100×81cm　ナショナル・ギャラリー、ワシントンD.C.
©amanaimages

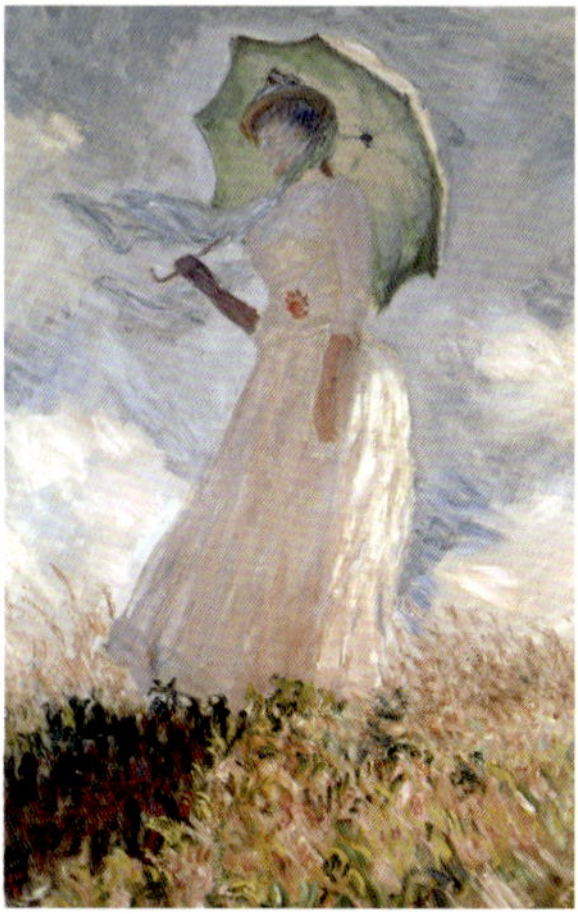

《日傘の女》(習作 左向き)
1886年　油彩・画布　131×88cm
オルセー美術館、パリ
©amanaimages

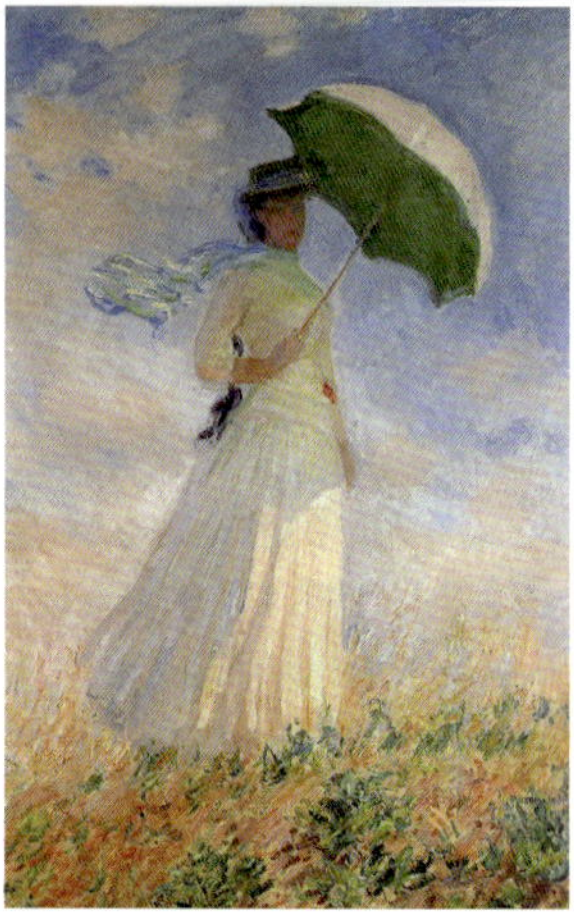

《日傘の女》(習作 右向き)
1886年　油彩・画布　131×88cm
オルセー美術館、パリ

頁のように顔をそむけています。

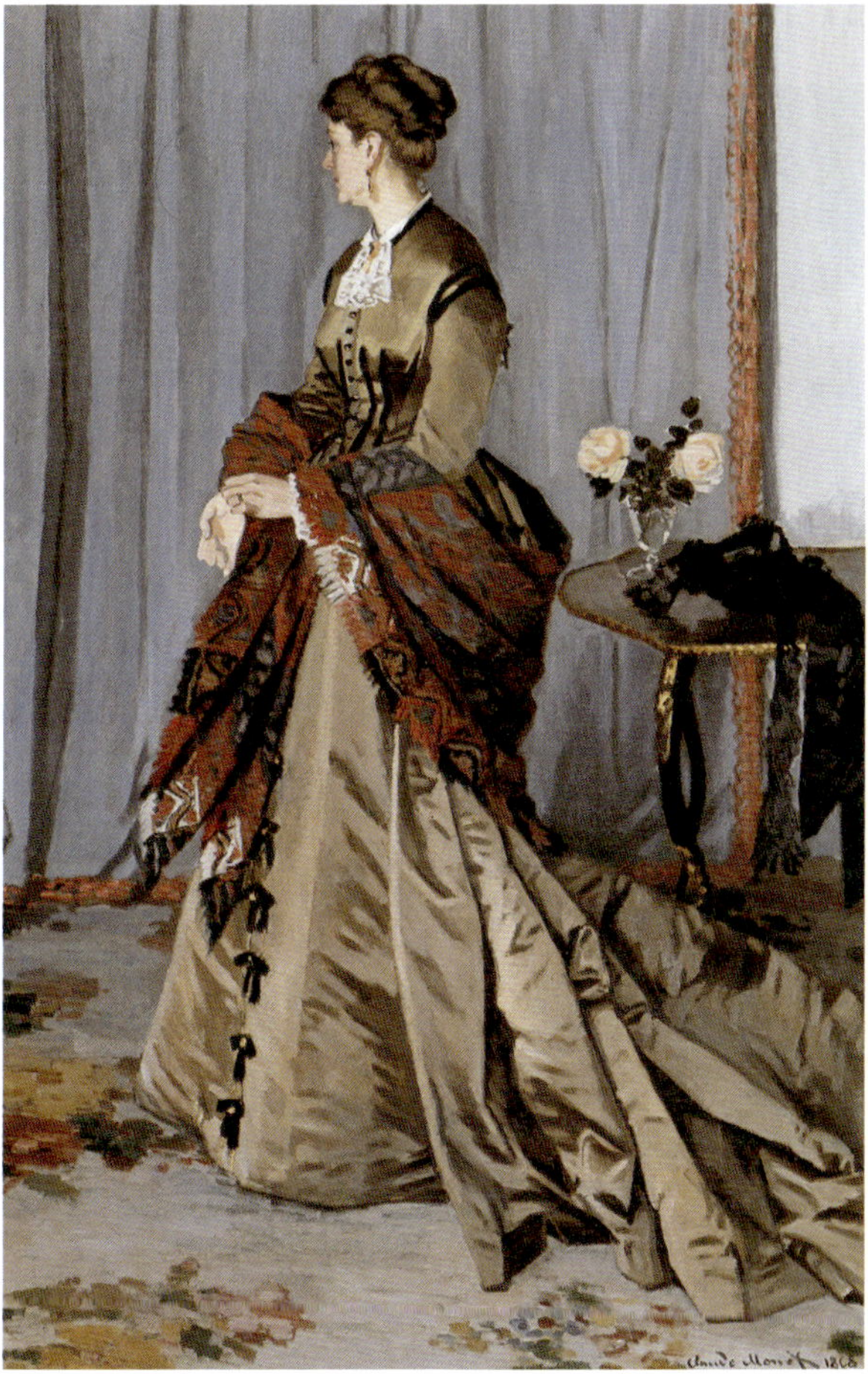

《ゴーディベール夫人の肖像》
1868年　油彩・画布　216.5×138.5cm　オルセー美術館、パリ

モデルは匿名(とくめい)のXではなく有名なセレブ

《マダムX》

ジョン・シンガー・サージェント［アメリカ、1856－1925］

人気肖像画家の若かりし日のトラウマ

モデルとなった女性は、フランス人に嫁いだルイジアナ出身のアメリカ人女性ゴートロー夫人です。後にファッショナブルな肖像画家として名声を博したサージェントでしたが、この作品を1884年のパリのサロン（官展）に出品したときの彼はまだ駆け出しで、夫人の妖艶な肖像画で、人気肖像画家の地位への足がかりにしようとしました。

サロンに出品した際、タイトルに夫人の名前は伏せられていましたが、誰でもすぐに社交界の花であった美しきゴートロー夫人だとわかったのです。

ところが彼の意に反して、この作品は、保守的なフランスの美術界や上流社会から品がないと批判を浴びてしまいます。こともあろうに、夫人のドレスの右の肩紐がずり下がった姿で描いて発表したからです。結局、失意のサージェントは活動の場をロンドンへと移します。後に画家自らこの作品をメトロポリタン美術館に売却した際も、モデルの実名を伏せるよう願い、現在に至るまで《マダムX》と呼ばれることになるのでした。

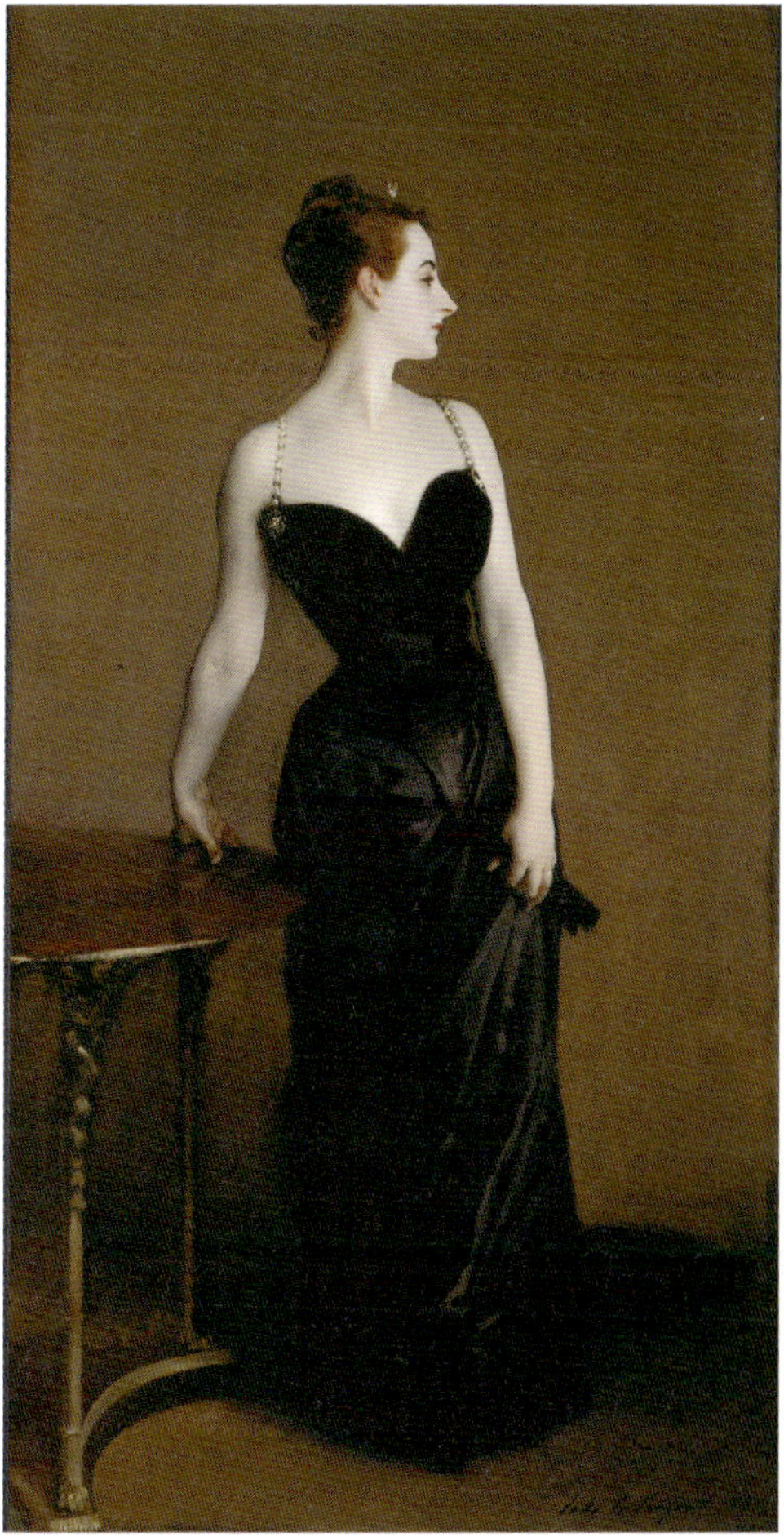

1883-84年　油彩・画布　208.6×109.9cm　メトロポリタン美術館、ニューヨーク

絶対に日本の少女には見えないが？

《ラ・ムスメ》

フィンセント・ファン・ゴッホ［オランダ、1853―1890］

憧れの国に想いを馳（は）せたゴッホらしい名画

ゴッホのアルル時代に描かれたこの作品は、画家自らが弟テオへの書簡の中で「ムスメ」と呼んだことから、フランス語の冠詞の「ラ」をつけたこのタイトルが定着しました。浮世絵から様々な影響を受けたことで知られるゴッホですが、ここにも彼の日本趣味が表れています。思い込みの激しかったゴッホらしく、とくにアルルは憧れの日本を無理やり投影した土地だったことからこの作品が生まれたのです。

ゴッホは、フランスの作家ピエール・ロティの小説『お菊さん』を読み、「mousme」という言葉を知りました。「娘」が、日本では12歳から14歳くらいの少女を指す言葉であることも知っていました。しかし、実際に描かれているのは日本人の少女ではありません。アジア人の少女でもなく、現地に暮らすプロヴァンスの少女でした。

ゴッホは憧れの国に暮らす少女に想いを馳せて、オランダ人らしくトローニー（キャラクター研究のための習作）的な空想的要素の強い肖像画を描いたのでした。

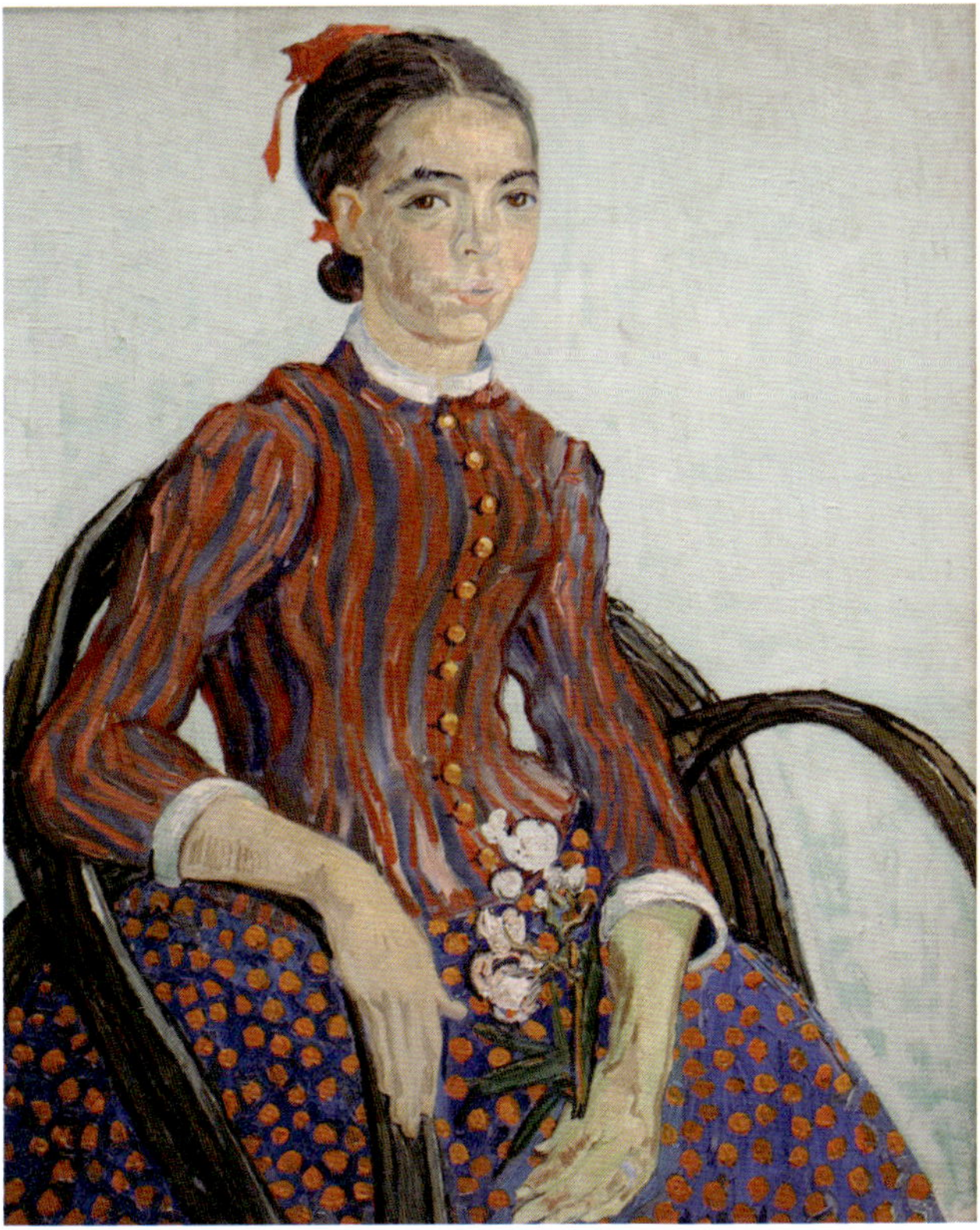

1888年　油彩・画布　73.3×60.3cm
ナショナル・ギャラリー、ワシントンD.C.

本来の姿と違って愛らしすぎる一つ目の巨人

《キュクロプス》

オディロン・ルドン［フランス、1840－1916］

粗暴な荒くれ者から恐ろしさと二つの目の痕跡をカット

顔の中央に一つ目を持つ巨人族キュクロプスであったポリュフェモスは、神々をないがしろにし、人喰いさえする粗暴な荒くれ者でした。しかし、古代ローマの詩人オウィディウスの『変身物語』の中では、そんなポリュフェモスも一人の男として、海の精霊ガラテイアに恋をします。従来の荒々しさもどこかへ行ったかのように、彼は急に自分の外見を気にし出すのです。水面にやたらと自分の姿を映して、ガラテイアに気に入られるよう表情を研究し、もじゃもじゃの髭も気にして刈ろうとしたりしました。

そんなポリュフェモスが、大胆にも裸で横たわるガラテイアを山陰から見つめている姿が描かれています。しかし、ガラテイアには美青年アキスという恋人がいたため、彼の恋は報われることはなかったどころか、嫉妬からアキスを殺してしまうのでした。

ところが、このポリュフェモスは恐ろしくないどころか愛らしいくらいです。また、本来の目があるところに二つの目の痕跡があるのですが、それさえも描かれていません。

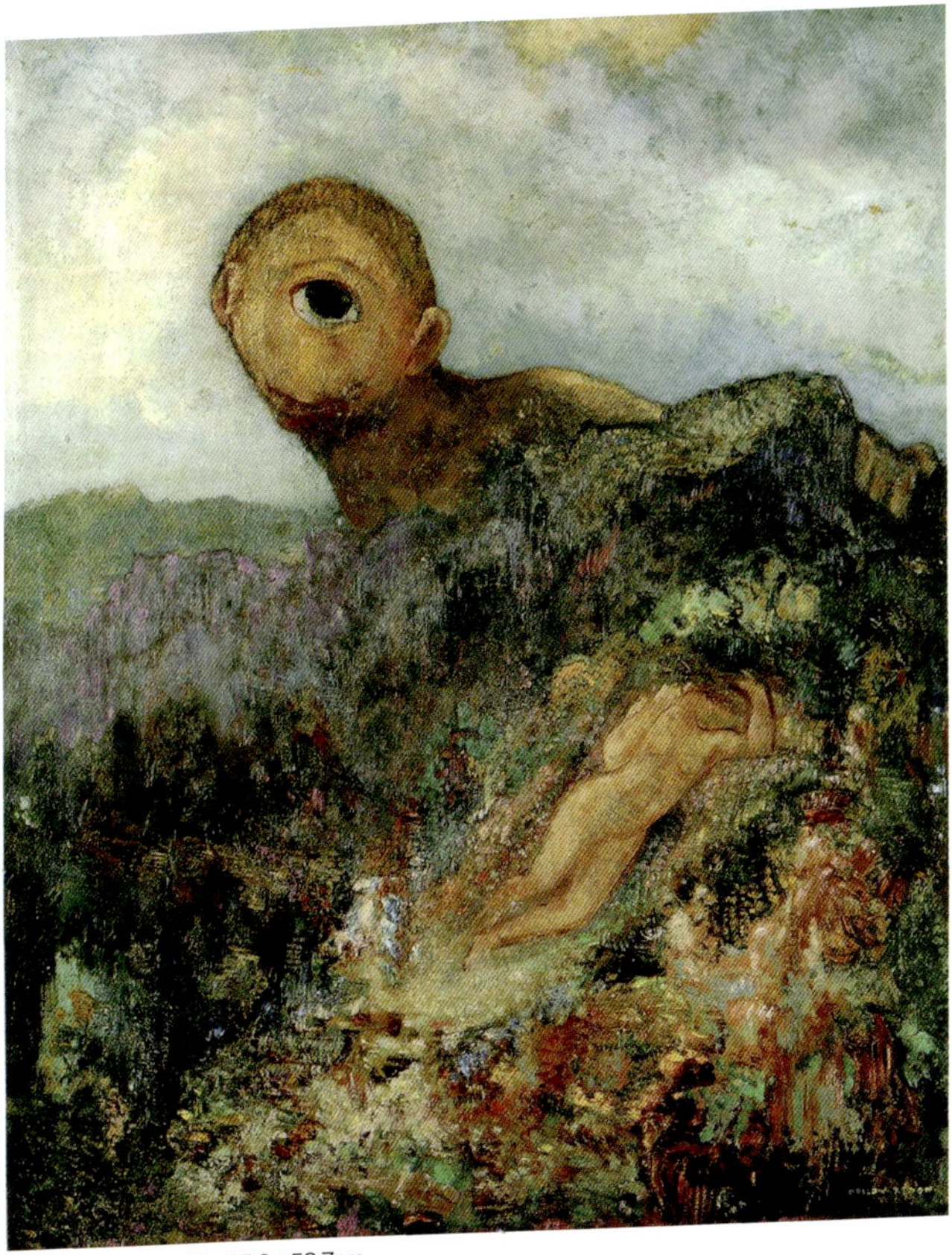

1914年頃　油彩・板　65.8×52.7cm
クレラー・ミュラー美術館、オッテルロー（オランダ）

現実の風景ではなく、裸婦たちも人間ではない

《田園の合奏》

ティツィアーノ・ヴェチェッリオ［イタリア、c1488－1576］

霊感源である精霊を描いた寓意画

作品の舞台となっているのは、ルネサンスからバロック期にかけて、風景を描写する際に好んで描かれたギリシャ神話に登場する理想郷アルカディアです。この時代は、現実に目の前に広がる風景を美しいと見なす美意識が希薄だったのです。

ルネサンスの文芸復興も進むと、歴史画の中でも寓意を駆使した寓意画が描かれるようになります。教会の祭壇画と違い、上流社会の知識エリート向けに描かれているため、画面通りに解釈すると間違いを起こしやすい点も寓意画の「魅力」です。

音楽を奏でる当世風の格好をした着衣の男性二人は明らかに人間ですが、二人の裸婦は人間ではなく美の霊感源である精霊です。一人はフルートを奏で、一人は水を注いでいるのは、文学など芸術の霊感源を象徴しているのです。

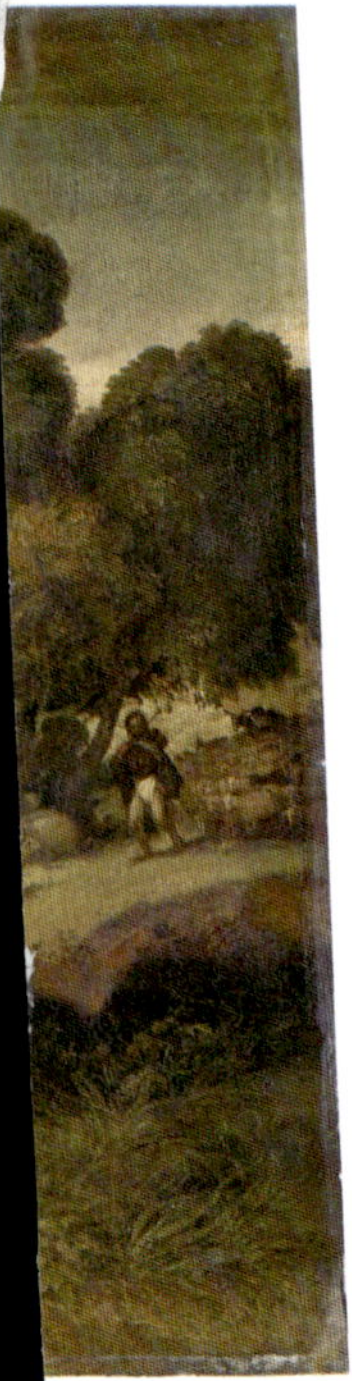

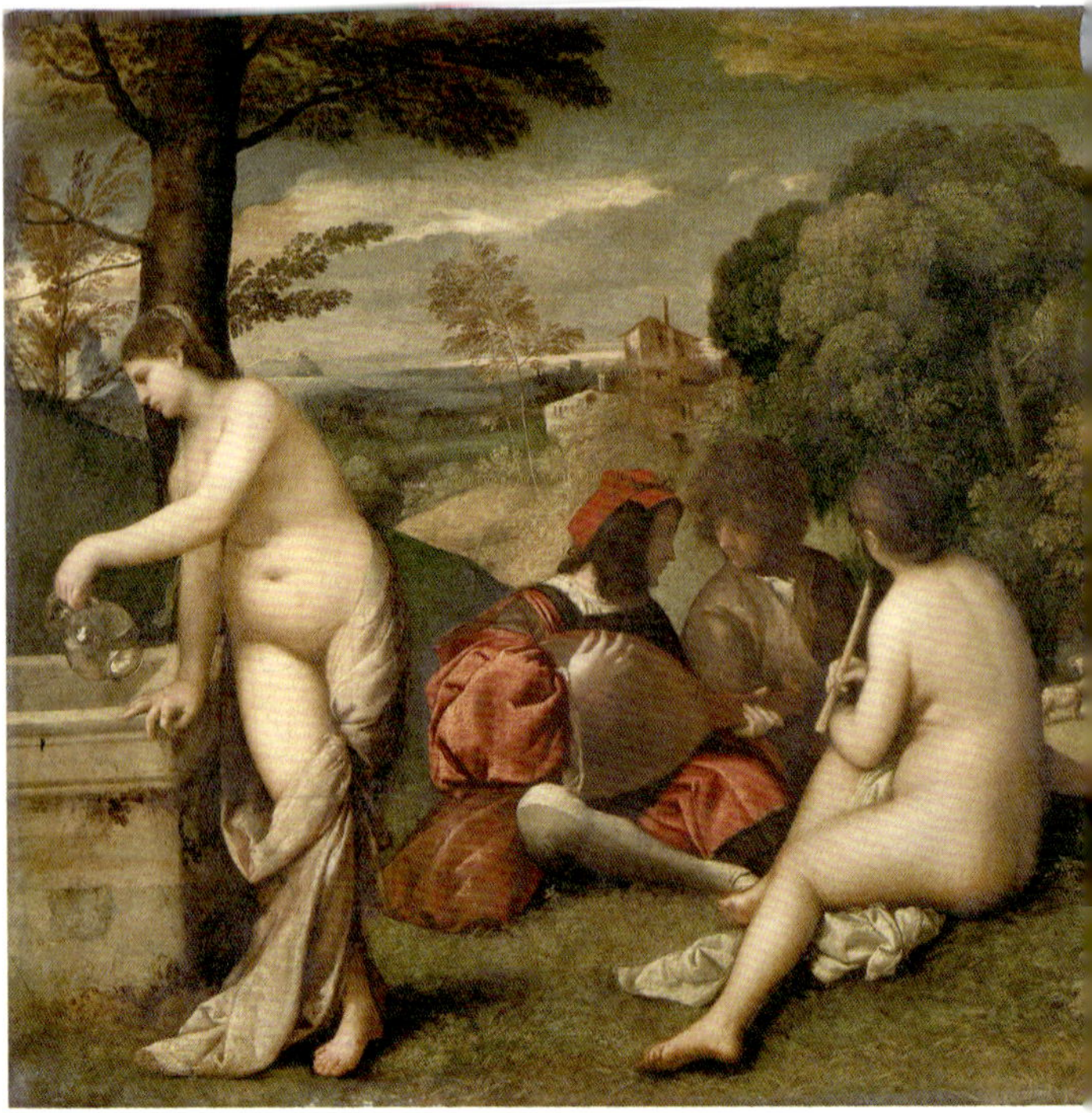

1509年　油彩・画布　105×137cm　ルーヴル美術館、パリ

ちなみに、この絵は『名画は嘘をつく2』18頁で紹介したマネの有名な絵《草上の昼食》に影響を与えたことで知られますが、マネは現実の娼婦(しょうふ)たちを裸で描いたため、発表当時は大顰蹙(だいひんしゅく)を買ったのでした。

老人の死後に描かれた肖像画

《老人と孫》

ドメニコ・ギルランダイオ［イタリア、1449－1494］

孫かどうかも不明で、寓意画かもしれない

15世紀後半のイタリア・ルネサンス絵画は、油彩技法（油絵）や4分の3正面像、そして風景描写など、初期フランドル絵画の影響を強く受けて発展しました。フィレンツェで人気工房を経営していたギルランダイオは、とくにフランドル絵画の影響が顕著で、たとえば老人の額のイボやリノフィマと呼ばれる鼻のできもの、衣服の毛皮の細密的描写などに、フランドル絵画特有の世俗性の強さや写実主義の影響が表れています。

しかしその半面、無表情で描かれたフランドルの肖像と違い、祖父と幼い少年とのあいだに通う優しく温かな愛情あふれる表現は、イタリア絵画ならではといえましょう。

ただし、肖像画自体は、このフィレンツェ貴族だった老人の死後に描かれたものと見なされます。死の床で目をつぶり、横たわる老人を描いたギルランダイオの素描が遺されているからです。また、この少年も、実際の孫であるか否かは定かではなく、老いと若さという人生における対極的な時期を表した寓意画であるかもしれないのです。

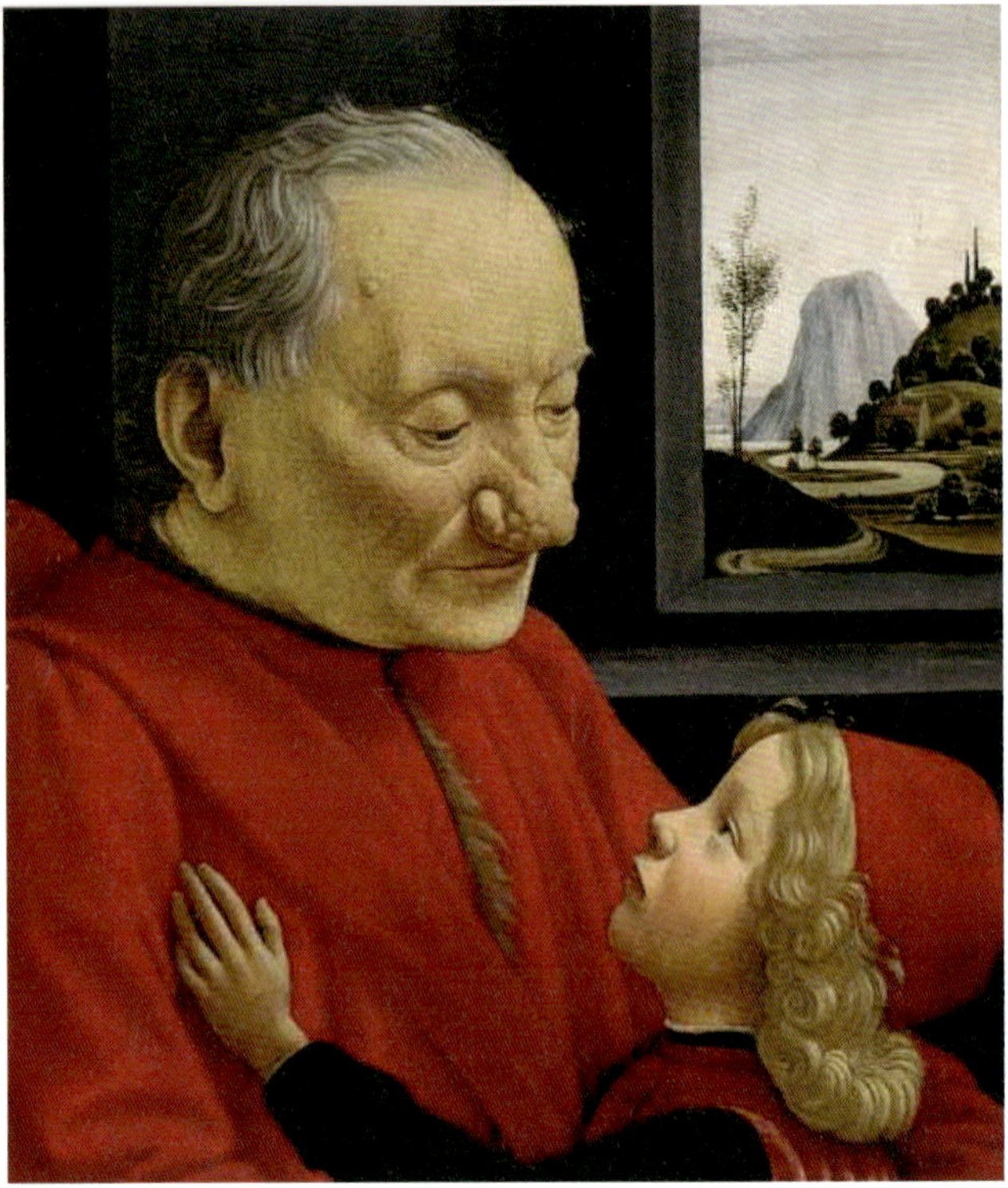

1490年頃　テンペラ・板　62×46cm
ルーヴル美術館、パリ

〝狂気の魔女〟は実在する人物だった
《マッレ・バッベ》
フランス・ハルス［オランダ、c1581－1666］

笑みは愚かな人間の象徴だった

《マッレ・バッベ》のマッレは狂気を意味し、そしてバッベは人の名前です。この作品は長年にわたり特定の人物を描いたものではなく、民話に出てくるような魔女的人物が描かれていると考えられてきました。ところが現在では、画家が暮らしていたハールレムに実在していた人物を描いたものであると見なされるようになっています。

舞台は、17世紀のオランダ風俗画が十八番(おはこ)とした居酒屋のようです。この女性は、アルコール中毒と精神疾患であると見なされています。伝統的にこの地方の絵画には、飲酒などといった悪徳や精神疾患に対する冷酷な視線が見て取れるからです。

肩に乗せた梟(ふくろう)は、伝統的に知恵の象徴ですが、夜行性の鳥でもあるため居酒屋での夜の人間の悪徳を表しています。笑みを浮かべている顔も、17世紀のオランダ絵画では、自制することができない愚かな人間であることを示しているのでした。

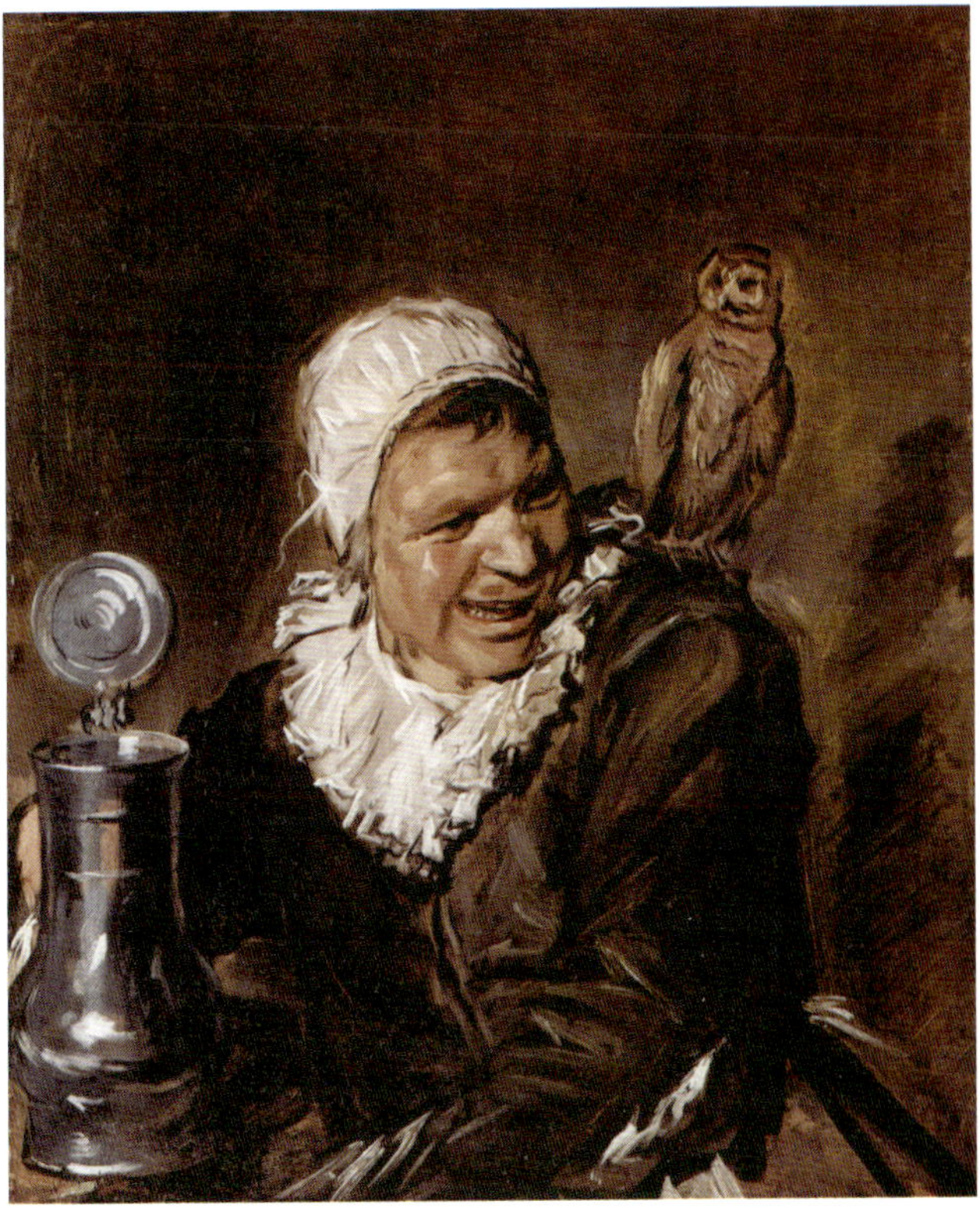

1633-35年　油彩・画布　75×64cm
ベルリン絵画館

オダリスクとはハーレムの寵姫のことだが……

《褐色のオダリスク》

フランソワ・ブーシェ［フランス、1703－1770］

自分の妻をヌードにして描いたことに批判も

ルイ15世の首席画家を務め、王の愛妾ポンパドゥール夫人に庇護され、王立絵画彫刻アカデミー院長の地位にまで上り詰めたブーシェ。カラヴァッジョやレンブラント、ゴッホやゴーギャンたちのように、不幸なドラマ性にスポットが当たる芸術家が多い中、ブーシェは美術史において、ルーベンスと並ぶ華やかで幸福な人生を、まるで彼が育んだロココ芸術のように軽やかに歩んだ芸術家でした。

オダリスクとは、オスマン朝トルコの後宮に仕えていた女性たちのことを指します。つまり、スルタンのハーレムの寵姫のことです。

しかし、描かれているのは本物のオダリスクではありません。こともあろうか、モデルになっているのは画家自身の妻、つまりブーシェ夫人のマリー＝ジャンヌなのです。ブーシェは、妻をハーレムの寵姫として

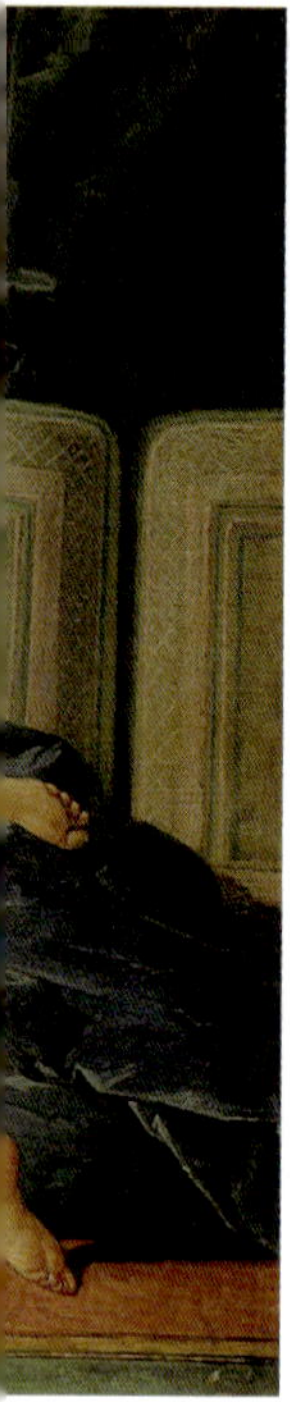

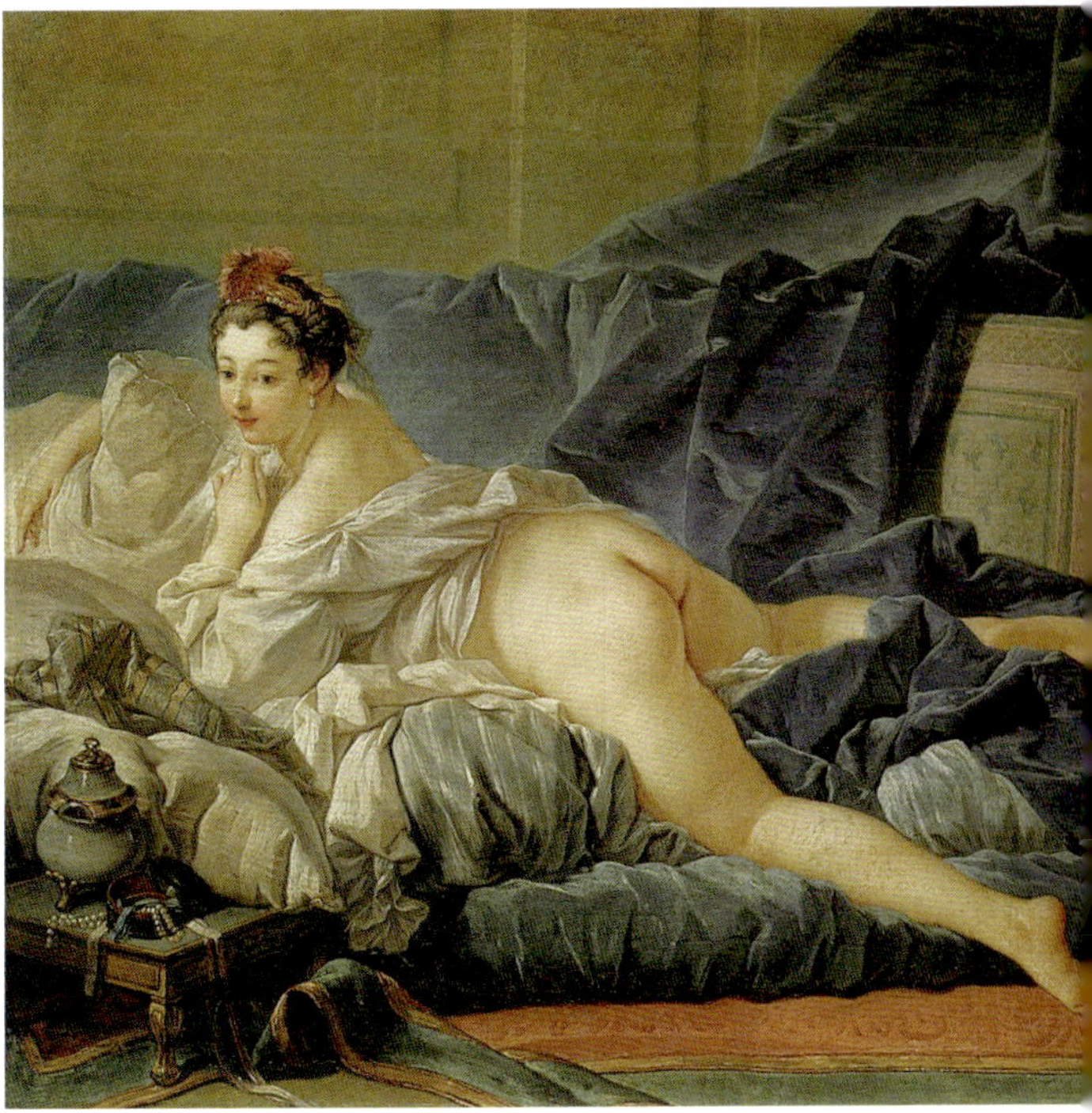

1745年？　油彩・画布　53×64cm　ルーヴル美術館、パリ

描いたことに対し、哲学者のドゥニ・ディドロなどからは批判されました。当時、理由もないヌードを描くことができなかったため、オダリスクという主題性はヌードを描く口実だったのです。

順番的に服を脱がせたように思えるが、じつは逆

《裸のマハ》と《着衣のマハ》

フランシスコ・デ・ゴヤ［スペイン、1746-1828］

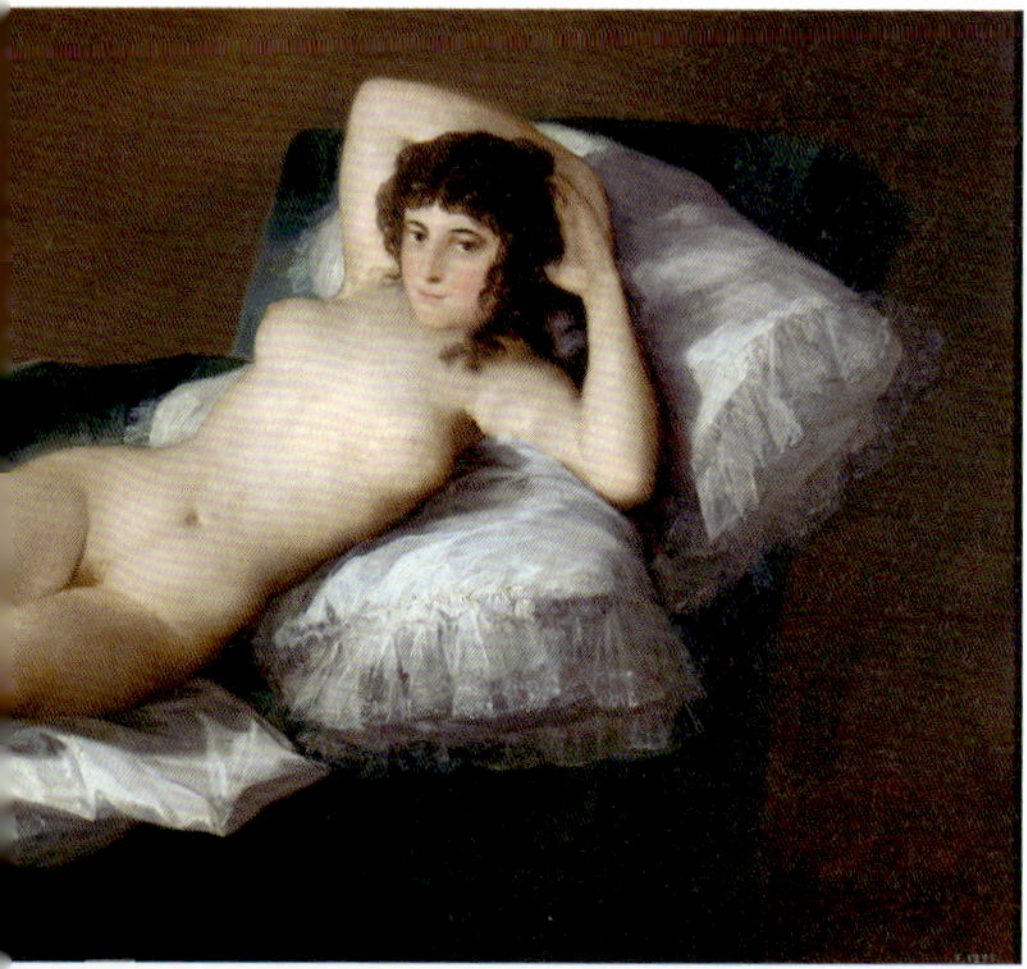

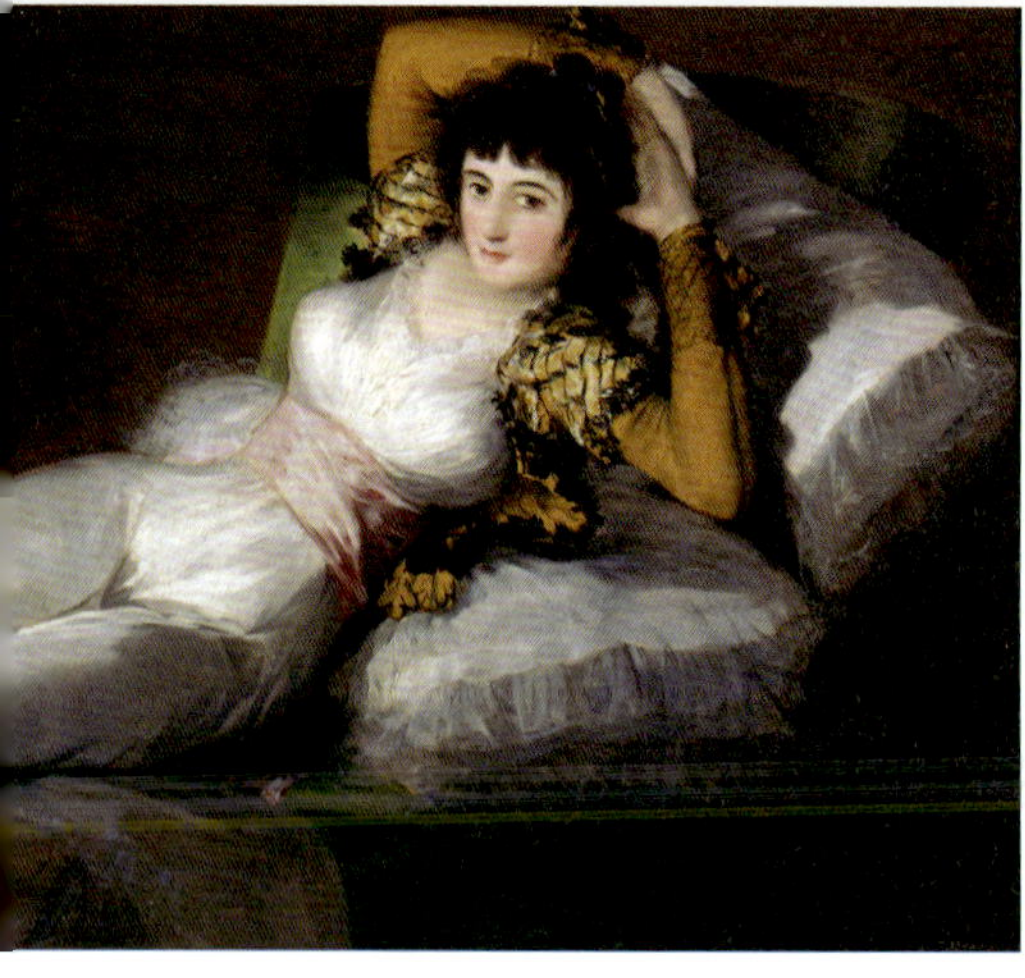

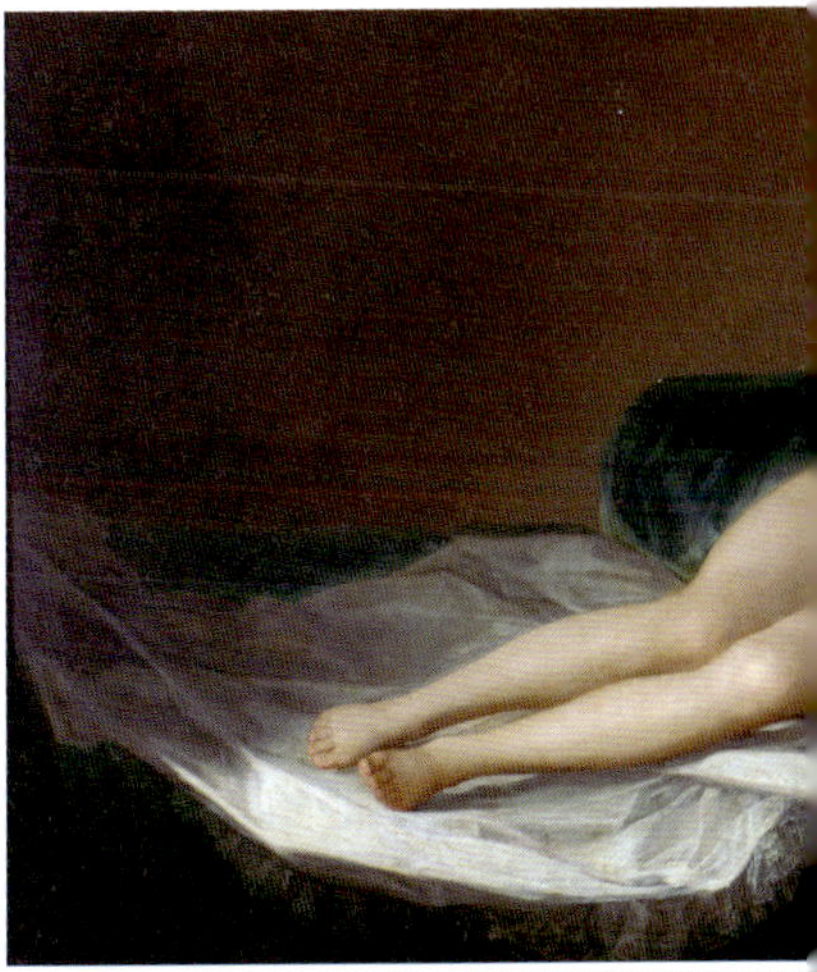

《裸のマハ》1795-1800年頃
油彩・画布　98×191cm
プラド美術館、マドリード

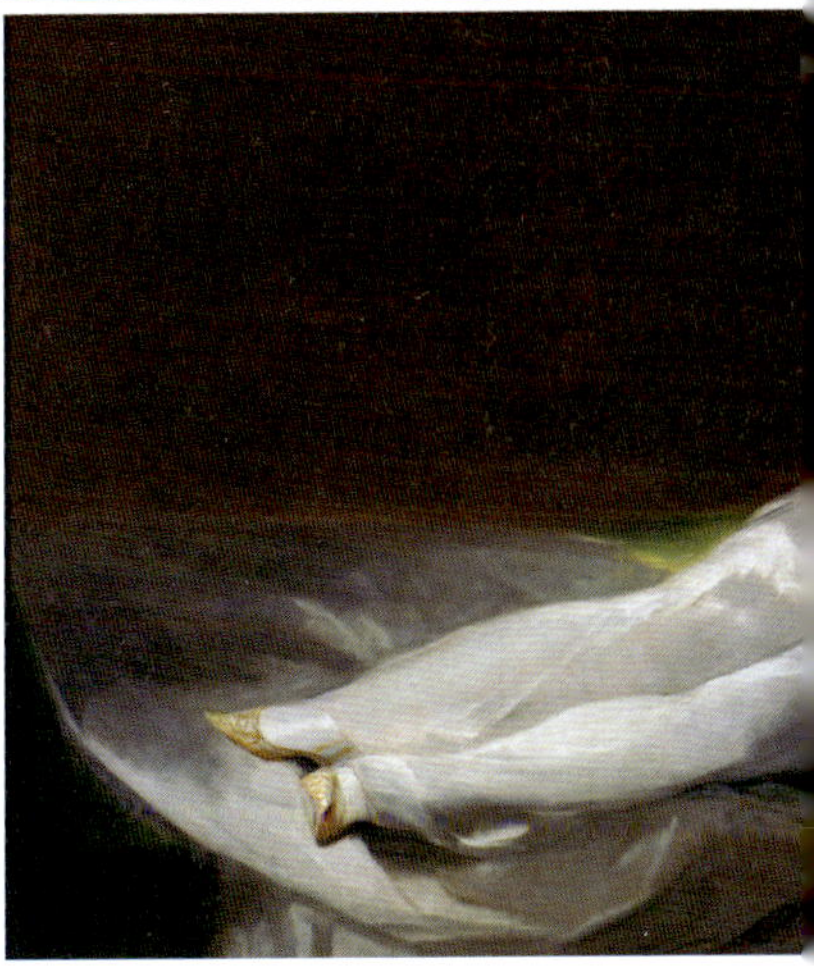

《着衣のマハ》1800-1808年頃
油彩・画布　95×190cm
プラド美術館、マドリード

裸のほうが先に描かれた

厳格なカトリック国家スペインでは、自国の画家による裸婦像はご法度でした。スペイン・ハプスブルク家の宮廷画家ベラスケスが描いた唯一の裸婦像から1世紀半後、再び描かれた裸婦像がスペイン・ブルボン家の宮廷画家ゴヤによるこの1枚です。

タイトルの「マハ」は人名ではなく、ニュアンス的には「マドリード下町の労働者階級出身の派手な装いの奔放な女」といったところでしょう。

そのせいなのか、神話の女神のように寓意化もしていませんし、挑発的な眼差し（まなざし）とポーズが特徴的です。さらに、裸婦像の伝統に反して陰毛まで描かれているのです。

ちなみに、後に作品が王室コレクション入りする際の目録では、マハではなく「ジプシー」と記されています。

ゴヤは同じポーズで《着衣のマハ》も描いています。服を脱いで裸になるため、こちらのほうが先に描かれたと思われがちです。しかし、所有者だった宰相マヌエル・デ・ゴドイの財産目録によると《裸のマハ》のほうが先に描かれていたことがわかります。

第3章

景観の秘密

船上のランチタイムではない

《舟遊びをする人々の昼食》

ピエール＝オーギュスト・ルノワール［フランス、1841－1919］

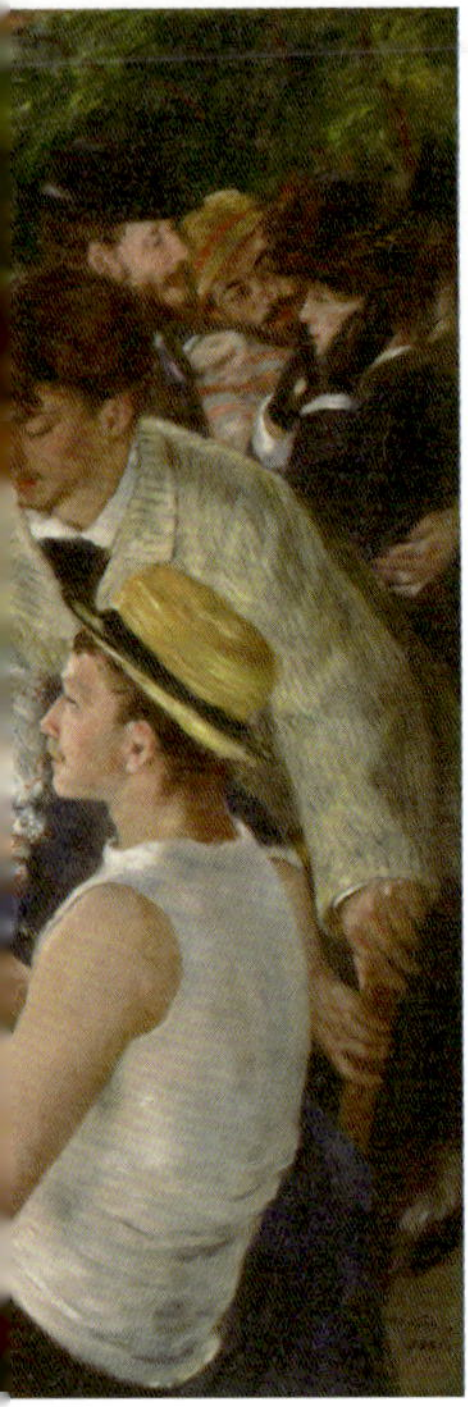

実際はレストランのテラスを舞台に描いた

ルノワールの代表作の一つで、舟遊びをする人たちが昼食を楽しんでいる姿を描いたものです。タイトルからすると、川に浮かぶ船の上で優雅に食事をしているように見て取れます。しかし実際は、パリ郊外シャトゥーのセーヌ川畔にあったレストラン「フルネーズ」のセーヌ川を見下ろすテラスが舞台になっているのです。

クルーザーのような大型船を想像するために間違えてしまいがちですが、原題のフランス語「canotiers」は舟遊びする人たち、つまりボートの漕ぎ手たちを意味し、食事を楽しめるような大きな船ではありません。カンカン帽はボートに乗る人たちが被ったのでカノティ

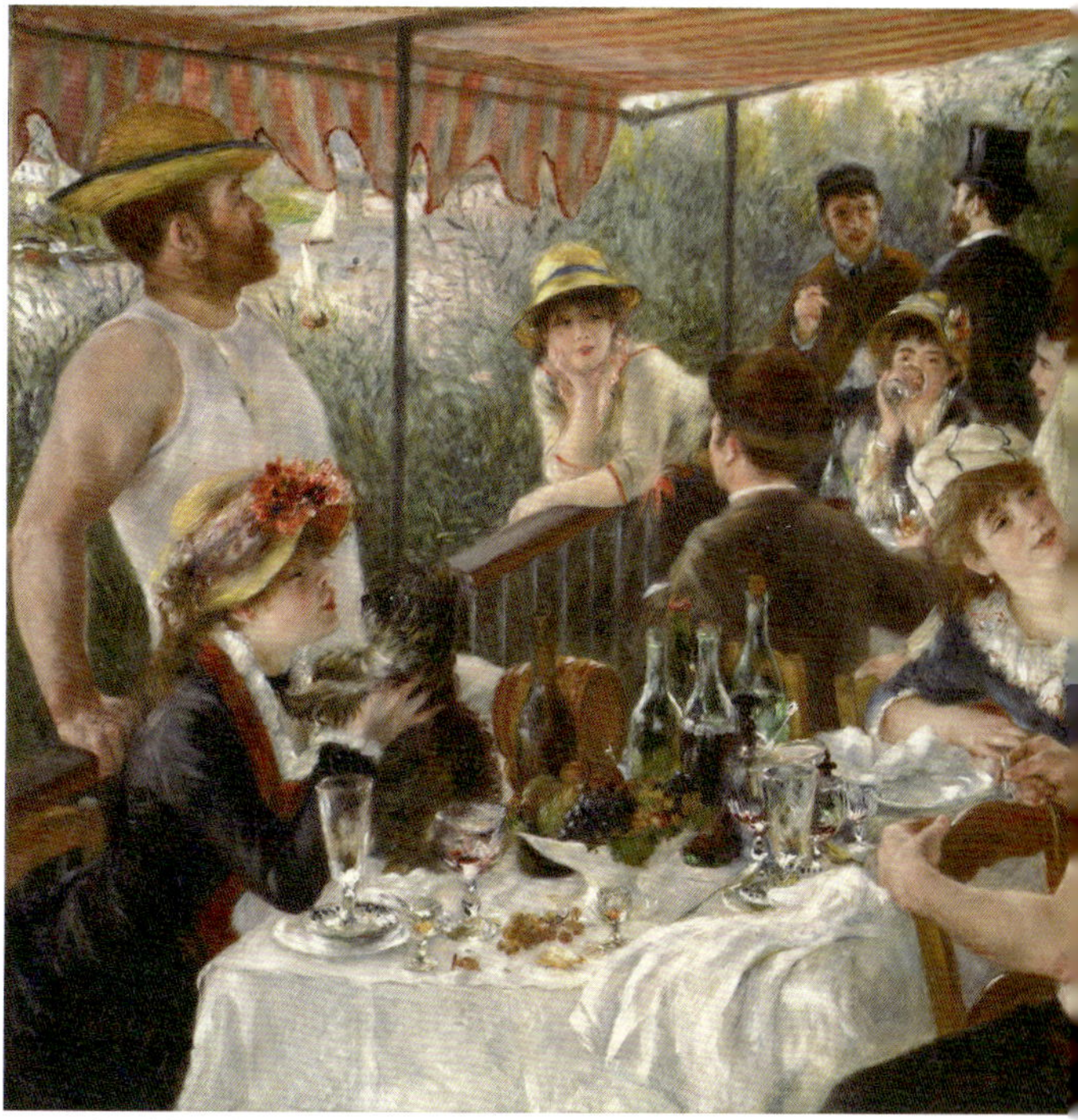

1880-81年　油彩・画布　130.2×175.6cm　フィリップス・コレクション、ワシントンD.C.

エ（canotier）と呼ばれましたが、右手前でそれを被っているのは、印象派を経済的に支援した画家ギュスターヴ・カイユボットです。裕福な家庭に育った彼は、ヨットなど舟遊びを好みました。ルノワールゆかりの人々がほかにも多く描かれ、左手前で犬を抱いているのは彼の未来の妻となるアリーヌ・シャリゴです。

微妙にアレンジされた故郷の景観

《デルフトの眺望》

ヨハネス・フェルメール［オランダ、1632−1675］

構造上のバランスと建国の父への気配り

マルセル・プルーストの小説『失われた時を求めて』にも登場する、フェルメールが遺した2枚の風景画のうちの1枚です。長らくフランスでは評価が低かったオランダ絵画が、革命後のフランスで民主化が進み、市民階級の台頭も相まって、市民社会の中で生まれた17世紀のオランダ絵画に注目が集まります。歴史の中に埋もれていたフェルメールも、フランスで「再発見」されて文学の中でも触れられることになったのでした。

スヒー川越しにデルフトを南から眺めた景色が描かれています。右側のロッテルダム門の背後にあるのが、プルーストが記している「黄色い壁」ですが、実際は壁ではなく「黄色い屋根」です。また、構図上のバランスを考慮した上なのか、ロッテルダム門自体も中央の時計のあるスヒーダム門と並行ではなく、角度を変えて描かれています。

二つの門のあいだに描かれた新教会が、

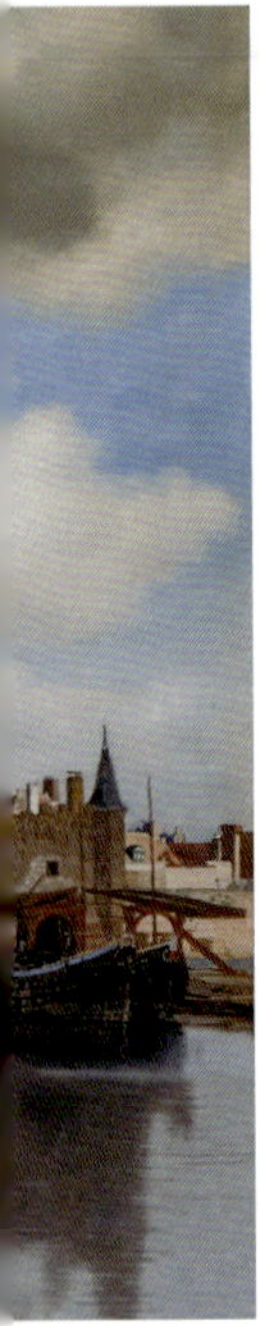

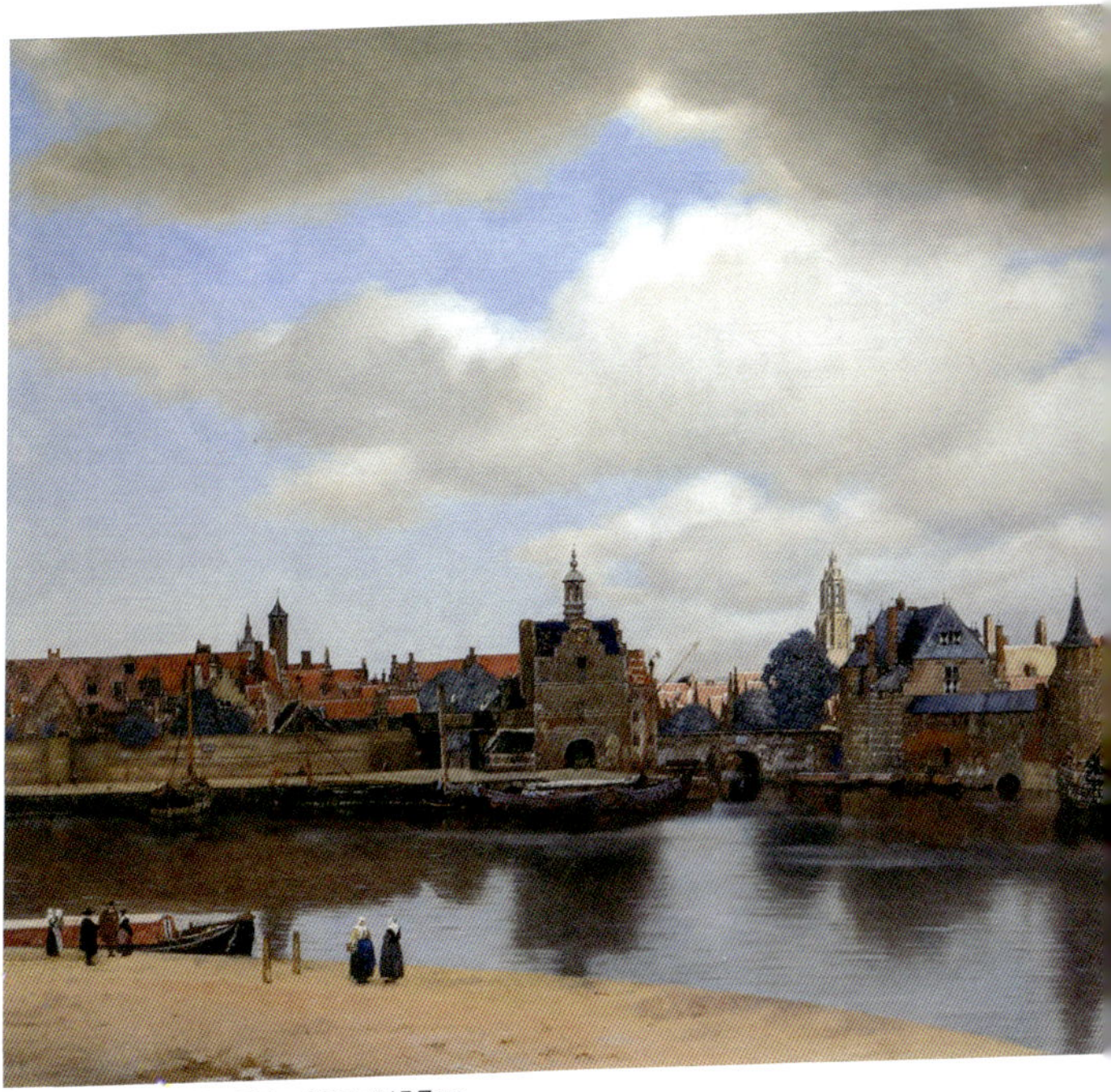

1660-61年頃　油彩・画布　96.5×115.7cm
マウリッツハイス美術館、デン・ハーグ（オランダ）
©amanaimages

朝日を受けて実際よりも眩（まばゆ）いばかりに白く輝いているのは、オランダ建国の父ウィレム1世が埋葬された聖地だからでしょう。

夜の森がどうしてこんなに明るいのか？

《森の狩猟》

パオロ・ウッチェロ［イタリア、1397－1475］

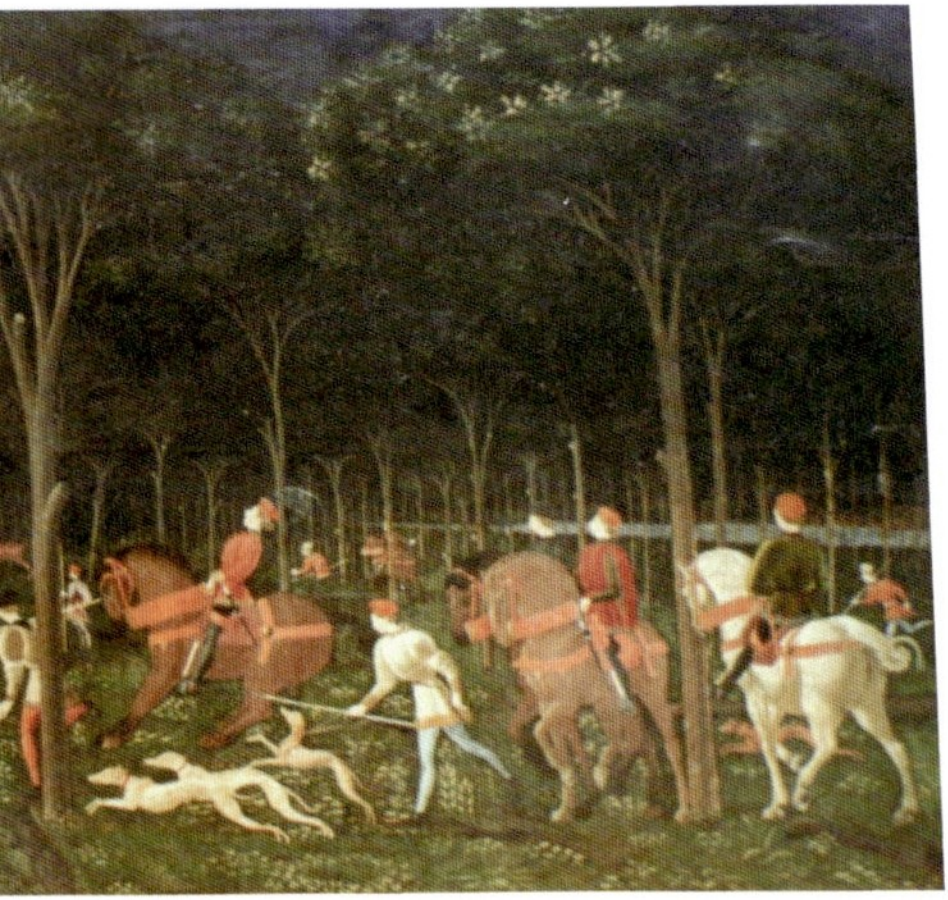

狩りはあくまでも隠喩に過ぎない

狩猟が王侯貴族のスポーツとなったのは、有事に際して軍人として戦うことができるようリーダシップを養うための訓練と、肉体的にも技術的にも戦闘に対し準備を整えておく必要があったという文化的・歴史的背景がありました。

さらに、狩猟がタピスリーや絵画などで人気の高い主題となったのは、その宮廷風なメタファー（隠喩）として恋の駆け引きや求愛など「愛」を表し

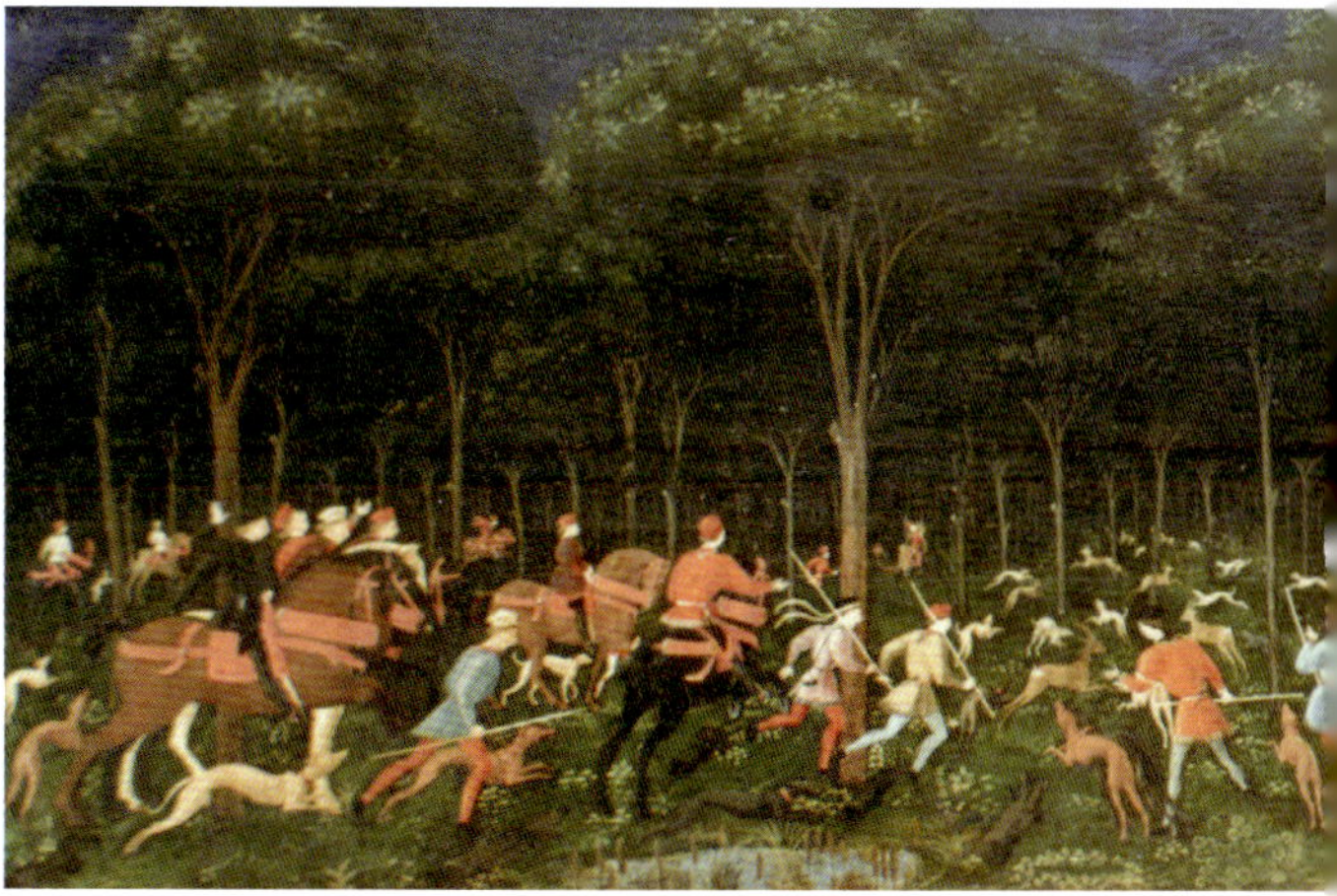

1465-70年　油彩　73.3×177cm
アシュモレアン美術・考古学博物館、オックスフォード（イギリス）
©amanaimages

ていたからなのです。

　ここでは森の中での夜の狩猟を描いていますが、人工照明が松明（たいまつ）などに限られていた当時、実際の狩りとしては現実的ではありません。つまり、追われている鹿は女性を象徴し、男たちが乗っている馬と猟犬は求愛者となるわけです。

　線遠近法を研究し、作品に応用したことで知られるウッチェロらしく、追われる鹿同様に消失点である森の奥へと私たちの視線を導きます。

　女性である鹿は、森の闇の中に逃げようとしているのか、それとも男たちを危険に導こうとしているのでしょうか。

オランダの風景をイタリアの太陽が照らす

《レーネン近郊》

アルベルト・カイプ［オランダ、1620－1691］

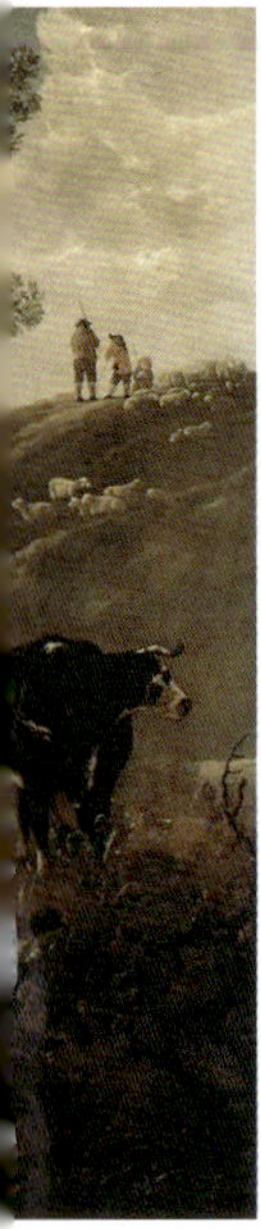

憧れの地イタリアに想いを馳せた黄金色の空

現代では当たり前のように描かれる写実的な風景画ですが、そのような風景画がジャンルとして確立されたのは17世紀のオランダにおいてです。いち早く他国に比べて市民社会を樹立したオランダでは、現代的な意味での風景画に対する需要が高まっていきました。

しかし、詩人の萩原朔太郎（１８８６－１９４２）の「ふらんすへ行きたしと思へどもふらんすはあまりに遠し」同様に、当時の多くのオランダ人にとって、遺跡などの廃墟が点在し、黄金色の空が輝くイタリアは憧れの地でした。

そこで人気を博したのが、このカイプが描いた作品のように、オランダの風景にイタリア的な黄金色の太陽を組み合わせた風景画です。私たちにしてみれば、湘南海

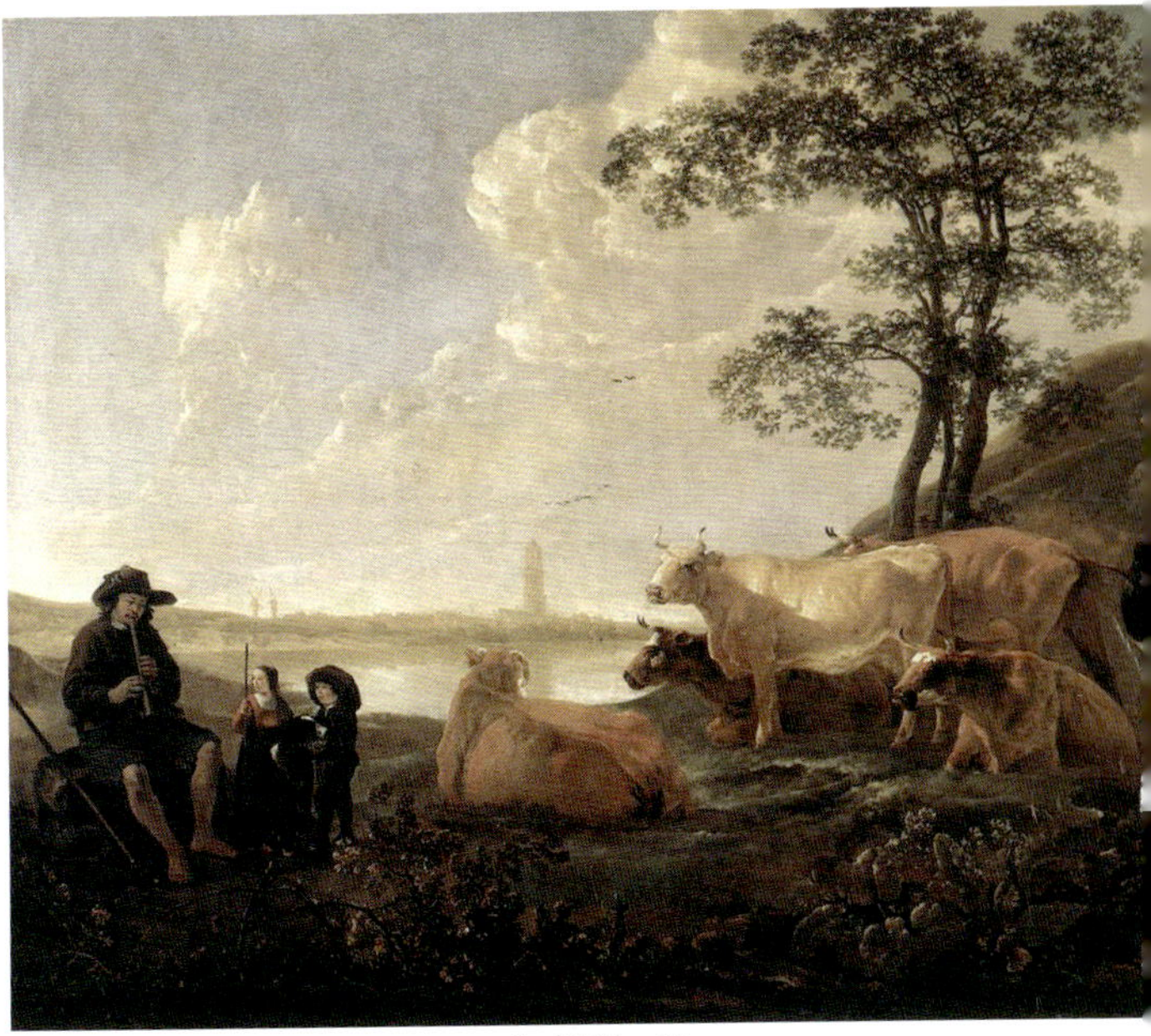

1650-55年　油彩・画布　170×229cm　ルーヴル美術館、パリ

岸の風景に、ハワイの青空と虹を組み合わせたようなものです。笛を吹いている男が、イタリア的な牧歌的光景を演出しています。

ただし、神話世界を彷彿させる羊ではなく、最も高価な家畜の牛が描かれている点が、いかにも市民社会で生まれた17世紀オランダ絵画的なのです。

ギリシャ神話の背景がスペインのトレドに！

《ラオコーン》

エル・グレコ［スペイン、1541-1614］

トロイアを舞台にした話が、敬虔（けいけん）なスペイン風の絵に

クレタ島出身のエル・グレコは、イタリアで芸術的基盤を習得し、最終的にスペインで画家としての活躍の場を得ました。最晩年に描かれたこの作品は、現存する唯一のグレコの神話画であり、独特の経歴を誇った彼の人生を象徴しているともいえるものです。

ギリシャ神話を主題にしたこの作品ですが、ローマに暮らしていた彼が1506年に発掘された「ラオコーン像（ヴァティカン美術館）」から着想を得たことは容易にうかがえます。

画面中央に小さく描かれた木馬を、トロイア市中に引き入れることに反対した神官ラオコーンが、神々が送り込んだ大蛇2匹によって、息子たちと共に殺されている場面が描かれていますが、背景に描かれた街は明らかにグレコが暮らしたトレドなのです。

ちなみに、1955年の修復の際の洗浄で、右

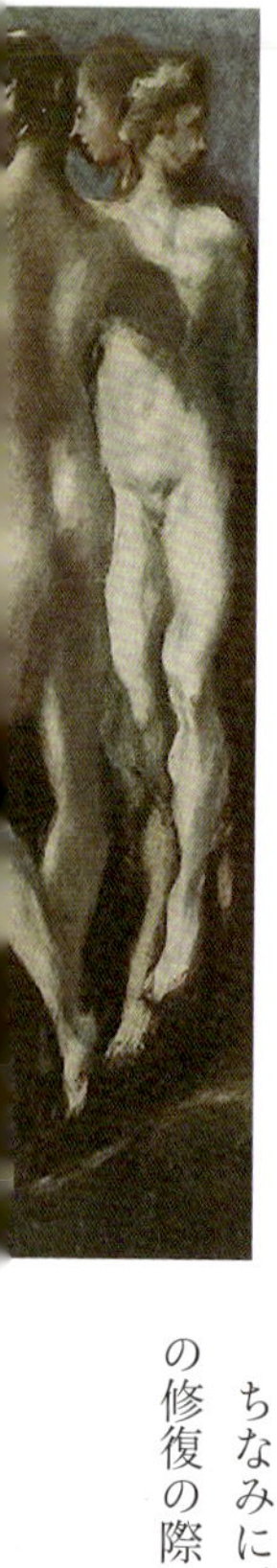

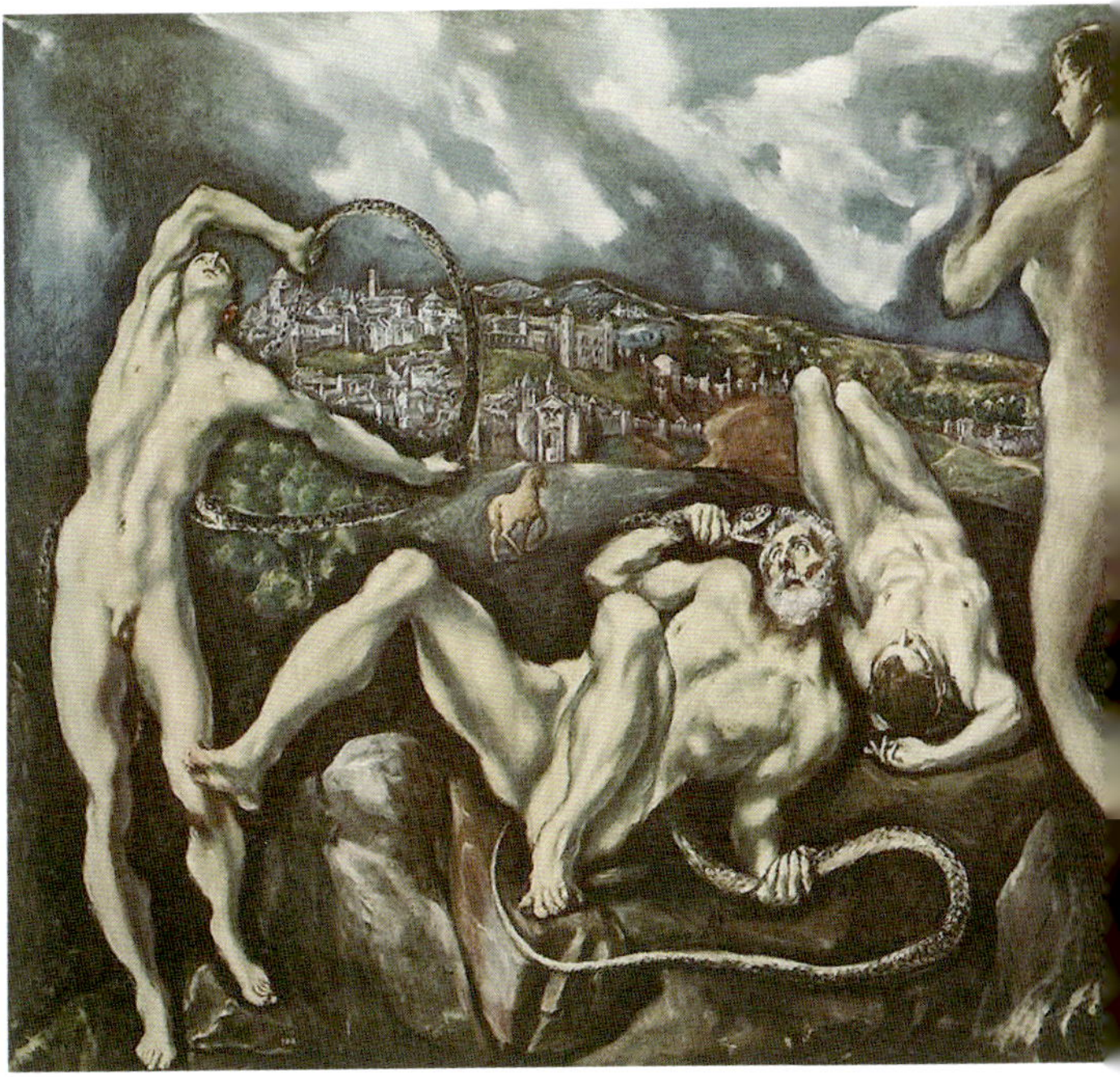

1610-15年　油彩・画布　137.5 × 172.5 cm
ナショナル・ギャラリー、ワシントンD.C.

端にもう一人の人物の頭部と脚が現れました。同時に、左端に描かれた息子の局部が、下帯で塗り隠されていたのも露わになりました。かつて裸体像に厳しかった敬虔なスペインらしいエピソードです。

イエス生誕の地に雪が降るとは考えにくい

《ベツレヘムの人口調査》

ピーテル・ブリューゲル（父）［ネーデルラント、c1525－1569］

スペインの圧政は冬の大寒波に匹敵する！

「ナザレのイエス」と呼ばれるように、キリストが育ったのはガリラヤ南部の丘の村ナザレです。当時、イエスはありふれたファーストネームでしたので、故郷の村の名が通り名となり「ナザレのイエス」と呼ばれたのです。

しかし、キリストの生誕地がベツレヘムなのは、時の皇帝アウグストゥスの命によって住民登録がおこなわれ、養父ヨセフの故郷ベツレヘムに向かったからです。画面中央にロバに乗った身重の聖母が描かれています。そのため、キリストは12月25日にベツレヘムで生まれたのです。したがって、住民登録がおこなわれたのは冬のこととなります。

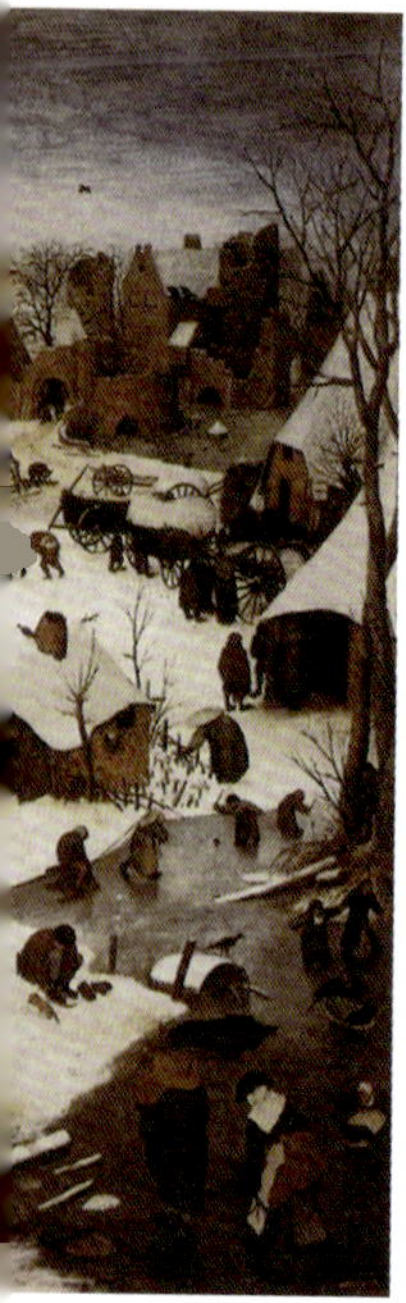

しかし、描かれた舞台は画家の地元フランドルの村の雪景色であり、明らかにローマ帝

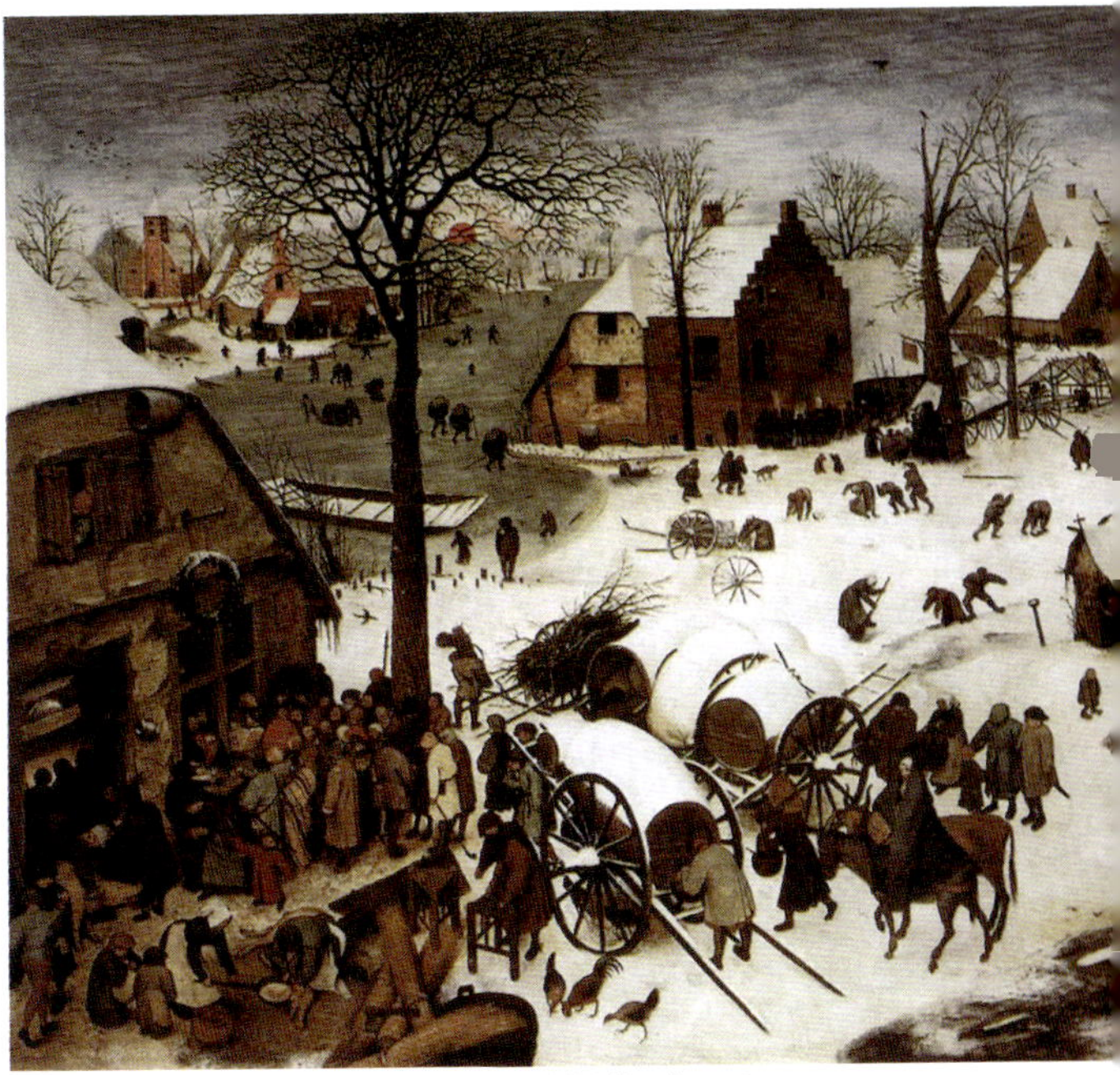

1566年　油彩・板　115.3×164.5cm　ベルギー王立美術館、ブリュッセル

国ユダヤ属州の「ダビデの都」ベツレヘムではありません。

フランドルは、制作年の前年の冬に大寒波に見舞われていました。ローマ支配下におけるユダヤ圧政を描くことにより、当時のフランドルを支配下に置いていたスペインの圧政を暗に表しているのです。

タイトルにある「青銅の蛇」は1匹だけ

《青銅の蛇》

アンソニー・ヴァン・ダイク〔フランドル、1599－1641〕

あとは神が天から降らした本物の蛇

旧約聖書の一場面です。約束の地カナンを目指すイスラエル人たちは、厳しい日々に耐えかねて神と指導者モーセに不平不満をもらすようになります。神はそれを信仰心のない証(あかし)と見なし、罰として大量の毒蛇を空から降らしたため、多くの人がそれに嚙(か)まれて命を落としました。後悔した人々から救いを求められたモーセが神に問うと、神は蛇の像を造って竿の上に置き、蛇に嚙まれた人々にこの像を仰ぐように告げたのです。

そこでモーセは、青銅の蛇を造ってT字形十字の竿の上に置いたところ、蛇に嚙まれた人でも、その青銅の蛇を仰げば不思議と治癒されました。したがって、青銅の蛇は左の竿(さお)の上にある像だけで、ほかに描かれている蛇は青銅製ではなく本物なのです。

ちなみに蛇は、エデンの園でアダムとエヴァに知恵の実を食べるようそそのかした存在です。旧約聖書を新約聖書の予型(よけい)とみ

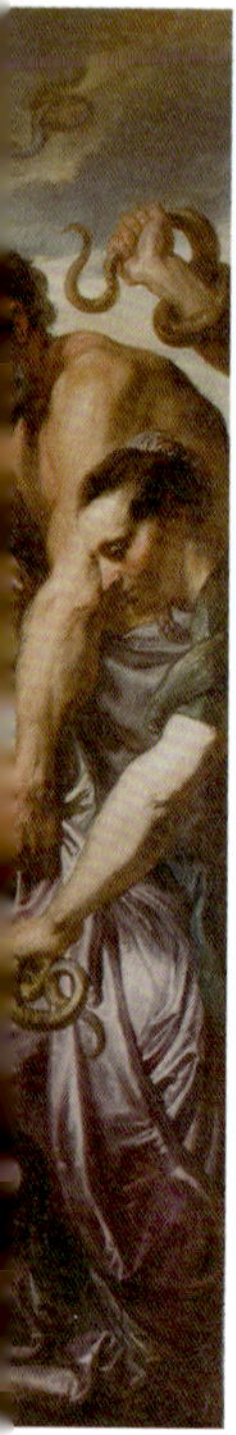

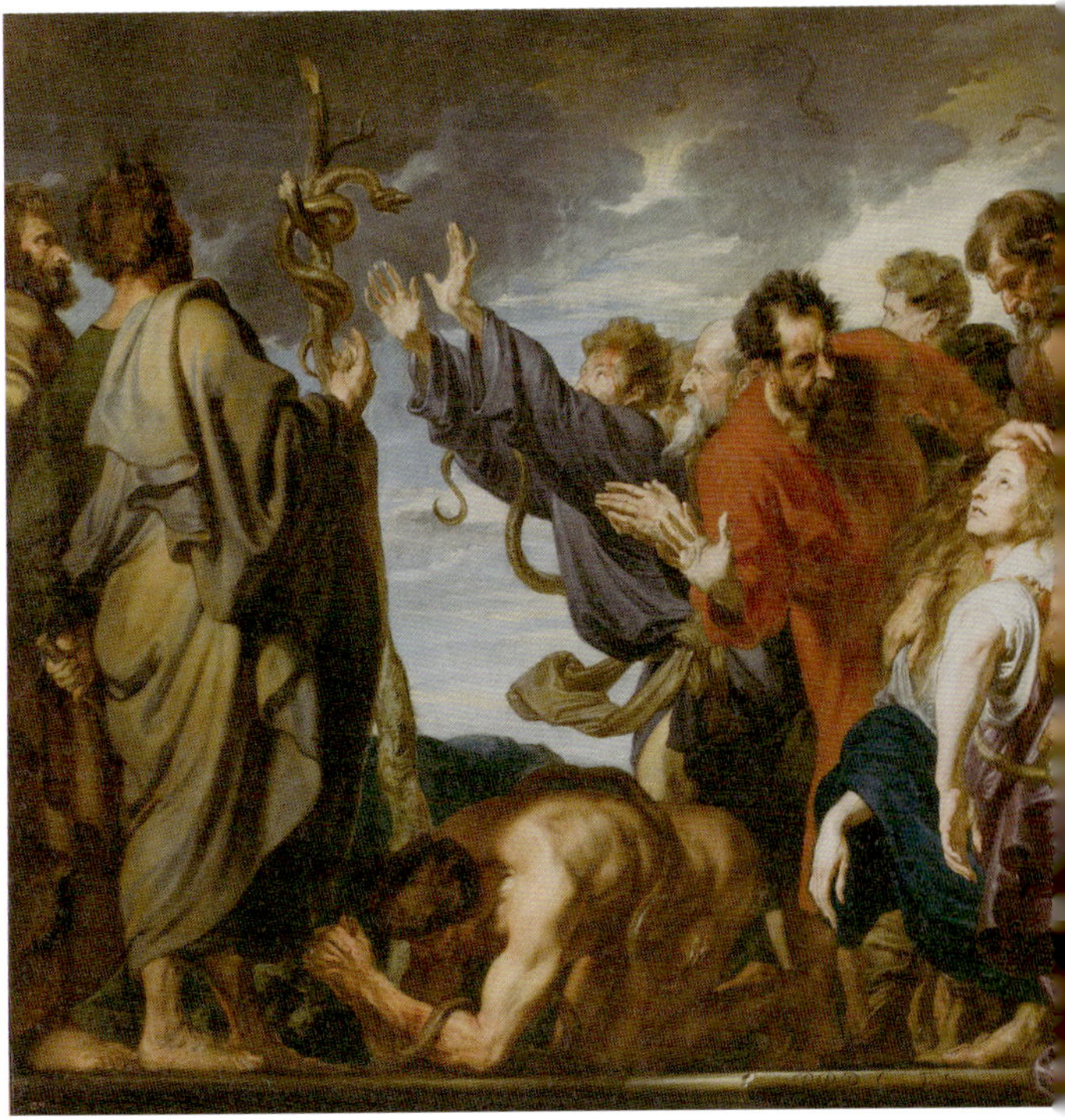

1618-20年　油彩・画布　205×235cm
プラド美術館、マドリード

なすキリスト教では、この場面はアダムの原罪から人類が背負ってきた様々な罪の犠牲となったキリストの磔刑の予型と見なします。

門の代わりに女性たちを描いた画家の狙い

《ワイク・バイ・ドゥールステーデの風車》

ヤーコプ・ファン・ライスダール［オランダ、c1628－1682］

オランダ人の愛国心を鼓舞する風車がより目立つ

17世紀のオランダ風景画の特徴として、ネーデルラント（低地地方）の名のごとく、平面的な大地が広がる風景を描いているため、大きく開けた空とそこに浮かぶ雲の描写があります。また、水路が発展した国土でもあるため、オランダの風景画家たちは水面に映った空や雲の描写にも長けていました。クロード・ロランが創造した理想的風景画（144頁）と違い、現実的な風景を描き写実性の高いことで知られるオランダ風景画ですが、まったく演出を施していないわけでもありません。

とくにライスダールは、オランダの風景画家にしてはアレンジする傾向がありました。この作品でも、右下の3人の女性が描かれているところは、本来「女性の門」と呼

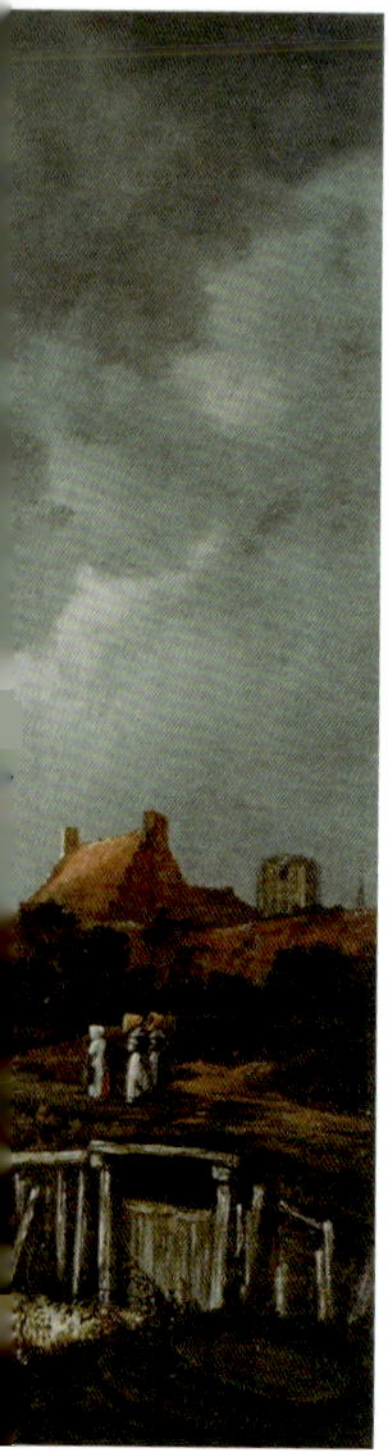

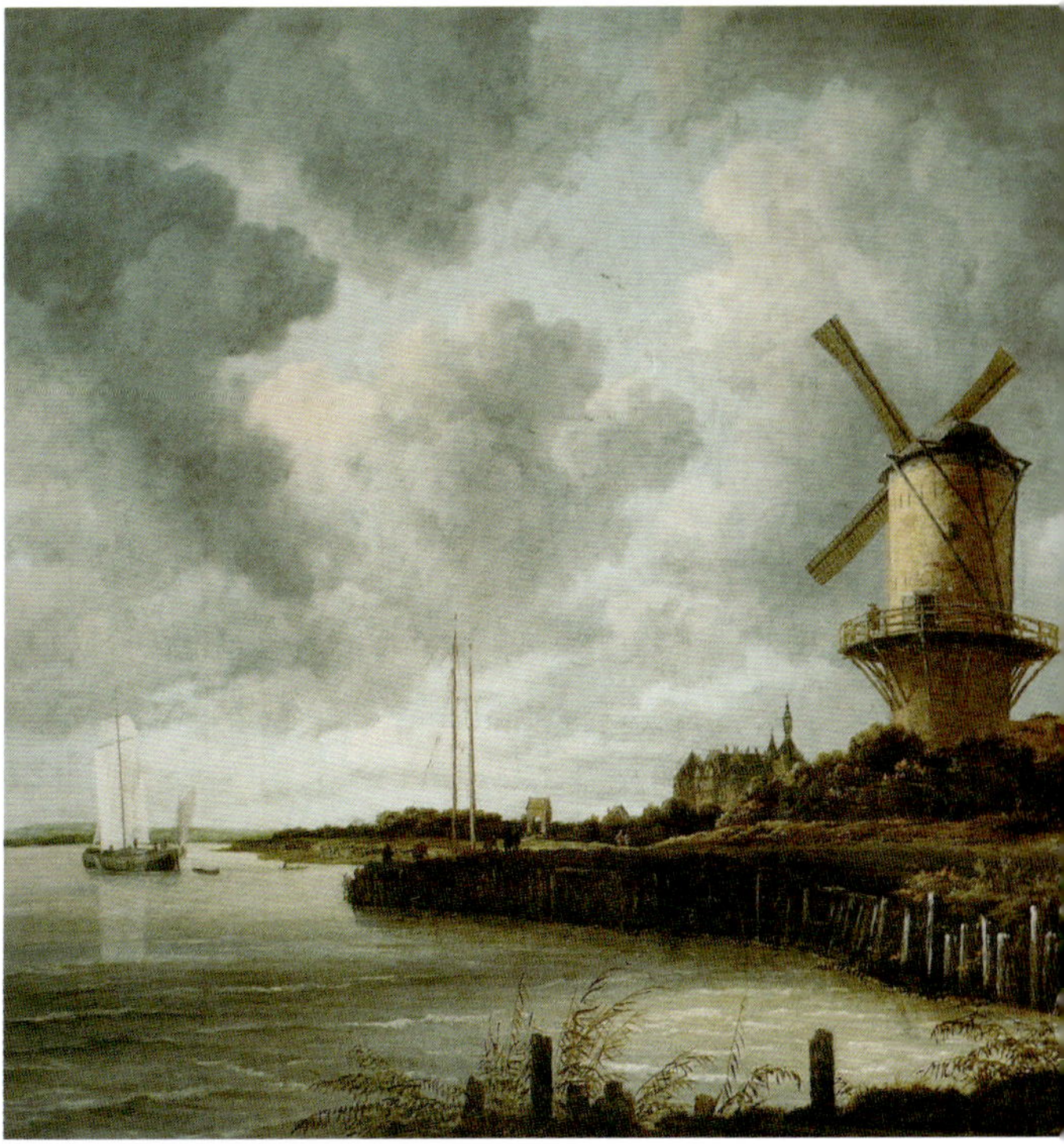

1668-70年頃　油彩・画布
83×101cm
アムステルダム国立美術館

ばれる門がありましたが、造形性の探求から、彼は門を省いて代わりに3人の女性を描いています。その結果、オランダ人の愛国心を篤くする風景のモチーフとしての風車が、威風堂々とより目立つようになっているのです。

「聖ペテロ」がオランダの居酒屋で無銭飲食？

《ペテロの否認》

ヤン・ミーンス・モレナール［オランダ、1610-1668］

聖ペテロのエピソードを初代ローマ皇帝への嘲笑(ちょうしょう)に

モレナールは、ハールレムの風俗画家です。美術史においては彼の妻で、同じハールレムの風俗画家だったユディト・レイステル（218頁）のほうが有名ですが、二人とも当時のハールレムの大画家ハルスの影響を受け、闊達(かったつ)で娯楽性の強い描写が特徴的です。風俗画を得意とするだけあって、モレナールは宗教画を描いた際も風俗画にしか見えない描写をしています。

「ペテロの否認」とは、キリストが逮捕された後にユダヤ教の大祭司の家に連れて行かれた際、ペテロも後を追って邸内に入ったのですが、キリストの知り合いではないかと疑われ、キリストの予言通り3回それを否認した場面です。

しかし、この舞台設

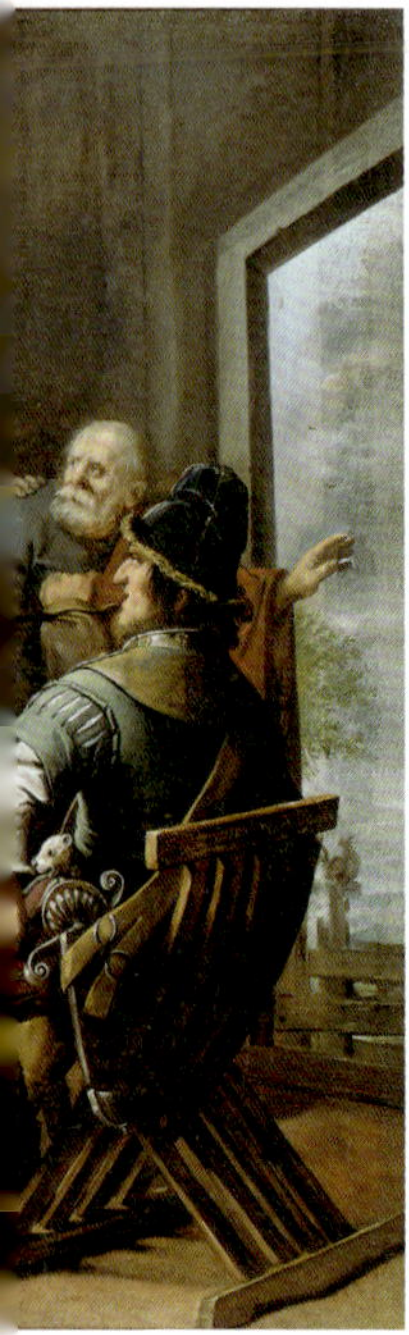

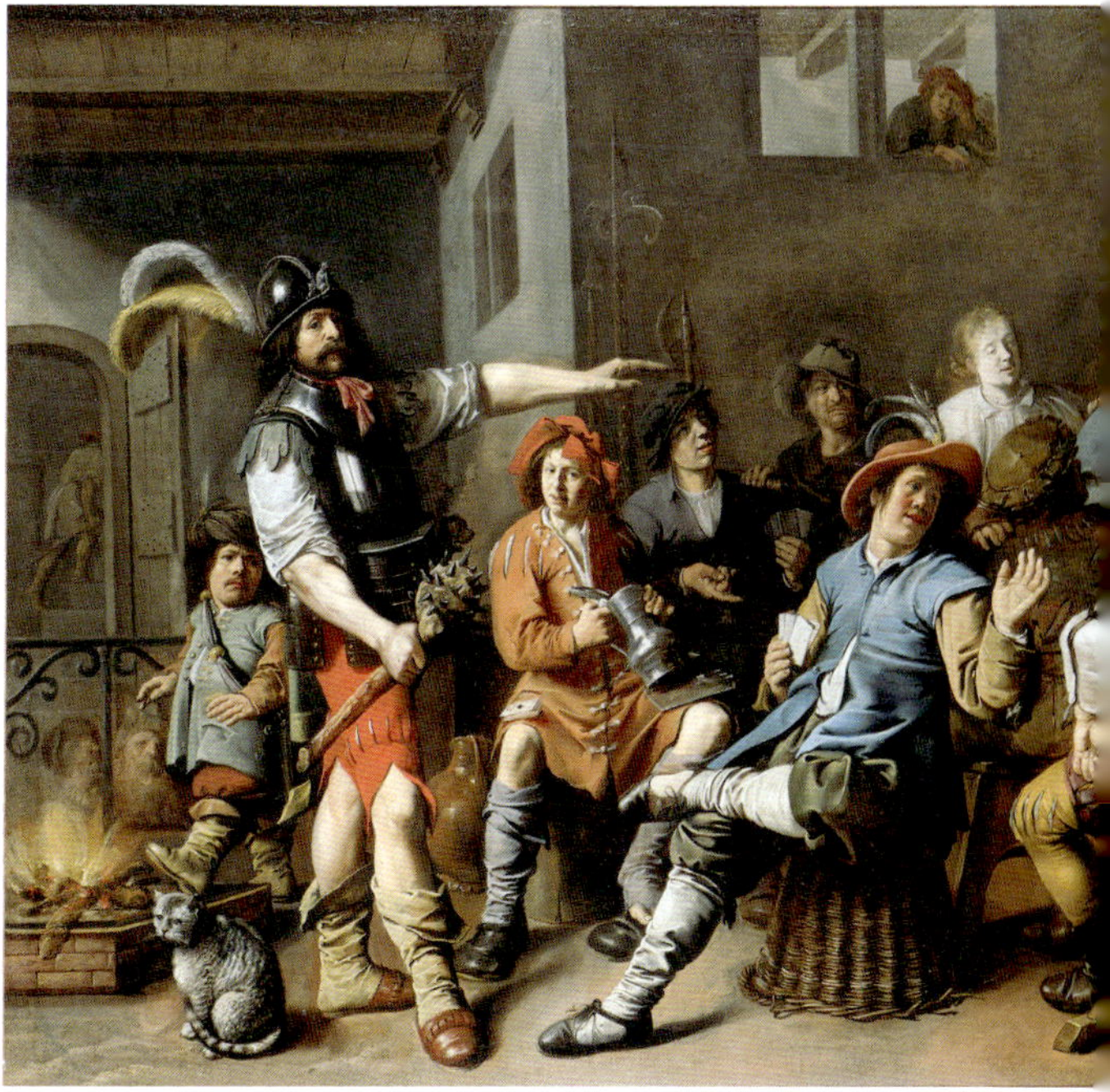

1633年　油彩・画布　102×139cm　国立西洋美術館、ブダペスト

Ⓒ The Museum of Fine Arts Budapest/Scala, Florence/amanaimages

定は当時のオランダの居酒屋です。右端で外に逃れようとしているペテロは、無銭飲食が見つかった老人のようです。左の手前に「抜け目がない」と見なされる猫も描かれているため、よりその印象を深めています。プロテスタント社会のオランダらしく、どう見ても初代ローマ教皇ペテロを嘲笑しているようにしか映りません。

同じ年に同じアルルで描いたが、じつは別の店

《夜のカフェ》と《夜のカフェテラス》

フィンセント・ファン・ゴッホ［オランダ、1853－1890］

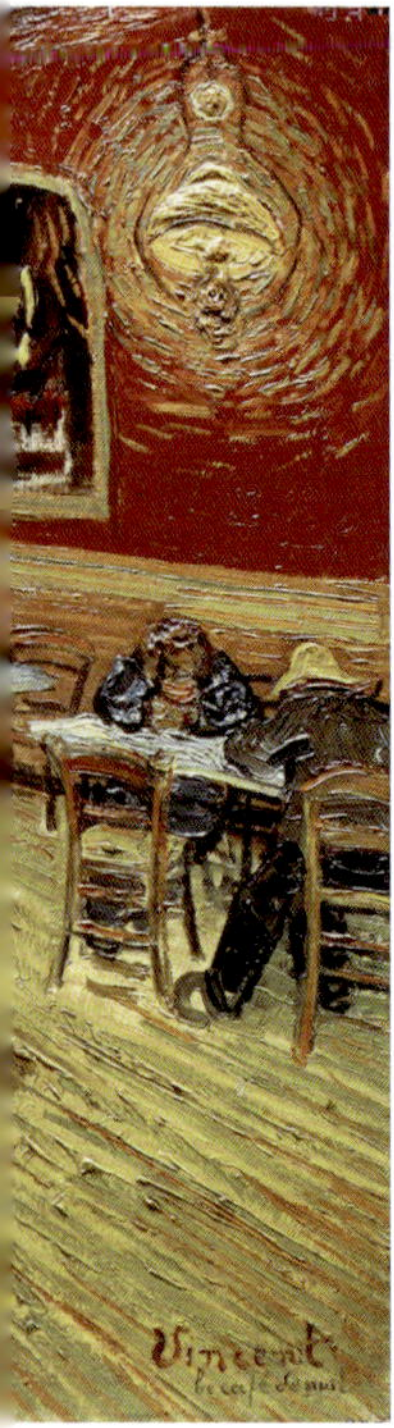

客層も異なるカフェでゴッホが描きたかったものとは？

2点とも、ゴッホが同時期にアルルで描いたものです。しかし、同じアルルにあるカフェがテーマになっていても、描かれているカフェ自体は別の店です。また、カフェをテーマに描きながらも、ゴッホがそれぞれに表現しようとしたものも違いました。

《夜のカフェ》は、深夜営業のラマルチーヌ広場に面したカフェで、ゴッホが好んだ労働者階級向けの大衆的な店でした。この作品では、夜の場末のカフェに集う人々の苦悩や孤独感、さらに彼らが醸し出す重苦しい雰囲気が画面を覆っています。ゴッホは人生を破滅させる場所として、深夜営業のこのカフェを描こうとしたのでした。

一方《夜のカフェテラス》では、フォルム（フォーラム）広場に面したブルジ

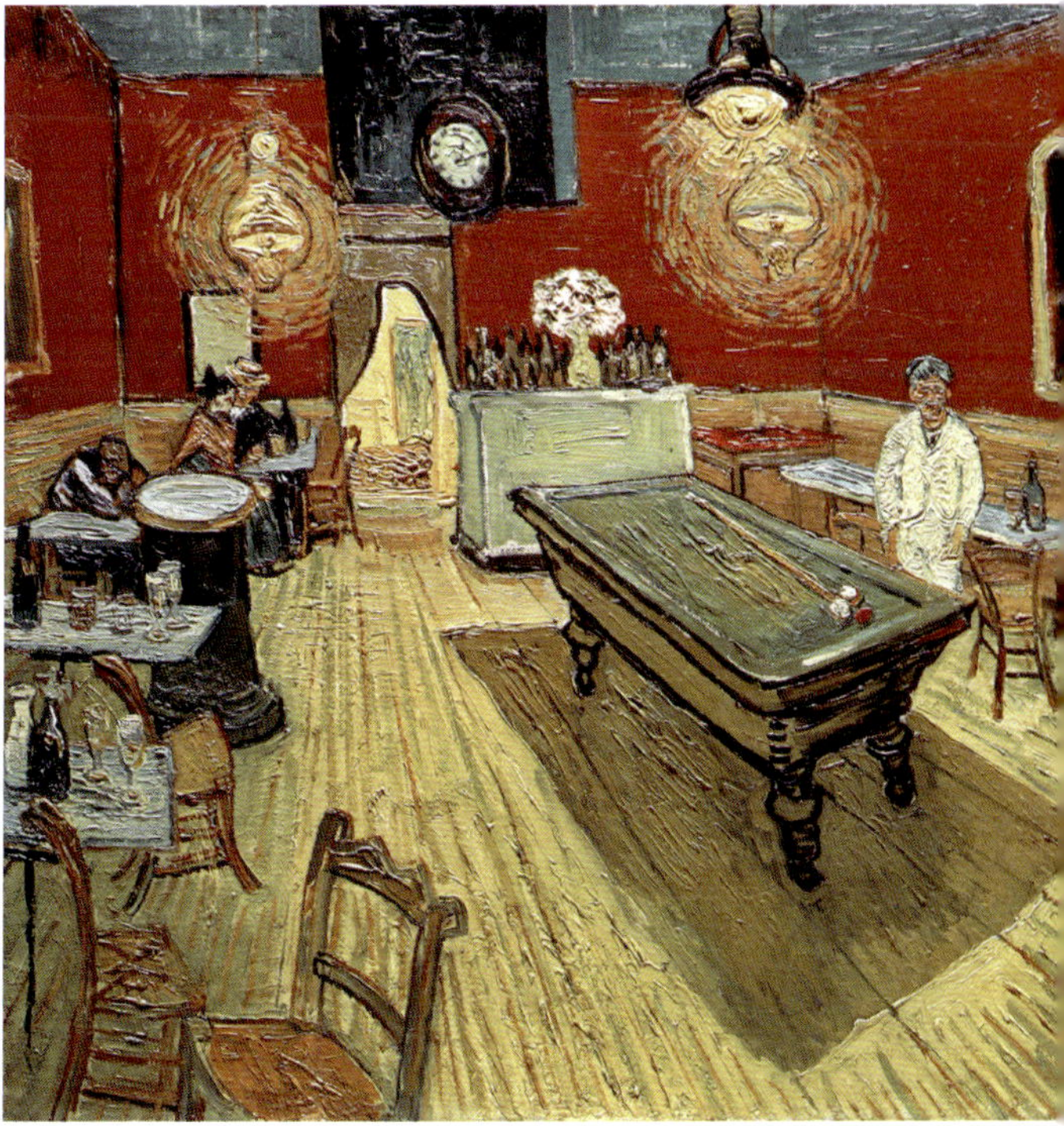

《夜のカフェ》
1888年　油彩・画布
72.4×92.1cm
イェール大学付属美術館、
ニューヘイブン（アメリカ）
Ⓒamanaimages

ヨワジー向けのカフェを舞台に、ランタンや夜空の星の輝きで画面全体に明るさを表現しようとしました。不自然なほど明るい夜空にご注目。ゴッホは黒を一切使わずに夜空を描いているのです。

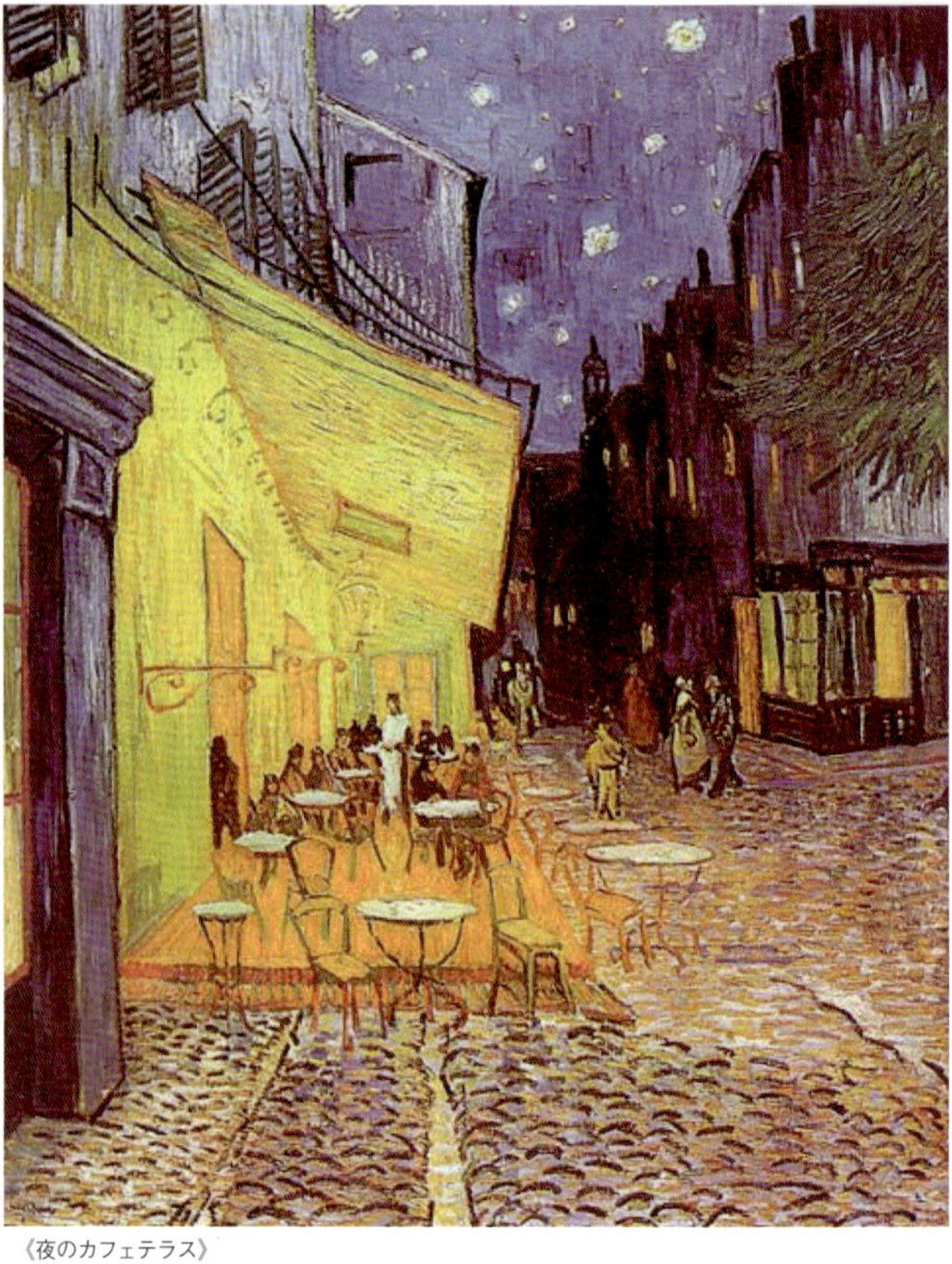

《夜のカフェテラス》
1888年　油彩・画布　80.7×65.3cm
クレラー＝ミュラー美術館、オッテルロー（オランダ）

第4章

描写の嘘

デンマークではなくイングランドの景色に

《オフィーリア》

ジョン・エヴァレット・ミレー［イギリス、1829－1896］

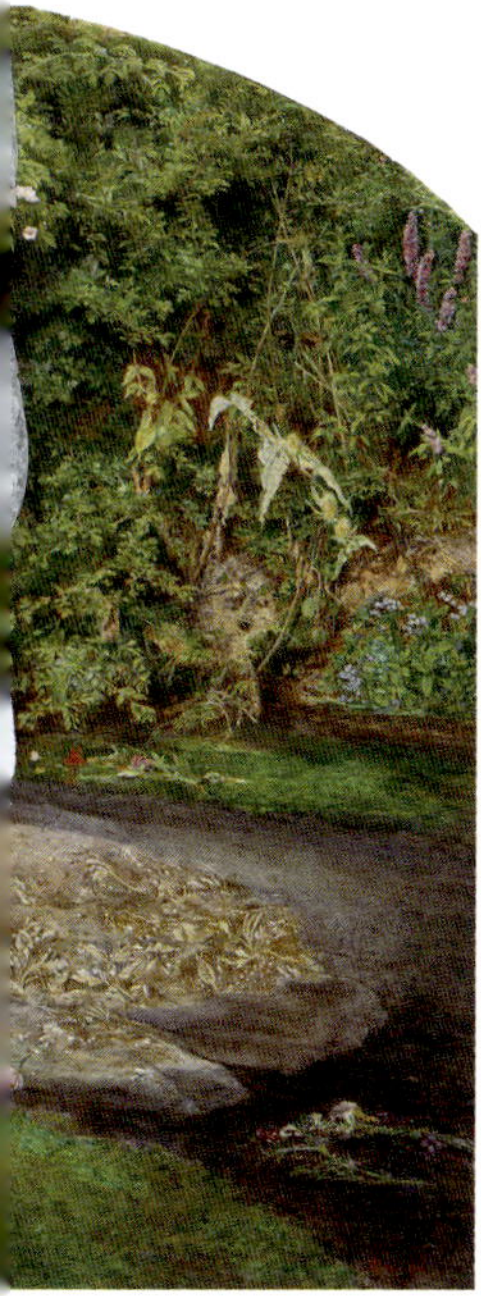

研究熱心なミレーの性格が仇に

シェークスピアの戯曲「ハムレット」の舞台となったのはデンマークです。しかし、シェークスピアがイングランドからデンマークを実際に訪れて、この戯曲の着想を得たわけではなかったように、ラファエル前派の画家ミレー自身も、デンマークまで旅して景色をスケッチしてきたわけでもありませんでした。

ミレーがこの作品を制作した場所は2か所あります。ロンドンのミレーのアトリエで、バスタブの水に浸かりながらモデルを務めたのは、ラファエル前派の仲間の画家ダンテ・ゲイブリエル・ロセッティの妻となるエリザベス・シダルです。

また、その前にサリー州イーウェル市のホグ

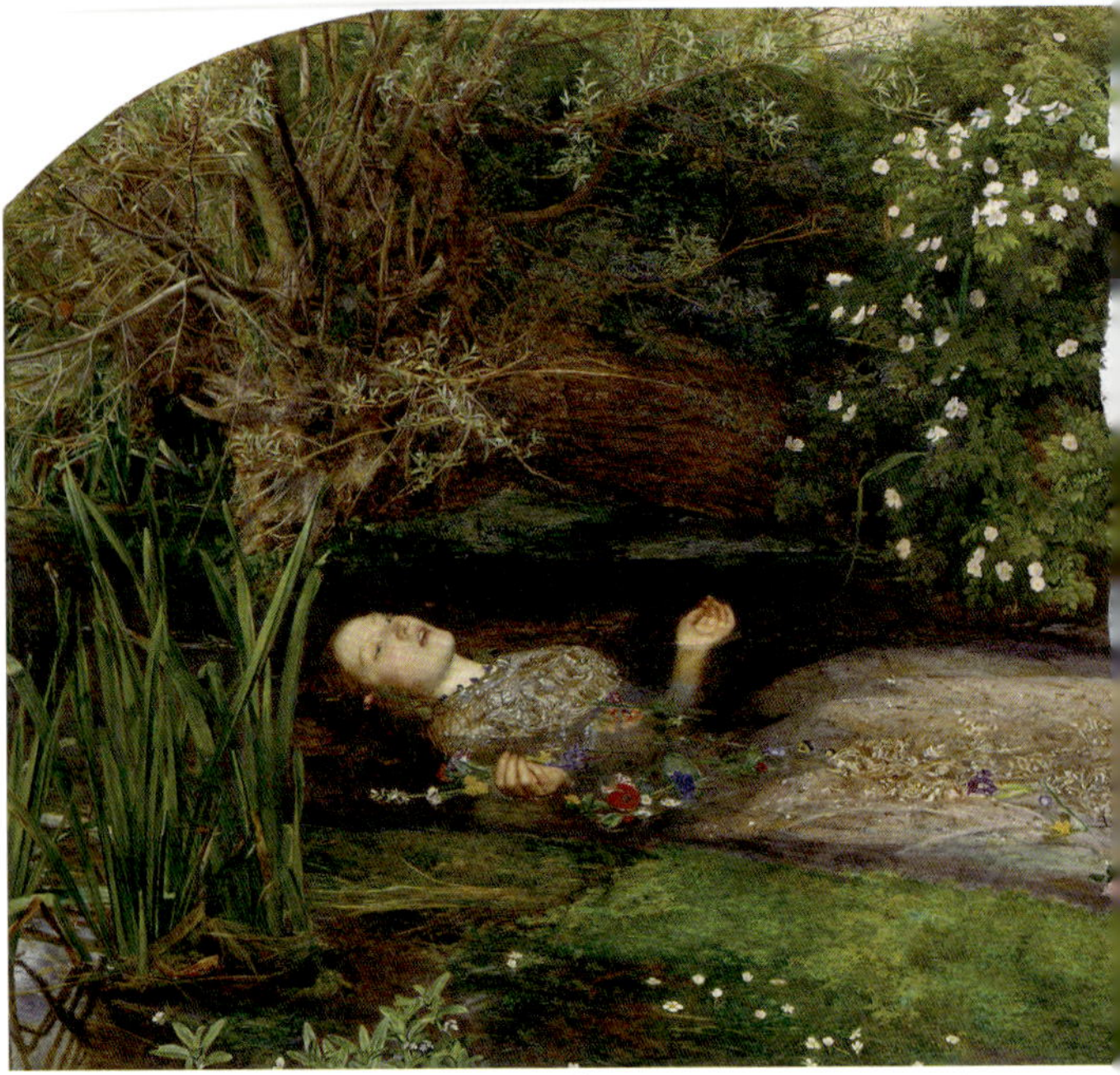

1851-52年　油彩・画布　76.2× 111.8cm　テート・ブリテン、ロンドン

ズミル川を、デンマークの川に見立てて背景を描きました。

戸外で制作したため、ミレーもかなり研究して周りの景色を描くことができ、花々の細かい描写など装飾性の強いラファエル前派の特徴がよく表れています。しかしその結果、デンマークというよりは、とてもイングランドらしい景色となってしまったのです。

肝心のイカロスはどこ？

《イカロスの墜落のある風景》

ピーテル・ブリューゲル（父）［ネーデルラント、c1525-1569］の模写？

現在ではブリューゲル原作の模写と見なされている

200頁に出てくるドレイパーの作品同様に、ギリシャ神話をもとにしたオウィディウスのラテン文学『変身物語』からのエピソードが描かれています。

タイトルにあるように、イカロスの墜落を描いているはずなのですが、肝心のイカロスがどこに描かれているのか、非常にわかり難い点が特徴です。よく見ると、画面右の帆船の前に、海に落ちたイカロスの下半身だけが描かれているのがわかります。

『変身物語』によると、漁師も羊飼いも農夫も、空を飛んでいる父ダイダロスとイカロスを見て仰天したはずなのですが、手前に描かれている農夫に至っては彼らに気が付いてもいないようです。

ちなみに、イカロスが落ち

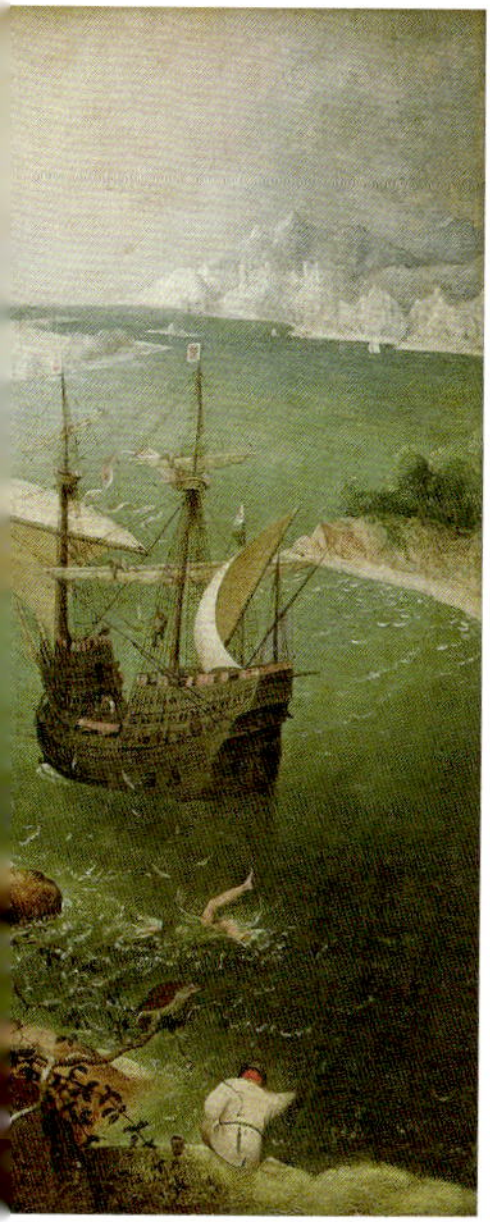

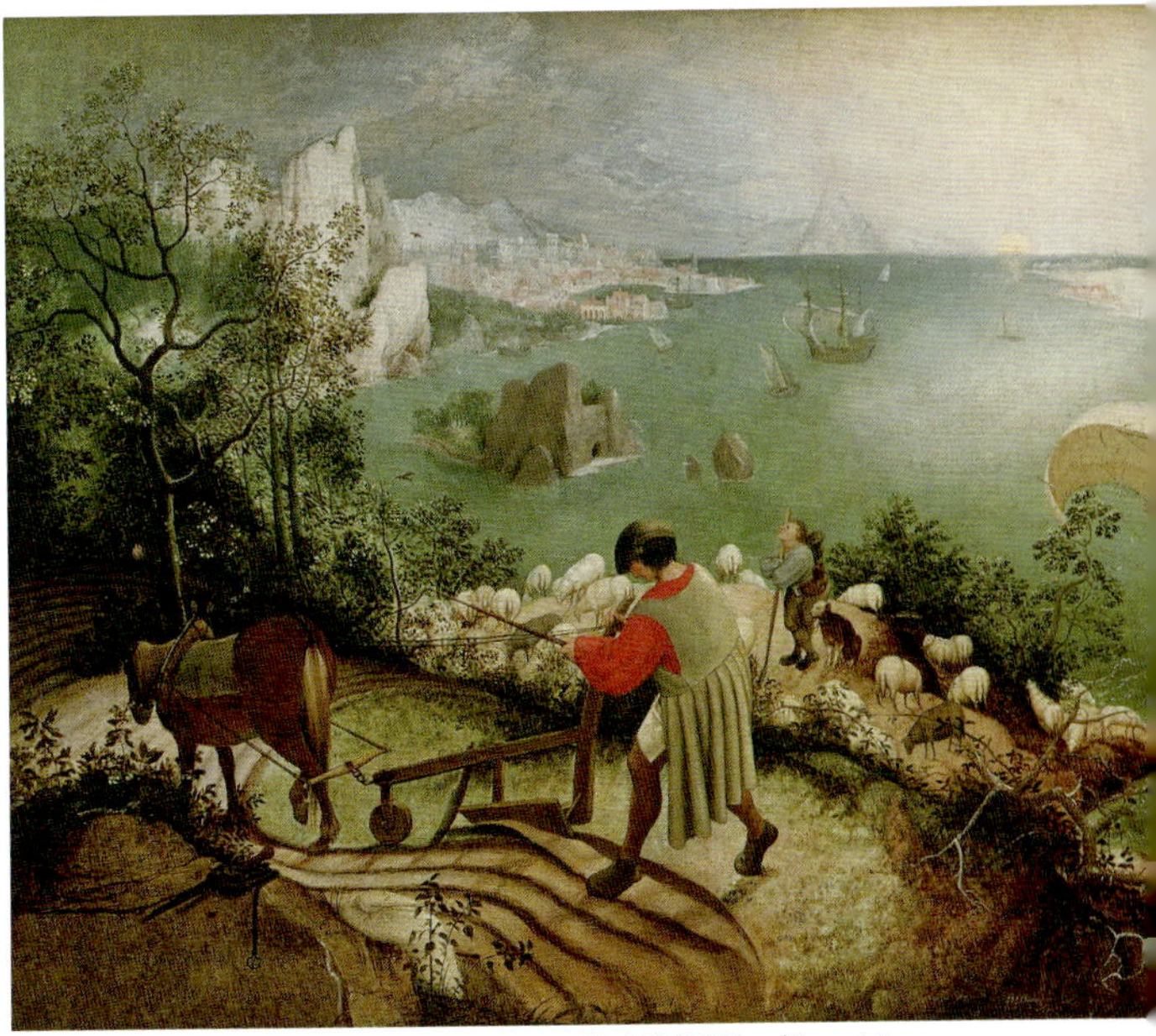

1558年頃　油彩・板（→画布）　73.5×112cm　ベルギー王立美術館、ブリュッセル

た海はイカリア海（エーゲ海南部）と呼ばれるようになりましたが、ここに描かれているのはフランドル絵画特有の世界風景です。

また、長年この作品は、神話を主題にしたブリューゲル唯一の傑作と考えられてきたのですが、現在ではブリューゲル原作の模写と見なされるようになっています。

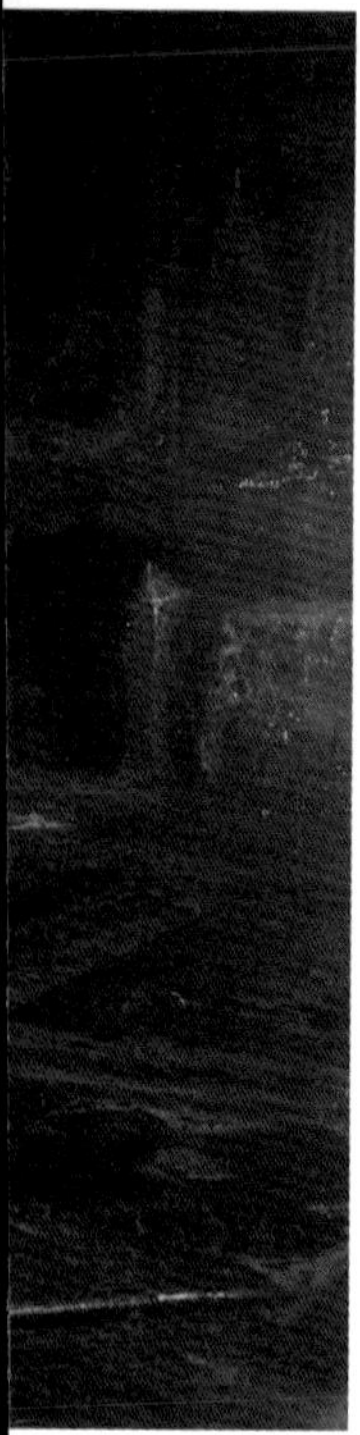

この時点ではまだ死んでいない

《1581年11月16日のイワン雷帝とその息子イワン》

イリヤ・エフィモヴィチ・レーピン［ロシア、1844－1930］

実際には密室殺人でなく、目撃者もいた

1881年3月に起きた皇帝アレクサンドル2世の暗殺事件を契機に、暴力や殺害に反対を表明するため、レーピンがロシア史の中から選んで描いたエピソードが、16世紀のロシアを恐怖政治で支配した暴君イヴァン雷帝の息子殺しです。

息子イヴァンの妻エレナが、妊娠中にもかかわらず軽装でいることに怒った雷帝は、エレナに暴力を振るい、息子は父を止めようとします。二人は言い争いとなり、息子に対しても激怒した雷帝は我を失い、息子の頭を鉄の錫杖（しゃくじょう）で打ち据（す）えてしまったのです。

自分の起こしてしまったことに驚愕（きょうがく）し、恐怖から目を大きく見開いているのがイヴァン雷帝です。血を流しながら父帝に抱かれるその姿から、息子はすでに息絶えていると思われがちですが、じつは彼が息を引き取ったのは

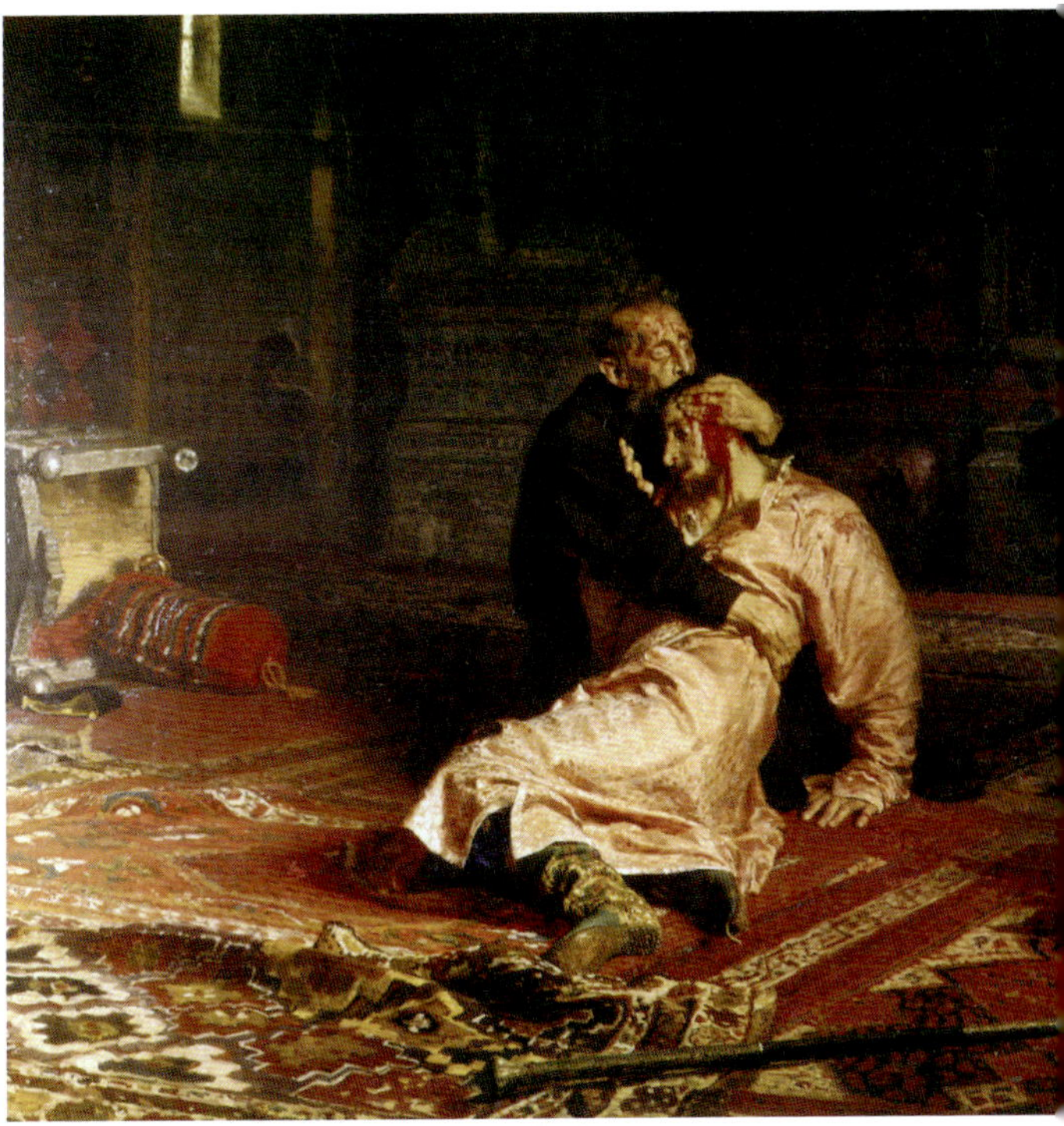

1885年　油彩・画布　199.5×254cm　トレチャコフ美術館、モスクワ
Ⓒamanaimages

その数日後です。

また、画面の印象では、室内には親子二人しかいないように見受けられますが、実際は後にツァーリ（ロシア君主）となる家臣ボリス・ゴドゥノフもその場に居合わせていました。

殺そうとしているのではなく、犯そうとしている

《タマルの凌辱》

ウスターシュ・ル・シュウール［フランス、1616−1655］

短剣は男性器のメタファーとして描かれた

「フランスのラファエロ」と称えられたル・シュウールの初期の作品です。豊麗な色彩で知られる師のシモン・ヴーエの影響が強い時期で、激しい感情表現と共に、ダビデ王の子どもたちのエピソードが明瞭な色調で劇的に描かれています。

ダビデ王には複数の妻がいたのですが、際立って美しかった娘タマルに恋をしたのが彼女の異母兄にあたるアムノンでした。彼は、病気だと偽りタマルを自分の部屋に見舞いに来させます。そして、タマルの抵抗もむなしく無理やりに犯してしまったのです。

したがって、ここに描かれている場面はアムノンがタマルを殺そうとしているわけではありません。鞘から抜かれた短剣はアムノンの男性器のメタファーなのです。

欲求を満たした後、アムノンは逆にタマルを激しく憎み始め、宮殿から追い出します。このことは父ダビデ王の知るところとなりますが、王は何もせず、タマルと同じ母から生まれた兄アブサロムが、2年後にアムノンを殺して妹の復讐を遂げるのでした。

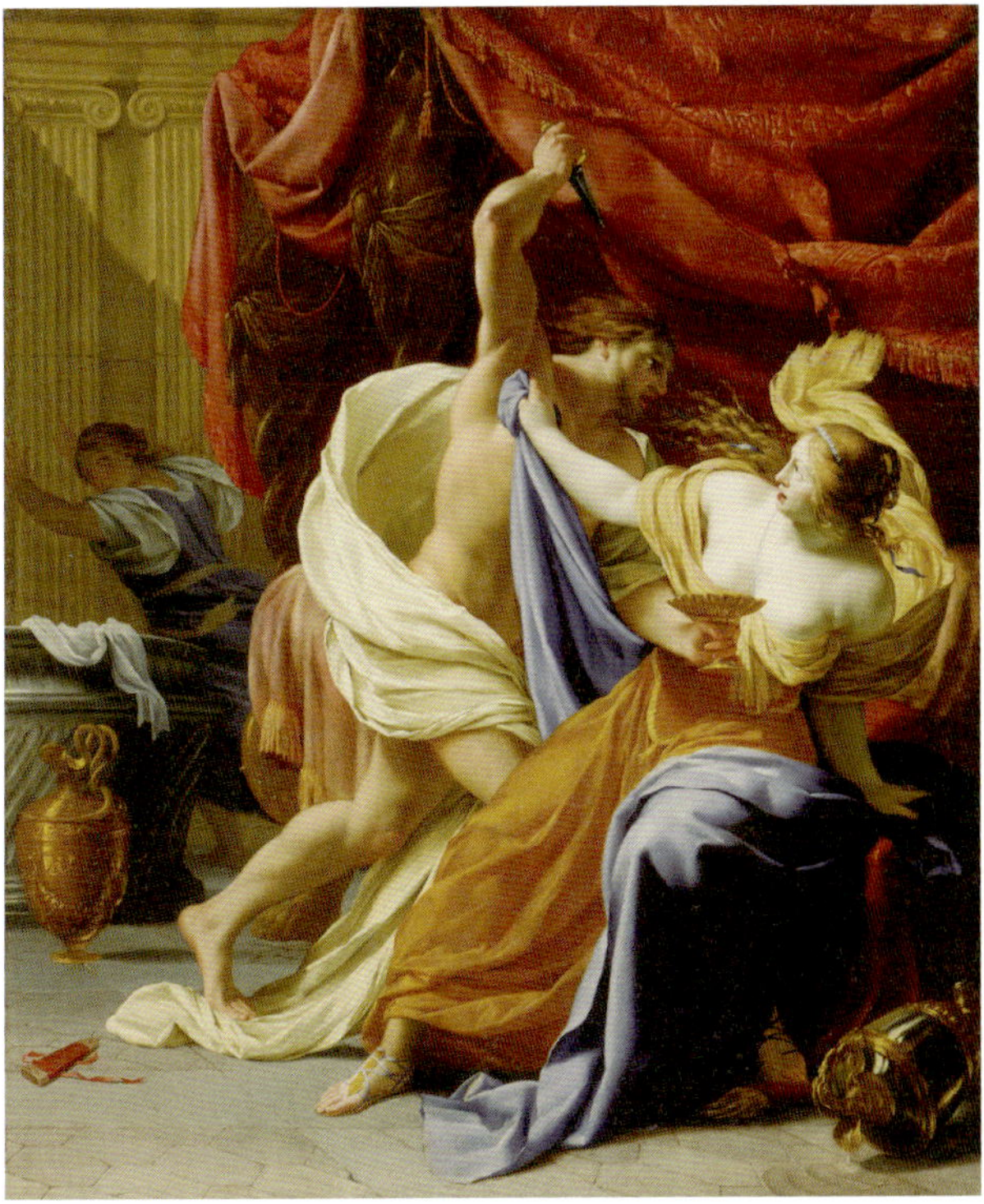

1640年頃　油彩・画布　189.2×161.3cm
メトロポリタン美術館、ニューヨーク

牧人たちがラテン語の意味を問うた相手は……

《アルカディアの牧人たち》

ニコラ・プッサン［フランス、1594-1665］

右端の女性はアルカディアの擬人化

羊飼いの若者たちが、ラテン語で「我アルカディアにもあり」と刻まれた石棺(せっかん)を取り囲んでいます。どうやら彼らは、その言葉の意味を知ろうと思案中のようです。右端の女性に「どういう意味なのか」といった風情(ふぜい)で文字を指して問いかけている若者もいます。

アルカディアとは、古代からの理想郷の代名詞です。古典文学においては、神々と人間が混在していた「黄金時代」の理想郷＝楽園を指します。

この絵に描かれたメッセージは、ずばり「メメント・モリ（死を記憶せよ）」。つまり、理想郷においても必ず誰にも死は平等に訪れることを示唆(しさ)しています。キリスト教徒である当時の

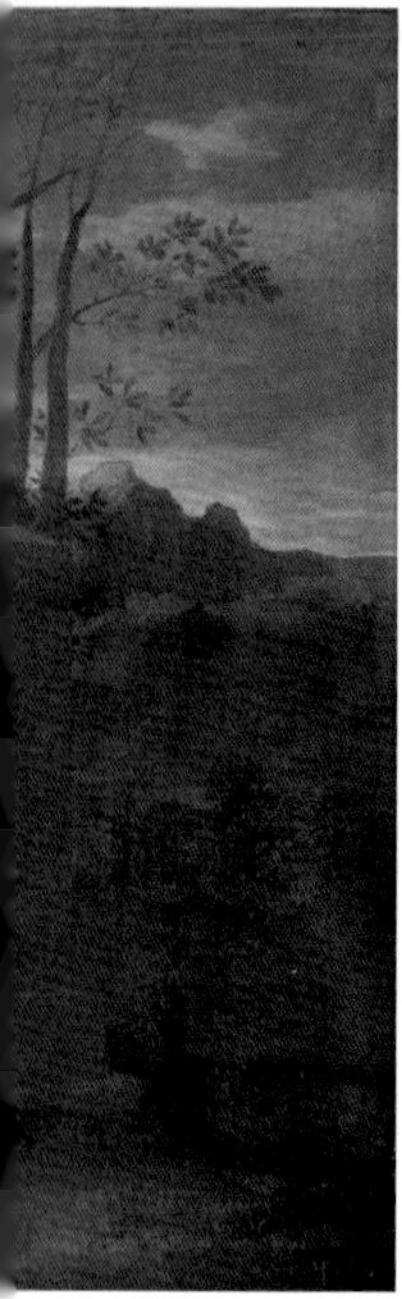

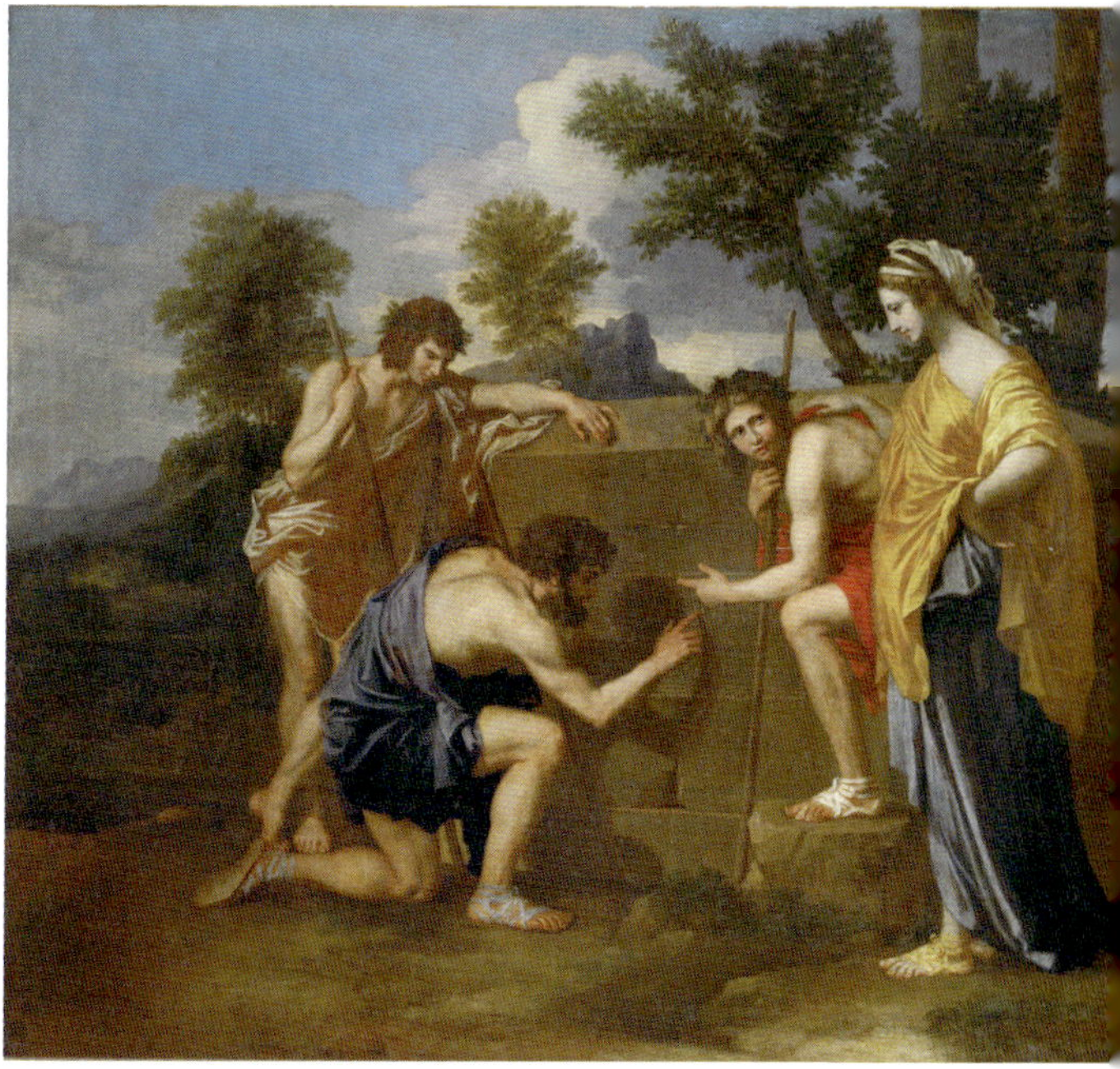

1638-40年頃　油彩・画布　85×121cm　ルーヴル美術館、パリ

鑑賞者たちに、精神修養としての死の瞑想(めいそう)を促しているのです。

また、右端の女性は牧人たちの仲間とは考えにくく、古代芸術に精通していたプッサンのことですから、より格調高い表現となるようにアルカディアという土地の擬人像だと解釈したほうがよいでしょう。つまり、普通の人間が描かれているわけではないのです。

実際には洪水ではなく結核で落命している

《獄中の公女タラカノワ》

コンスタンチン・フラヴィツキー［ロシア、1830－1866］

史実ではなく伝説の場面を描いた

モスクワのトレチャコフ美術館は、ロシア史が好きな人や学んだ人には「面白い」作品がいくつもあり、この作品もその一つです。描かれているのは公女タラカノワ。しかし、彼女はあくまでも僭称（せんしょう）していただけであり、本物の公女ではありませんでした。

ロシア女帝エリザヴェータ・ペトローヴナの愛人の一人だったのが、宮廷聖歌隊出身の美青年アレクセイ・ラズモフスキー伯爵です。当時、二人の結婚は貴賤（きせん）結婚になるため、秘密結婚をしたと考えられています。その二人の娘と僭称していたのがタラカノワです。当然、後に皇位を継承していた女帝エカチェリーナ2世には目障りとなり、その命によってタラカノワはイタリアのリヴォルノから騙されてロシアへ連行されました。

結局、サンクトペテルブルクのペトロパヴロフスク要塞に幽閉された彼女は、結核で命を落とすのですが、後に洪水の際に溺れ死んだという伝説が生まれます。その死から1世紀近くたって描かれたこの絵では、史実ではなくその伝説が描かれているのです。

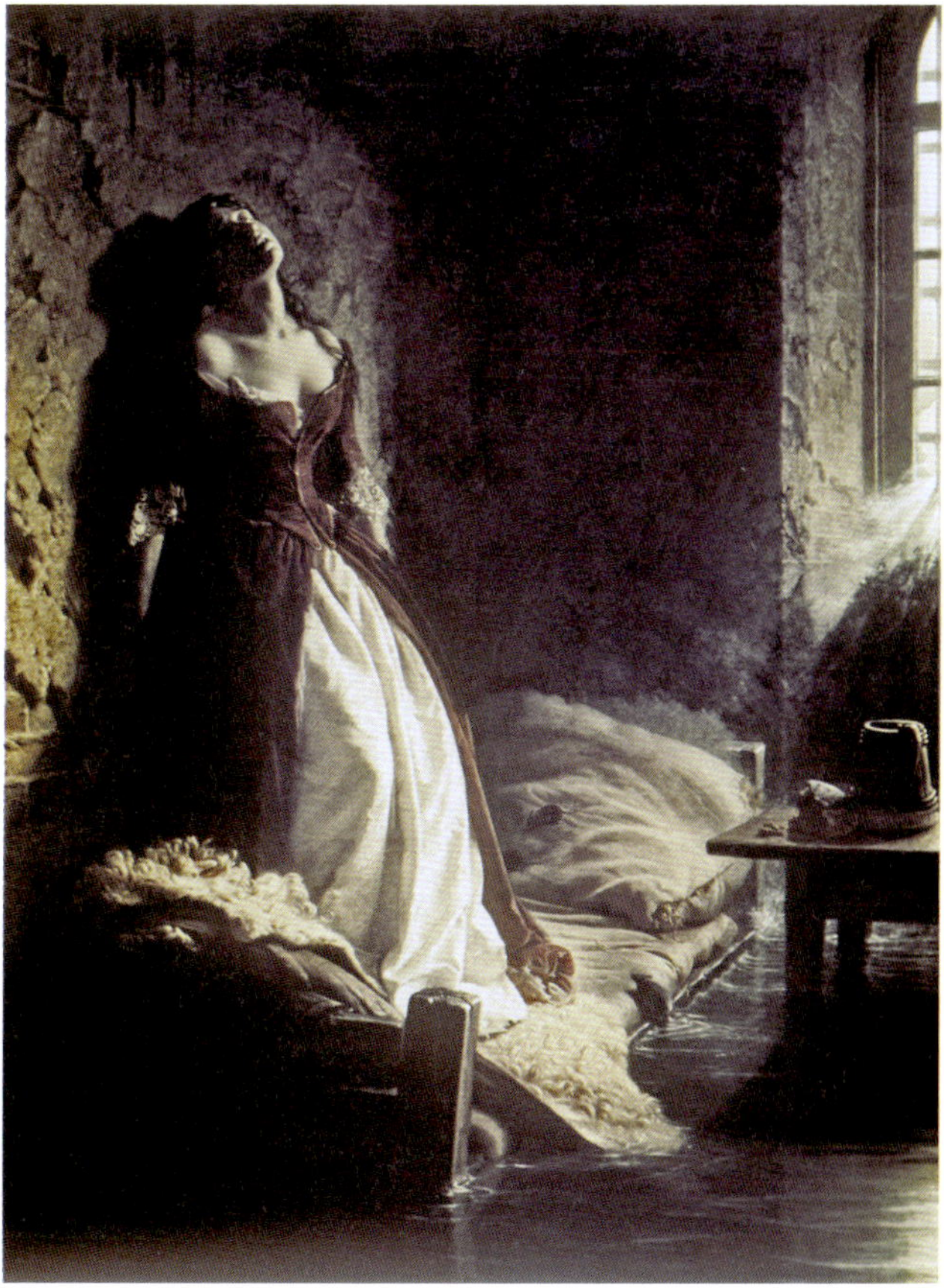

1863年　油彩・画布　245×187.5cm
トレチャコフ美術館、モスクワ
©amanaimages

背後の壁に貼った地図はどこのもの？

《兵士と笑う女》

ヨハネス・フェルメール［オランダ、1632−1675］

「オランダの地図」といわれて首を傾げる理由は……

デルフトの画家フェルメールの風俗画は、同時代のほかのオランダの風俗画と比べて、物語性が控えめに描かれているため、描かれているメッセージが読み取り難い傾向があります。これはデルフトの地域性が原因で、近隣のデン・ハーグに暮らしたオランダ総督オラニエ公を中心とした宮廷社会の影響が、デルフトの作風にも及んでいたからです。

この作品も、裕福な女性がワイングラスを手に求愛者の士官と歓談しているのか、それとも売春婦で客である士官と一緒に飲酒しているのか、はっきりとはわかりません。ただし、節制を示唆し、肉欲への戒めを表していることには変わりがありませんが……。

ところで、この時代のオランダでは、室内装飾用に地図がよくかけられていましたが、この背景の地図は一体どこのものなのでしょうか？　じつはオランダ（正しくはホラント州と西フリースラント）なのですが、なぜオランダの地図と比べてもそのように見えないのかというと、現代のものと違い北ではなく西が上になっているからでした。

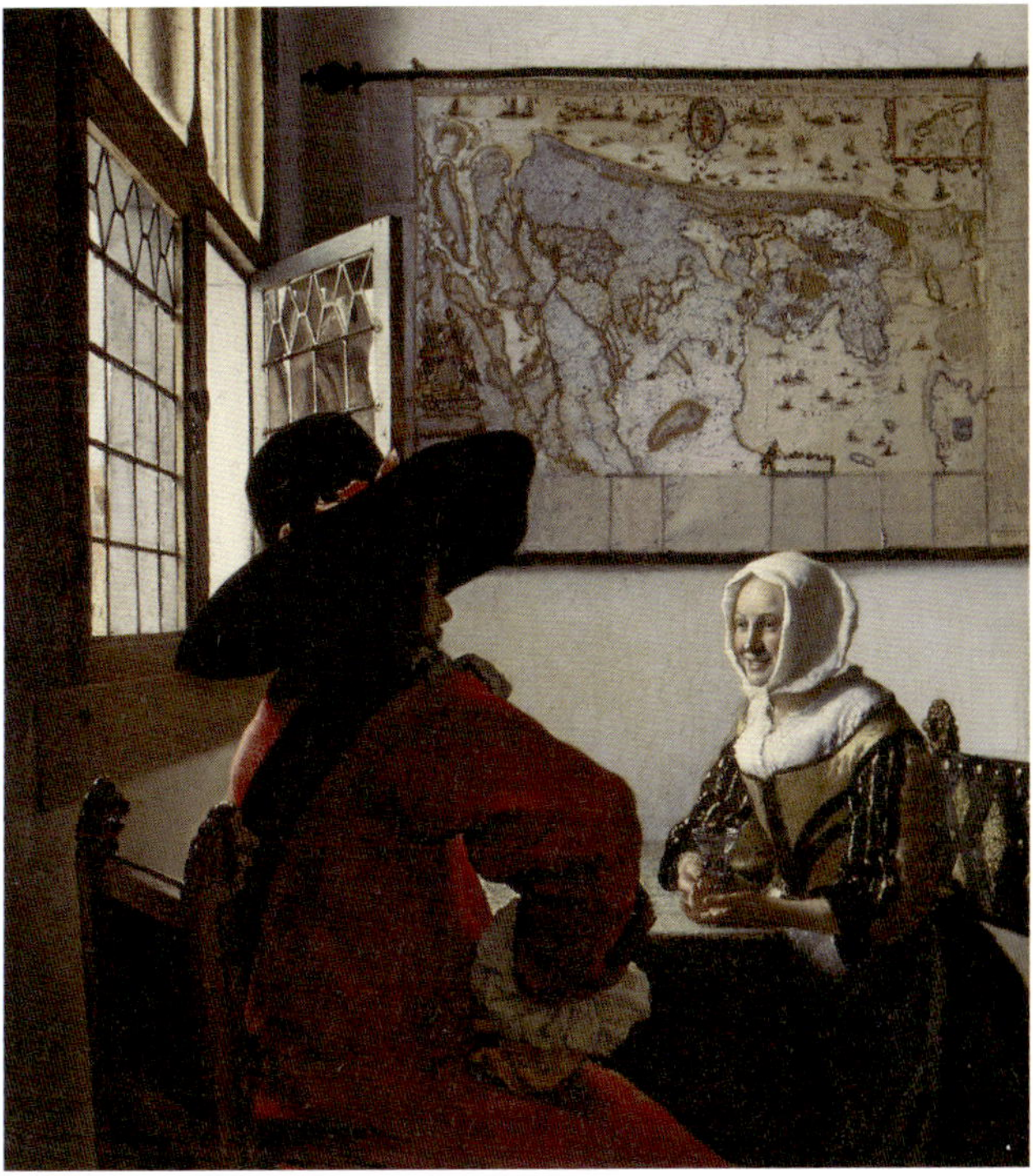

1657年頃　油彩・画布　50.5×46cm　フリック・コレクション、ニューヨーク

父なる神が描かれなかった宗教的な理由

《キリストの洗礼》

ピエロ・デラ・フランチェスカ［イタリア、c1415／1420-1492］

現存しない半円部分に描かれていた可能性も

キリストが洗礼者ヨハネによって洗礼を授かった際、天が裂けて聖霊が鳩のようにキリストに向かって降りてきました。そして、天からの声が「私の愛しい子」とキリストに届いたのです。したがって「キリストの洗礼」を描く際には、同時に神を一つの本質とし、父と子と聖霊の三つの位格（ペルソナ）からなる教義「三位一体」の構図が取り入れられます。偶像崇拝を禁じるキリスト教のため、父なる神は長い髭を持つ老人としてではなく、古くは象徴的に目や手だけが描かれることもありました。

しかし、この作品は父なる神が描かれておらず、左手の天使たちも伝統的な構図に従ってキリストの衣服を抱えていません。ただし父なる神は、現存しないパネルの上の半円部分（roundel）に、描かれていた可能性もあります。ちなみに「三位一体」も独立した宗教画の主題ですが、それが初期キリスト教美術から中世美術にかけて主題として好まれなかったのは、父なる神を描くこと自体が望まれなかったためです。

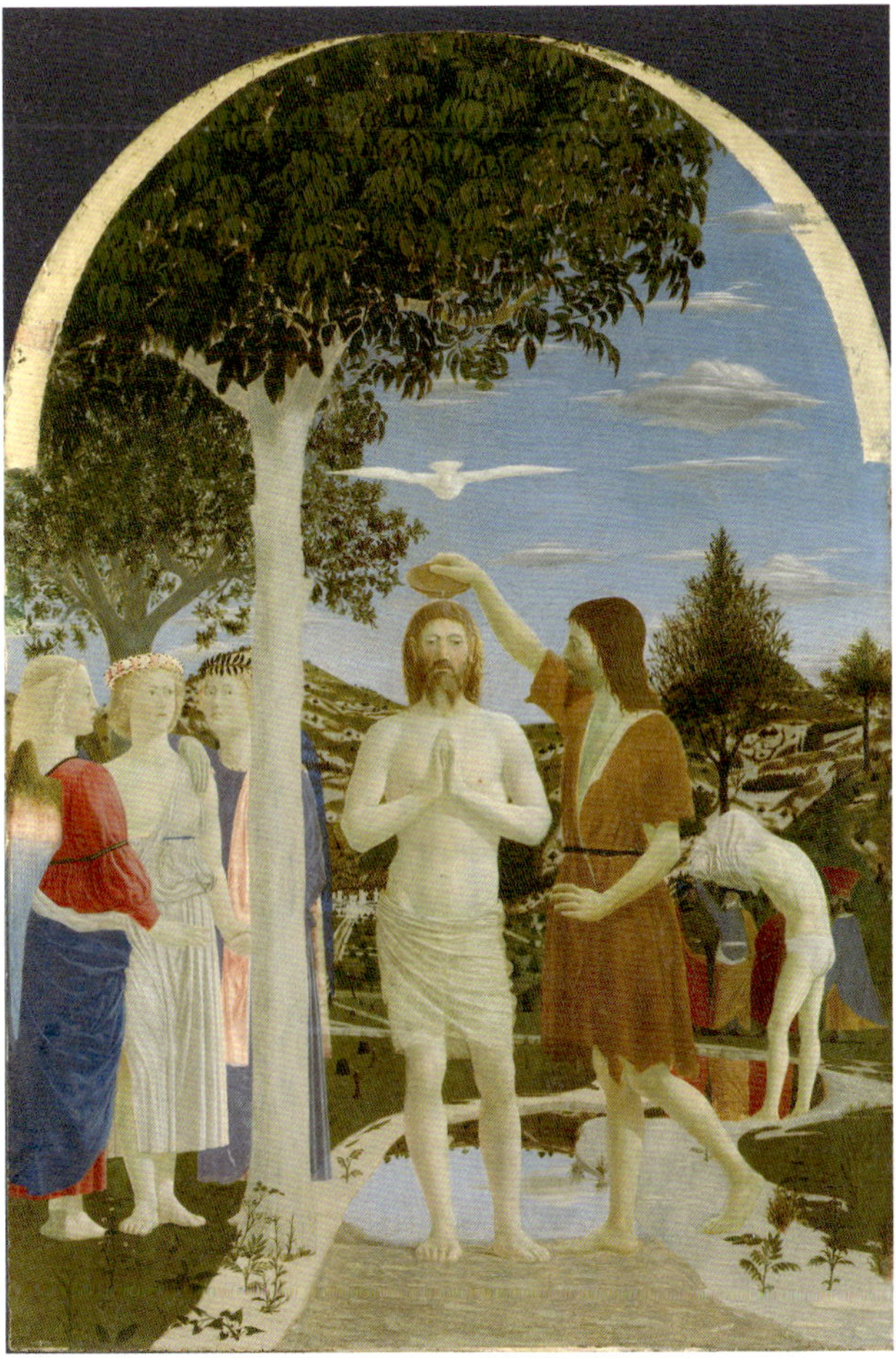

1440-50年頃　テンペラ・板　167×116cm　ナショナル・ギャラリー、ロンドン
©Fine Art Images/Alinari Archives, Firenze/amanaimages

十戒(じっかい)に刻んだ言語は正しかったが形は違った

《十戒をふりかざすモーセ》

レンブラント・ファン・レイン［オランダ、1606－1669］

十戒の形はシャンパーニュのほうが正解

モーセがシナイ山に登り、そこで神から授かった2枚の石板が十戒です。この2枚の石板には、神自身の手による言葉（律法）が刻まれています。その内容とは、四つの神との関係に対する戒めと、六つの人との関係に対する戒めです。一般的な十戒のイメージは、レンブラントが描いたように、上部が半円アーチの角が丸まったものが知られていますが、じつはシャンパーニュが描いたように長方形が本来の形とされます。

当時、ユダヤ人が多く暮らしていたアムステルダムで、人気画家だったころは高級住宅地のユダヤ街に暮らしていたレンブラントらしく、十戒の文字はヘブライ語で正確に記されています。ディテールにこだわる傾向のあったレンブラントらしい点です。ヘブライ語はユダヤ人の言語であり、十戒や旧約聖書に書かれた言語もヘブライ語なのです。

しかし、シャンパーニュの十戒はヘブライ語ではなくフランス語で書かれています。二人が暮らしていた当時のアムステルダムとパリの社会的背景の違いがうかがえます。

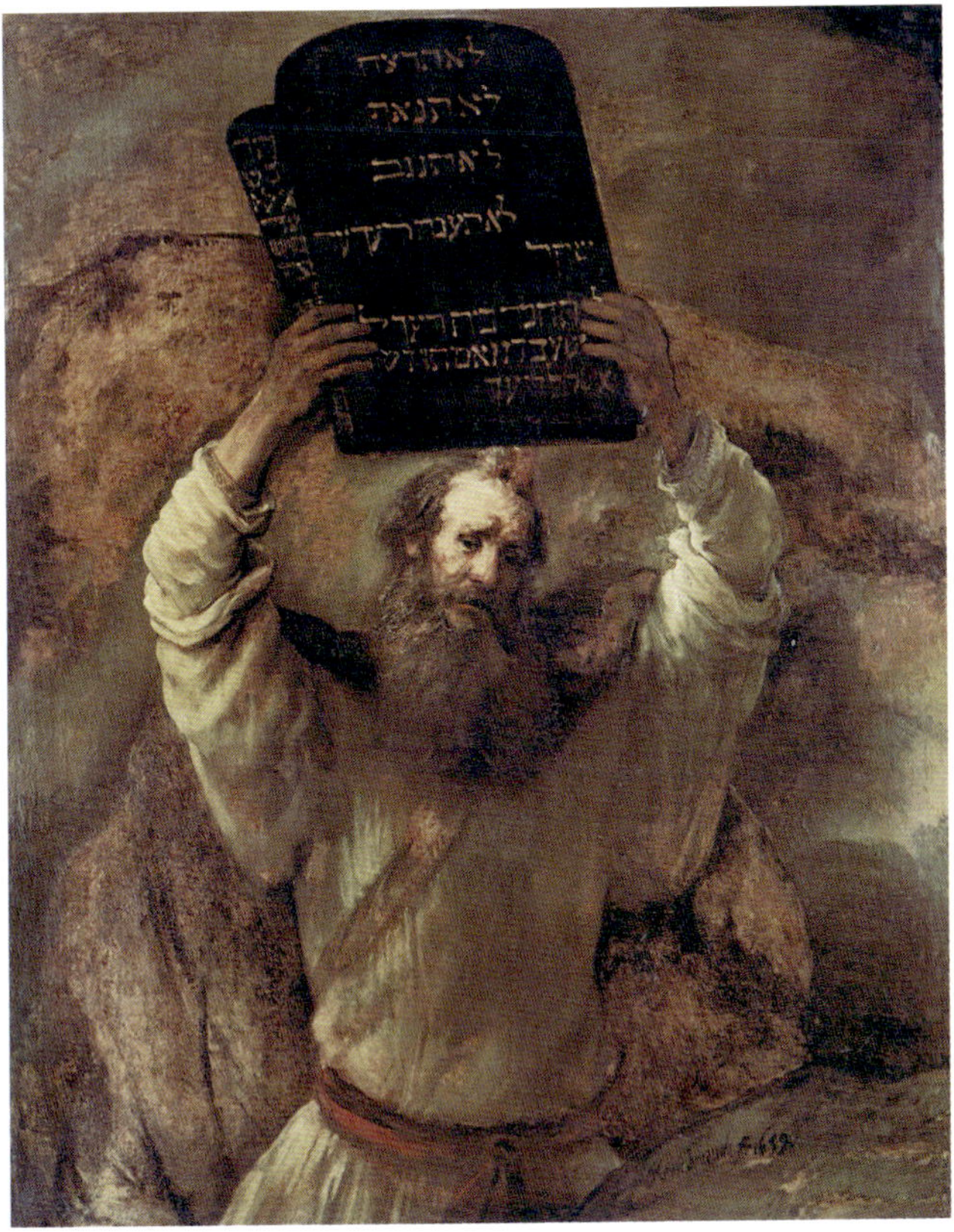

1659年　油彩・画布　168.5×136.5cm
ベルリン絵画館
©Bridgeman Images/amanaimages

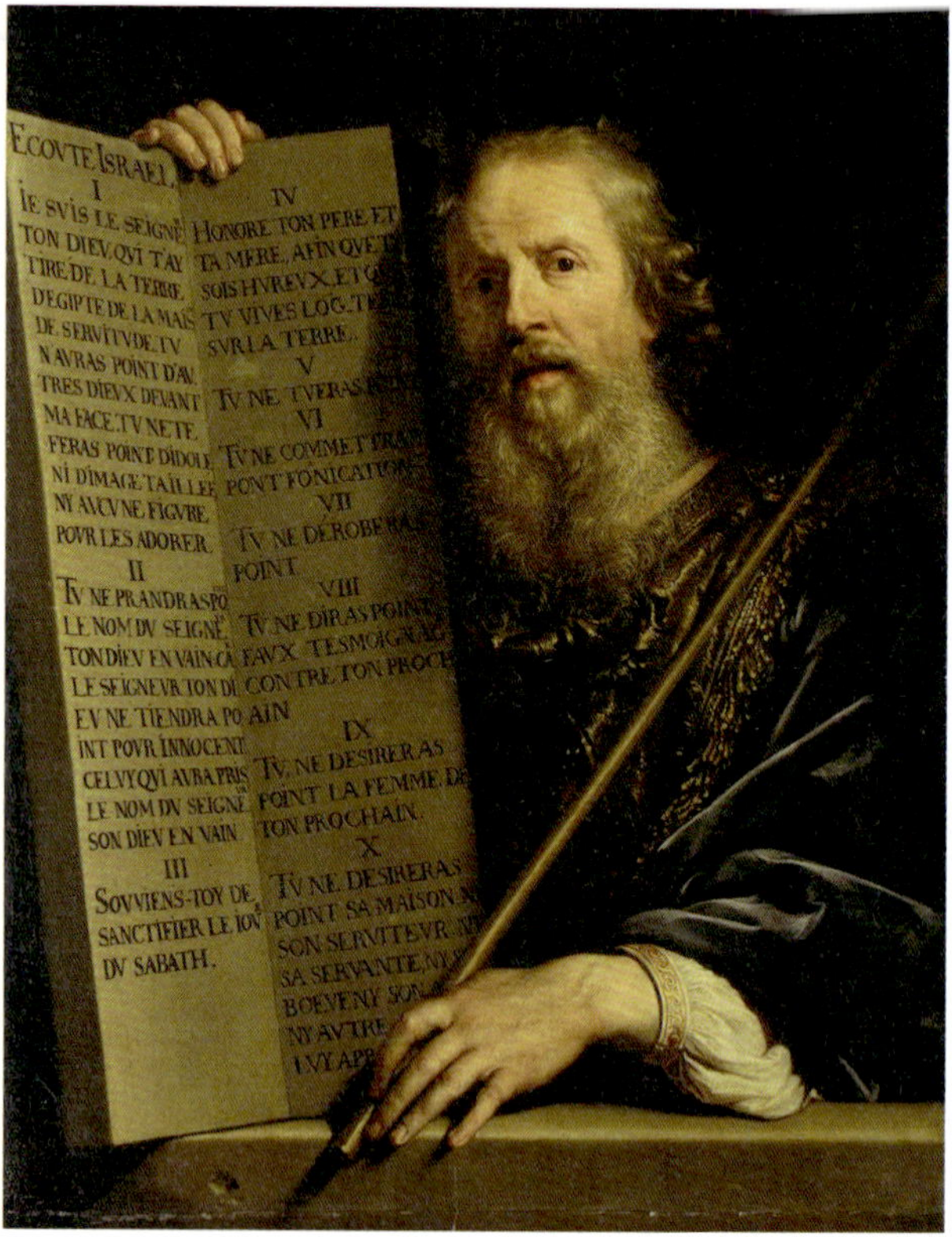

《モーセと十戒》
フィリップ・ド・シャンパーニュ［フランス、1602-1674］
1648年　油彩・画布　91.5×74.5cm
エルミタージュ美術館、サンクトペテルブルク

師匠と同じ間違いを犯した夭折（ようせつ）の画家

《ダビデからの書状を受け取るバテシバ》

ウィレム・ドロステ［オランダ、1633－1659］

聖書には「ダビデが手紙を送った」という記述はない

17世紀のアムステルダムを代表する画家だったレンブラント。彼の弟子にあたるのがウィレム・ドロステです。師匠と同じ主題の作品を、奇（く）しくも同じくルーヴル美術館が所有しています。旧約聖書の一場面を描いた「バテシバ」です。

レンブラントが描いた《バテシバ》は、本シリーズ第1作『名画は嘘をつく』の202頁で触れています。若き弟子だったドロステ版は、当時の有名画家の工房でのことですから、当然ながらレンブラントが描いた後に制作されたものと考えられています。

そして、やはりというべきか、ドロステも師匠と同じ間違いを犯しています。じつは聖書では、バテシバを見初めたダビデが、彼女に手紙を送ったという記述はないのです。

そんなドロステでしたが、彼はレンブラントのように多くの作品を遺した画家ではありません。この作品を描いた後、彼はイタリアでの修業経験がなかった師匠とは違い、せっかく同地を訪れたものの、5年後に26歳の若さで客死してしまったからです。

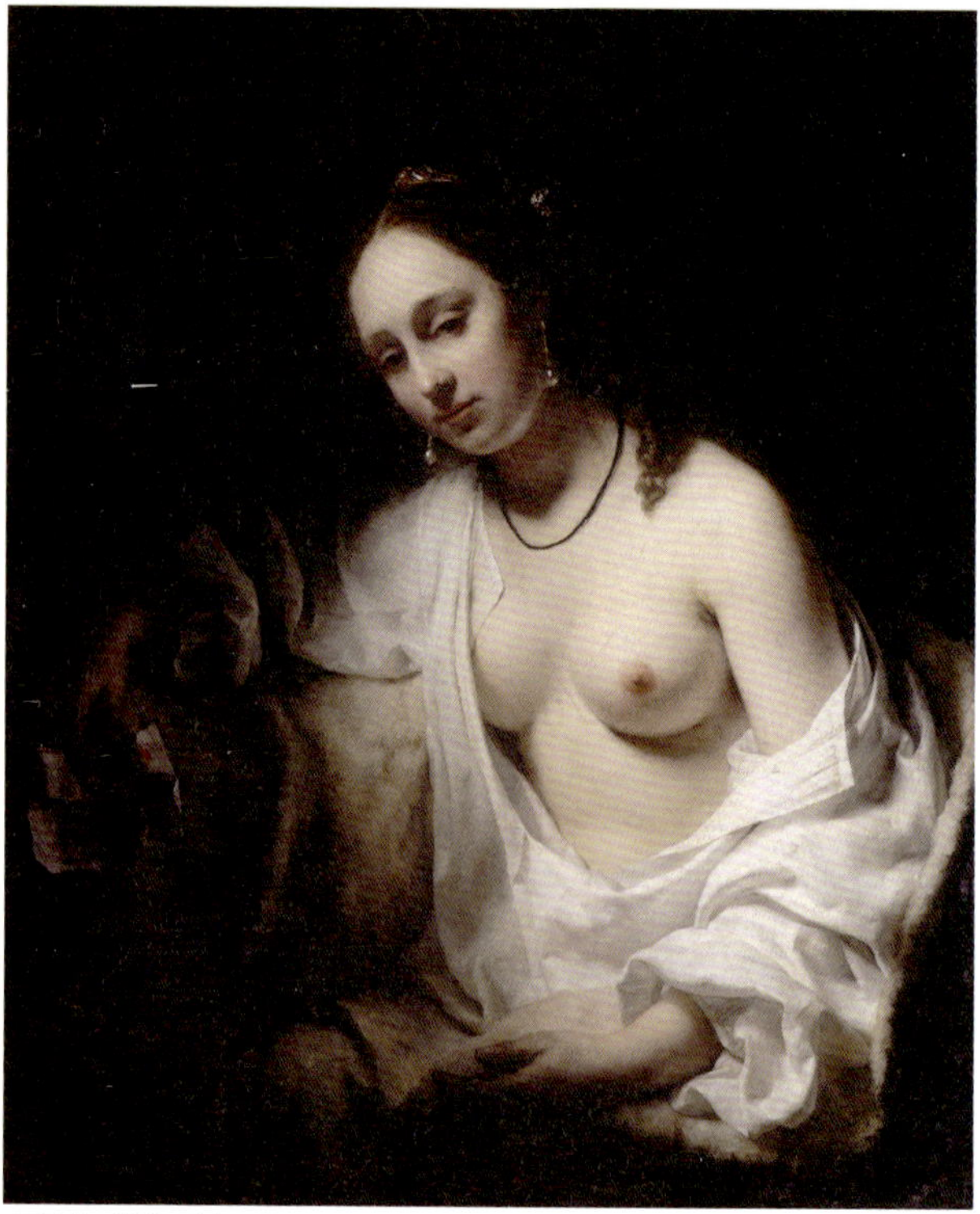

1654年　油彩・画布　103×87cm
ルーヴル美術館　パリ

第5章

「盛った」演出

絵のメッセージとは正反対なルドルフ2世の治世

《ウェルトゥムヌスに扮するルドルフ2世》

ジュゼッペ・アルチンボルド［イタリア、1527－1593］

文化的には偉大な庇護者だったが政治的には無能だった

イタリア人のアルチンボルドは、ウィーンとプラハでハプスブルク家の神聖ローマ皇帝3代にわたって仕えた宮廷画家です。奇想的な寓意画風人物像で、美術史に名を残すことになったアルチンボルドらしいこの作品は、彼が仕えた3人目の皇帝ルドルフ2世の依頼によって、肖像画として制作されたものでした。

果物や野菜、花によって構成されているのは、皇帝をローマ神ウェルトゥムヌスとして描いているからです。ウェルトゥムヌスは季節を支配し、植物を果物に、そして果物を樹木に転じさせる神で、教養人で芸術や学問の偉大な庇護者だったルドルフ2世を称えるに相応しい寓意像です。皇帝の満足気な顔が目に浮かぶようです。

ただし、文化的には大きく繁栄した彼の治世でしたが政治的にはむしろその逆で、その政治的無能ぶりから、皇帝の死後ハプスブルク家は三十年戦争に突入し、戦時中にプラハ城の略奪によって、この作品もスウェーデンに渡り現在に至るのでした。

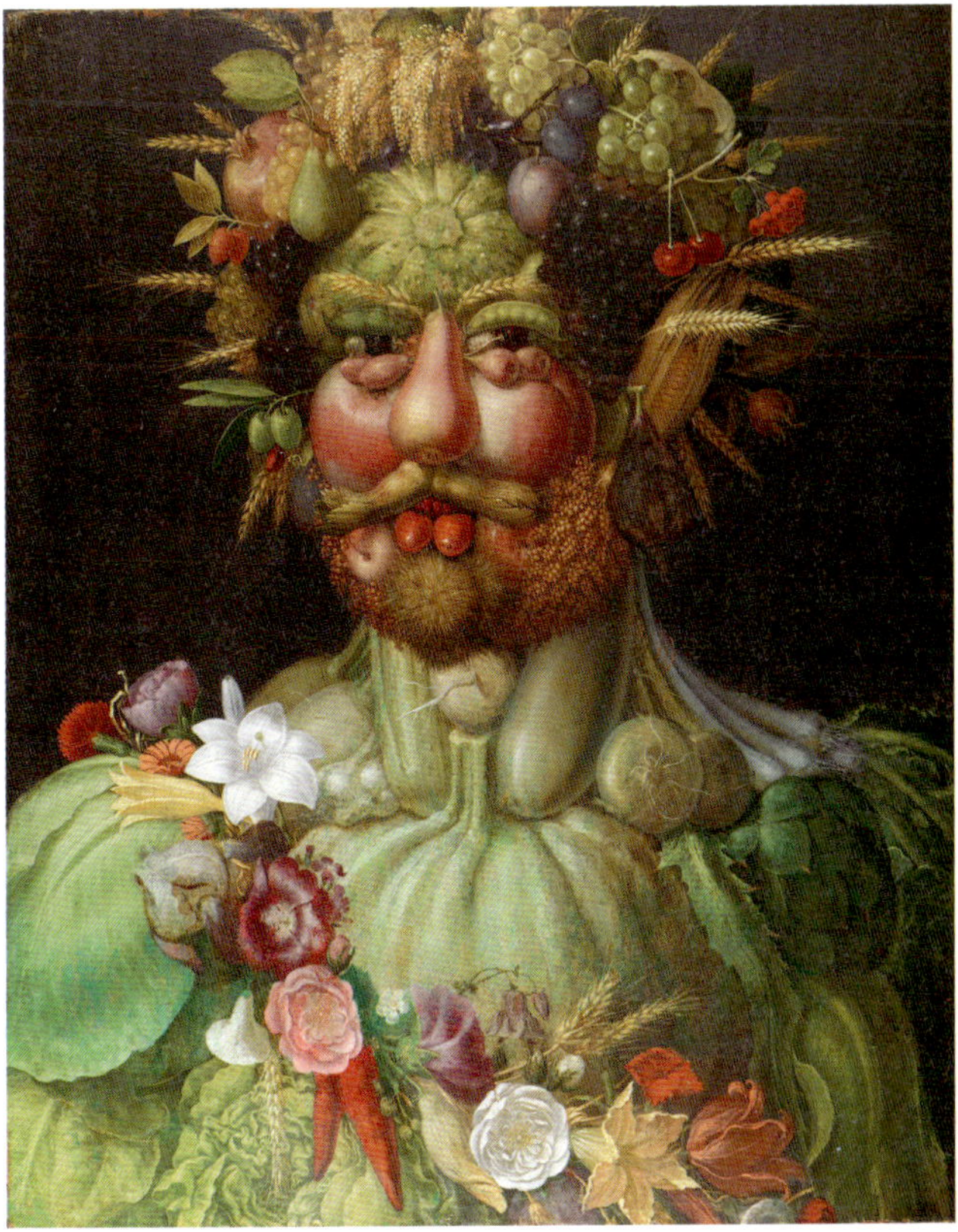

1590年頃　油彩・板　70×58cm
スコークロステル城、シグトゥーナ（スウェーデン）

純潔の象徴をミラノ公の愛人と共に描くとは
《白貂（しろてん）を抱く貴婦人》

レオナルド・ダ・ヴィンチ［イタリア、1452－1519］

白貂を胸に抱いている意味は……

伝統的に貴重で、高価な毛皮である白貂は、ヨーロッパでは戴冠式のローブに使われることに象徴されているように、王侯のみが身につけられるものでした。

黒い尾の先のほかは純白の白貂は、自分の白い毛皮が汚されると死んでしまうという伝説がありました。自分の身体を汚されることを、死によって拒むような聖女像をイメージさせるこの伝説のため、西洋絵画において白貂は純潔の象徴となったのです。

この肖像画はレオナルドが、ミラノ公ルドヴィーコ・スフォルツァに仕えていた時代に描いたものです。モデルは才女の誉れ高きチェチーリア・ガッレラーニ。ルドヴィーコの若く美しい愛妾でした。その彼女が胸に抱いているのが白貂です。

純潔の証である白貂を、10代半ば過ぎで21歳年上の男の愛人になっている女性が、自分の象徴のように共に描かれているのは何とも皮肉ではありますます。これはどうやら、チェチーリアの純潔な精神が称えられていると解釈したほうがよさそうですね。

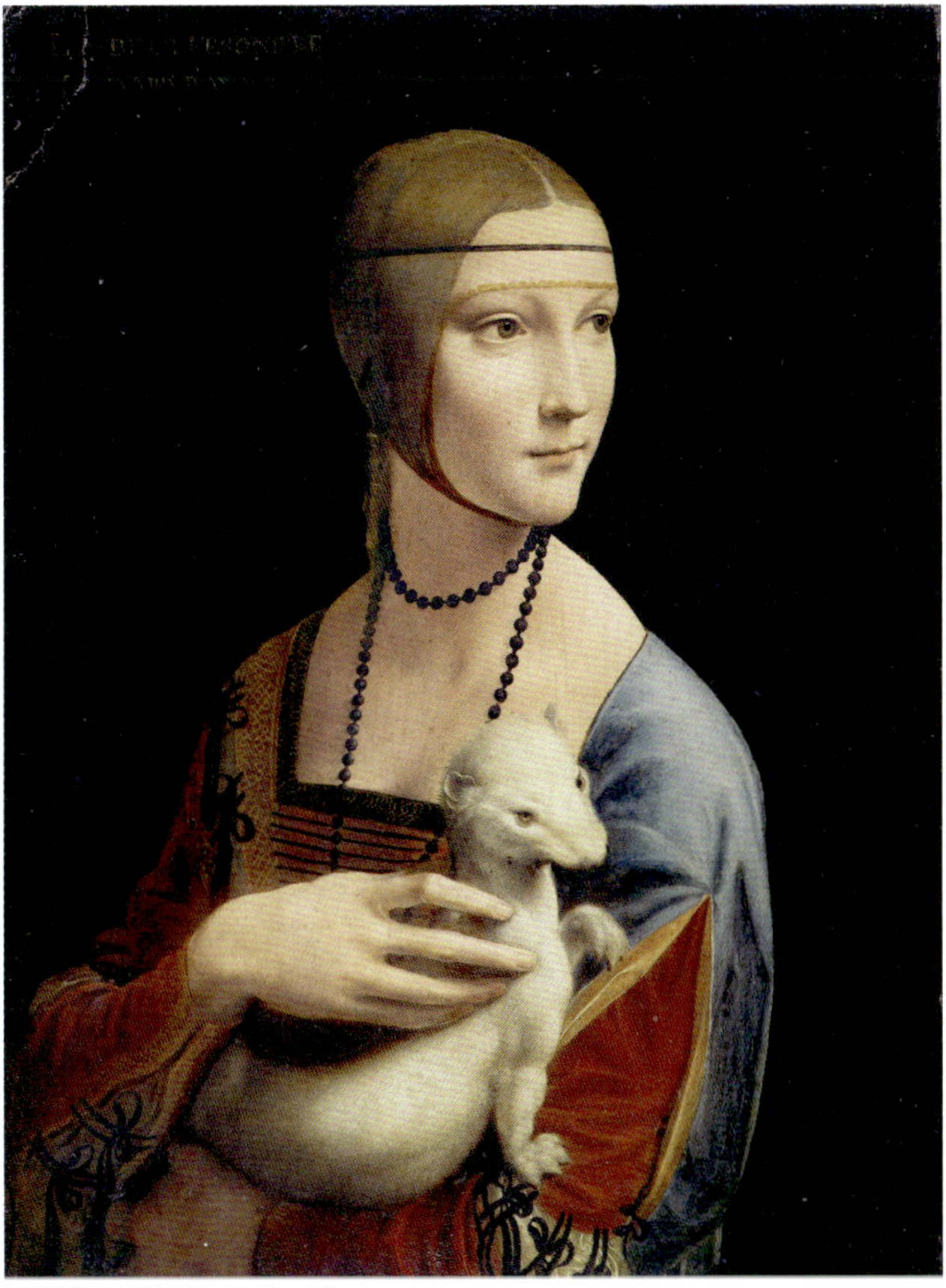

1490年頃　油彩・板　54.8×40.3cm
チェルトリスキ美術館、クラクフ（ポーランド）

実際の取り持ち女はここまで年寄りではない

《取り持ち女》

ディルク・ファン・バビューレン［オランダ、c1595‐1624］

あえて老醜(ろうしゅう)さを強調して戒めの色を強くした

多くの現代人には理解しがたいこととして、17世紀のオランダの一般家庭には、売春宿を舞台にした絵画がかかっていた点があります。上品で静謐(せいひつ)な世界を描いたイメージが強いフェルメールも、そのキャリアの当初に取り持ち女を描いています。

フェルメールは「逆玉婚」し、裕福な義母の家で結婚生活を送っていましたが、その義母の財産目録にも、この売春宿を舞台にした《取り持ち女》が所有品として記されています。それがこの作品、もしくはその複製品でした。フェルメールの《合奏》（116頁）と《ヴァージナルの前に座る女》（117頁）には、画中画としても描かれています。ちなみに《取り持ち女》同様、これら2作品も肉欲への節制を促した風俗画です。

絵の右側にいるのが売春の取り持ち女ですが、皺(しわ)の多い老婆として描かれています。ですが実際には、娼婦たちより少し年上くらいだったそうです。あえて老醜さを強調したのは、その道徳観が肉体に現れることを戒めとして描いていたからです。

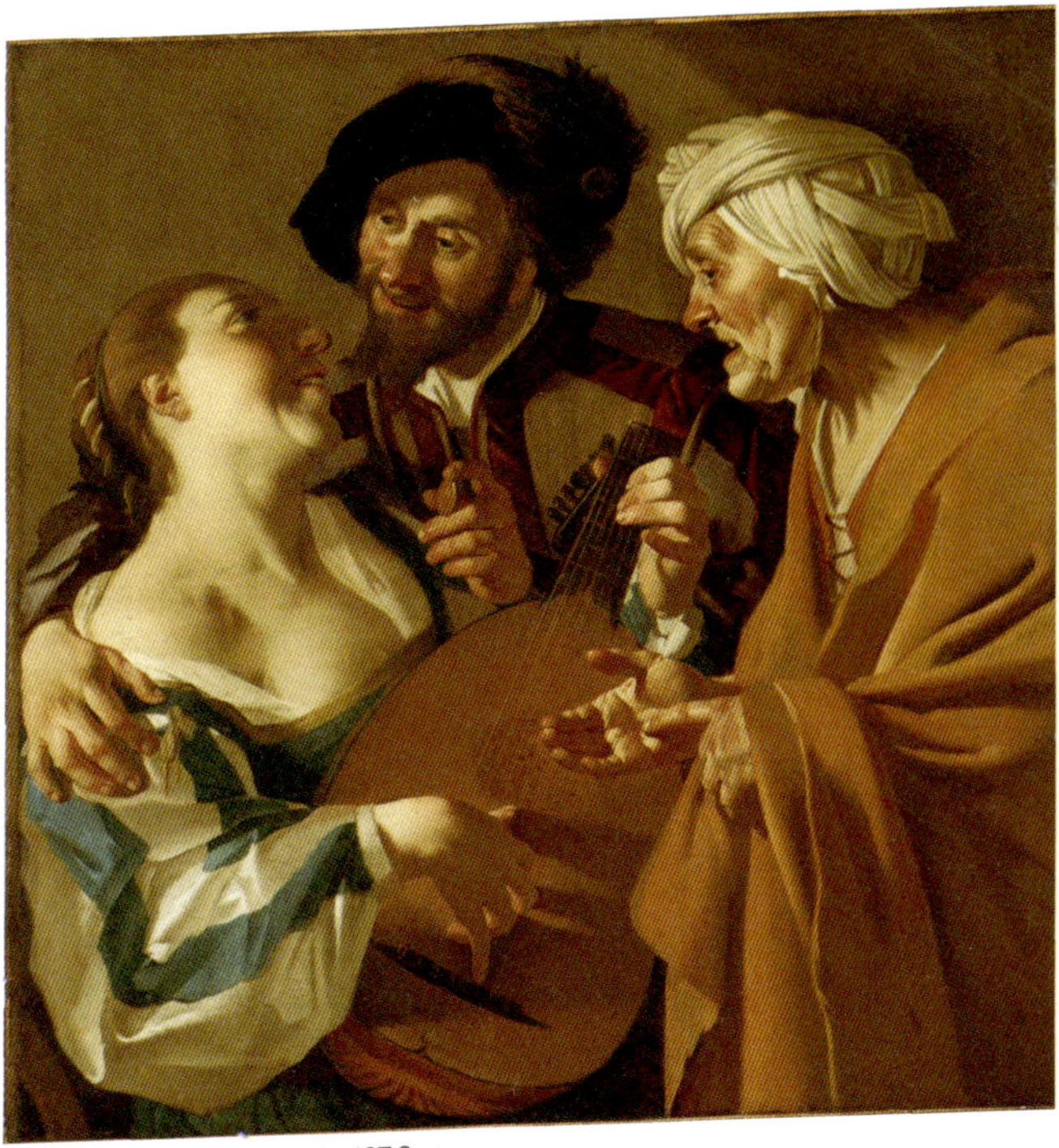

1622年頃　油彩・画布　101.6×107.6cm
ボストン美術館

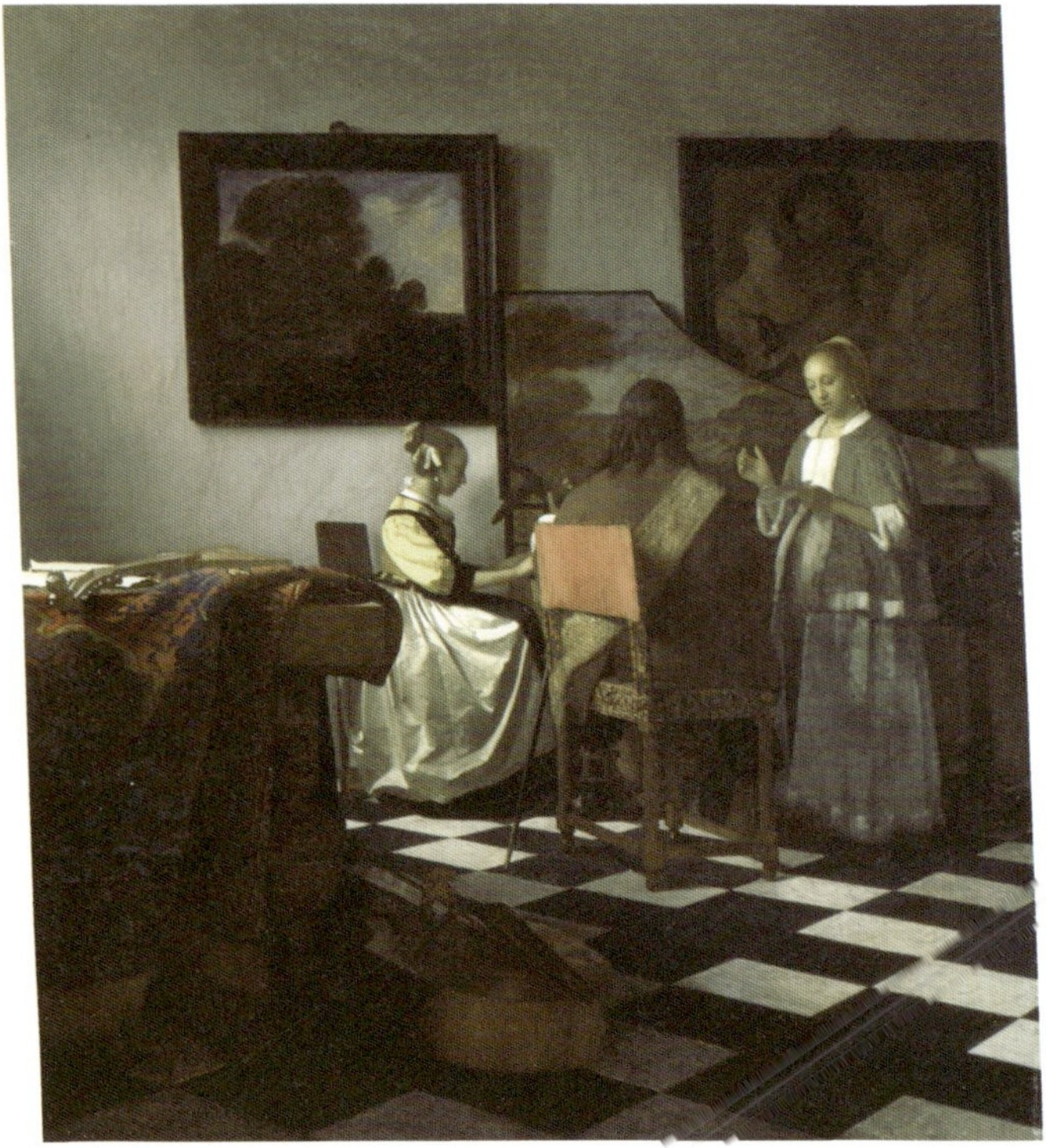

《合奏》
ヨハネス・フェルメール［オランダ、1632-1675］
1664年頃　油彩・画布　72.5×64.7cm
イザベラ・スチュワート・ガードナー美術館（1990年に盗難）、ボストン
＊絵の右上に《取り持ち女》が描かれている。

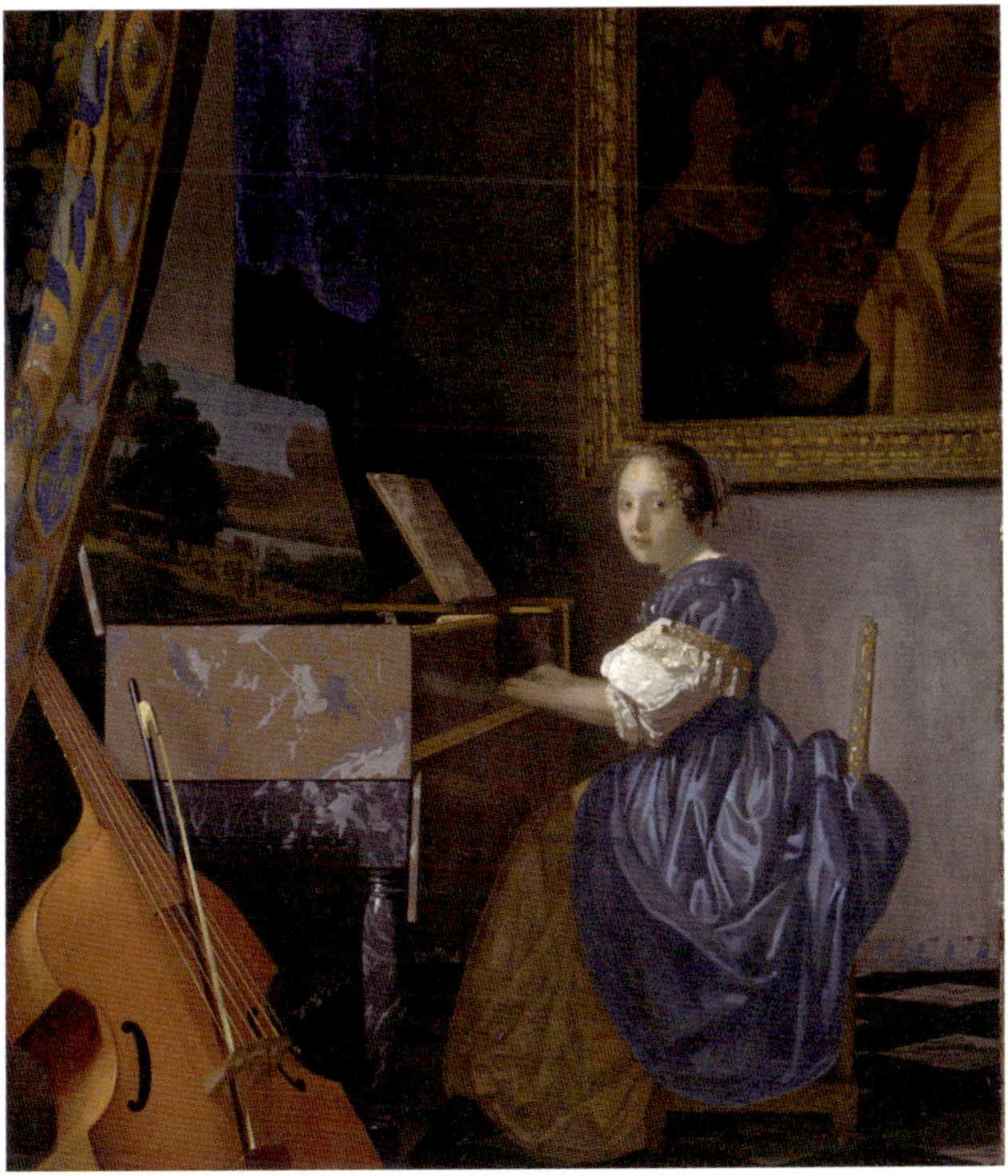

《ヴァージナルの前に座る女》
ヨハネス・フェルメール［オランダ、1632-1675］
1675年頃　油彩・画布　51.5×45.5cm
ナショナル・ギャラリー、ロンドン
＊こちらにも、やはり絵の右上に《取り持ち女》が描かれている。

本来ならチーターではなく虎か豹(ひょう)が妥当

《バッコスとアリアドネ》

ティツィアーノ・ヴェチェッリオ［イタリア、c1488－1576］

注文主のペットに馬車を引かせた巨匠の機転

英雄テセウスにナクソス島に置き去りにされてしまったアリアドネと、彼女と結婚したワインの神バッコスとの出会いを描いた場面です。中央のバッコスのポーズは、アリアドネが宝冠を天に投げ上げた結果、冠が星座になったことを表しています。左端のアリアドネの上では、すでにその冠が輝く星座になっているのがわかります。

右手に描かれているのはバッコスの従者たちで、サテュロスが身体に蛇を巻きつけているのは、サテュロスが自分の娘を犯す際に蛇に変身した話から来ています。また、バッコスの祭儀には、蛇使いもその一部を成していたことを表しているのです。

ちなみに、本来ならバッコスの馬車を引くのは虎か豹なのですが、この作品ではチーターになっています。それは、すぐれた「ヴェネツィア商人」だったティツィアーノの顧客であり、マントヴァ侯妃イ

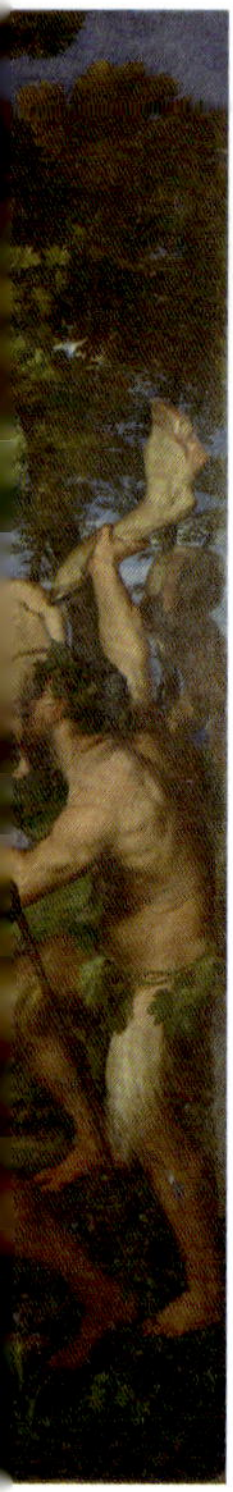

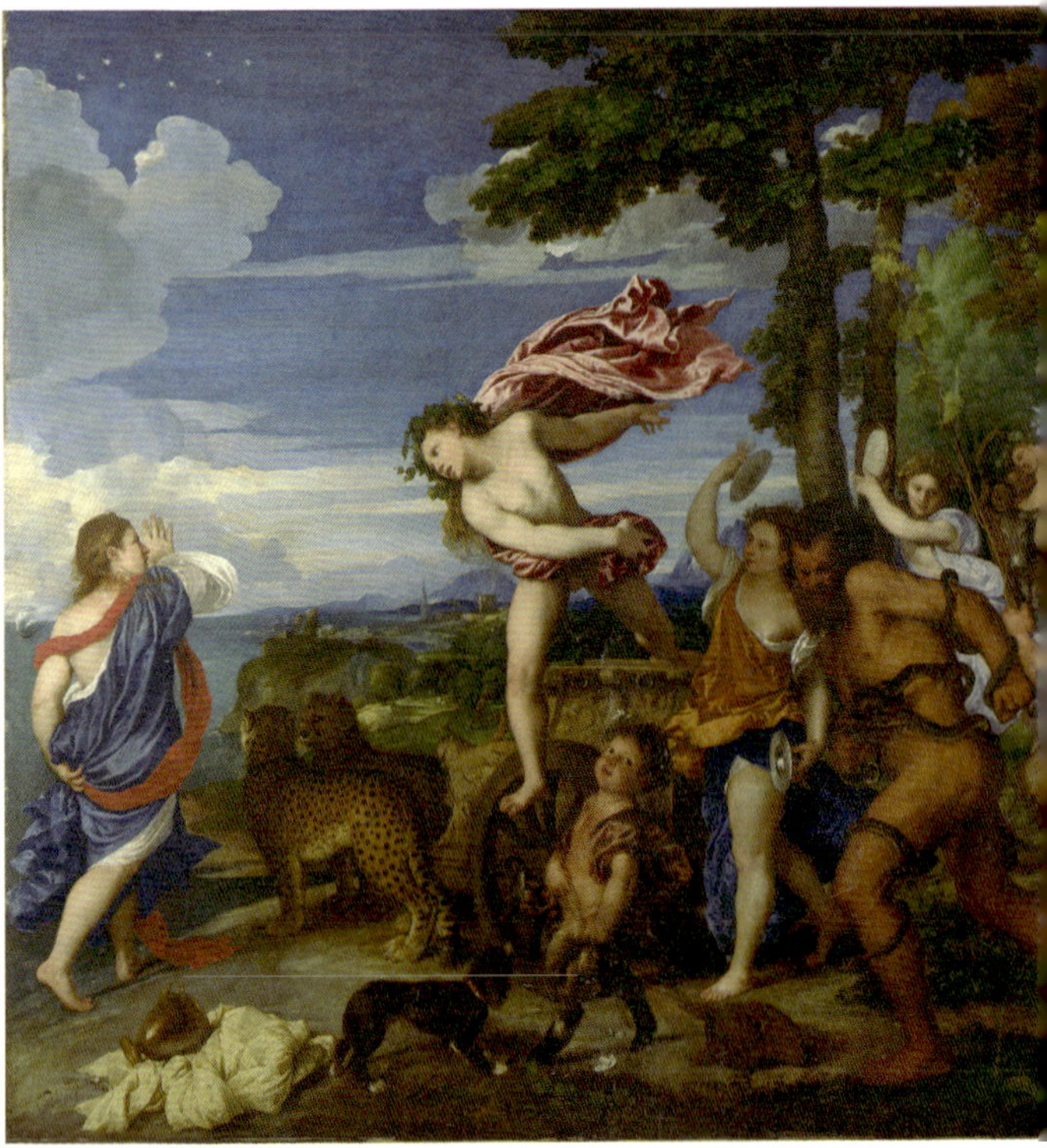

1520-23年　油彩・画布　176.5×191cm
ナショナル・ギャラリー、ロンドン

ザベラ・デステの弟でもある注文主のフェラーラ公アルフォンソ・デステ自身が、チーターを飼っていたからなのでした。

画家のおもねりと虚飾が混じった長身と長い脚

《メキシコ皇帝マクシミリアン1世》

フランツ・クサヴァー・ヴィンターハルター［ドイツ、1805－1873］

高すぎる腰の位置は失笑もの

シミや皺、肌のくすみなど、芸能人だけでなく一般の人たちでさえ、写真の修整は身近なものとなりました。いつの時代になっても洋の東西を問わず、人間はキリスト教が説く七つの大罪の一つ「虚飾」の罪から逃れることができないようです。

伝統的に肖像画は写真以上に修正が利くため、歴史の教科書などで馴染みのある偉人や貴人たちも、タイムトリップしてその人物の前に立っても誰なのかわからないことが多いはずです。実際その当時でさえ、本人に会ったことがなく、手紙に書かれた外見的な特徴をもとに描いた画家もいたくらいでした。

内面性を描くことが不得手な上、やたらとモデルの外見を美化する傾向があり、美術史では評価が低いヴィンターハルターですが、かの美貌のオーストリア皇妃〝シシー〟ことエリーザベトの義弟を描いたこの1枚は、写真と比べてみてもマクシミリアンの美男子ぶりに嘘はないようです。ただし、背の高さと脚の長さ以外は……ですが！

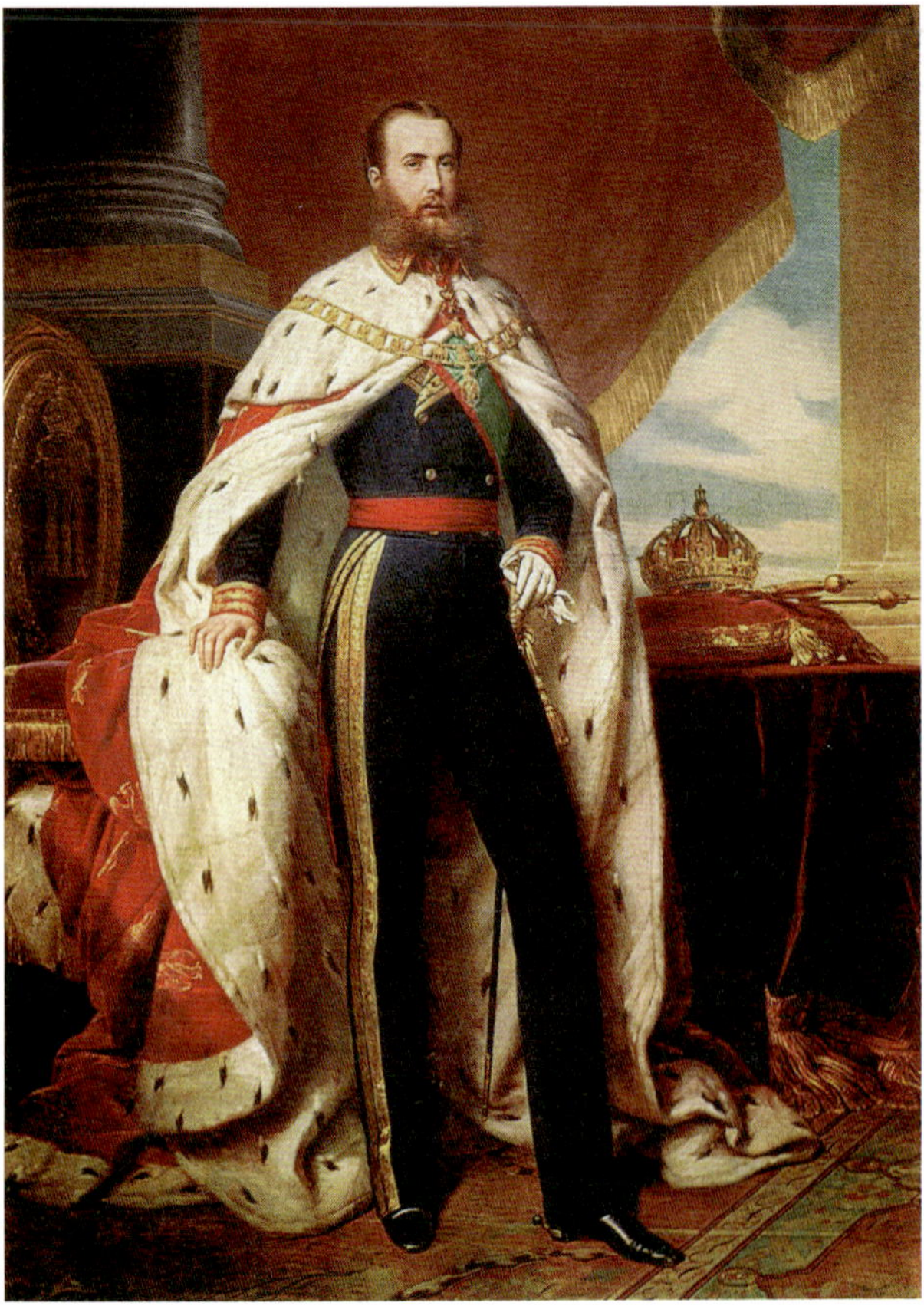

1864年　油彩
チャプルテペック城（メキシコシティ）

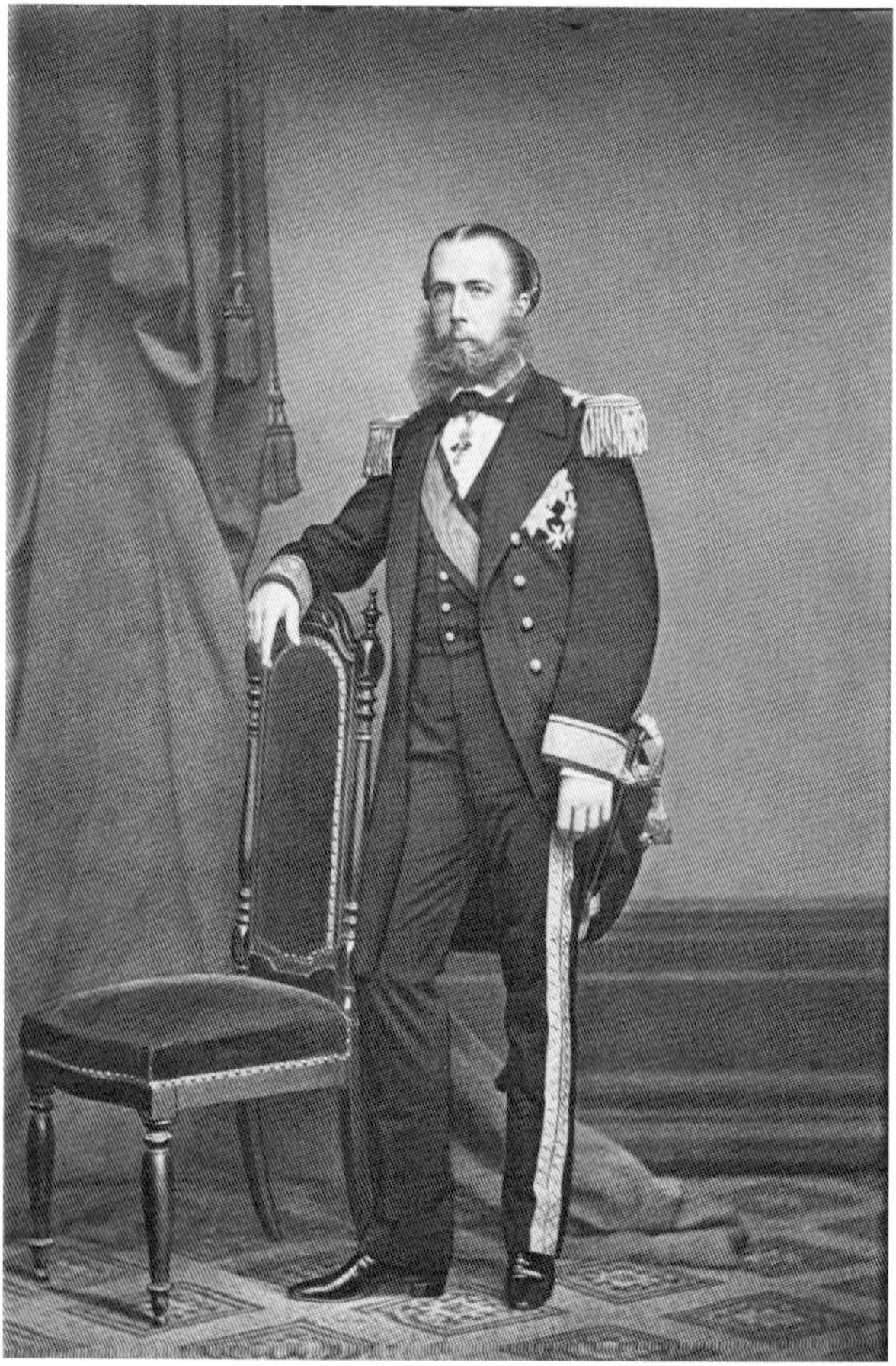

《メキシコ皇帝マクシミリアン1世の肖像》(1864年)
＊作品と同じ年の写真。美男子ぶりは認められるが、腕を乗せた椅子と比べて、背丈と脚の長さはいかがなものか……。

騎馬像は国家元首クラスが描かれるもの

《フレデリック・リヘルの騎馬像》

レンブラント・ファン・レイン［オランダ、1606－1669］

一介の商人が身分をわきまえずに発注

肖像画における騎馬像は、伝統的に国家元首など王族クラスに限られていました。騎馬像は本来、古代ローマ時代に皇帝の姿を刻んだものだったからです。しかし、晩年は破産状態だったレンブラントが描いた騎馬像は、裕福ではありますが一介の商人のものなのです。オラニエ公がアムステルダムを訪れた際に、公の護衛を務めたこのリヘルは、その記念にと騎馬像を注文しました。ですが、護衛は護衛でも、108人の中の1人にすぎませんでした。当時の肖像画のルールとして、市民階級の人間を将軍のような姿の騎馬像で描くなど、慎みを欠いた品のない行為であると同時に掟破りなことでした。

ただし王族以外でも例外はあり、125頁のベラスケスが描いた騎馬像は仕方がありません。元帥の指揮棒を右手に握ったオリバーレス公伯爵は、当時のスペイン国王フェリペ4世の宰相で、若き王を操りつつ、内政も外交も一手に仕切るスペインの真の権力者だったからです。ベラスケスの恩人でもあり、まさに国家統治者のような存在でした。

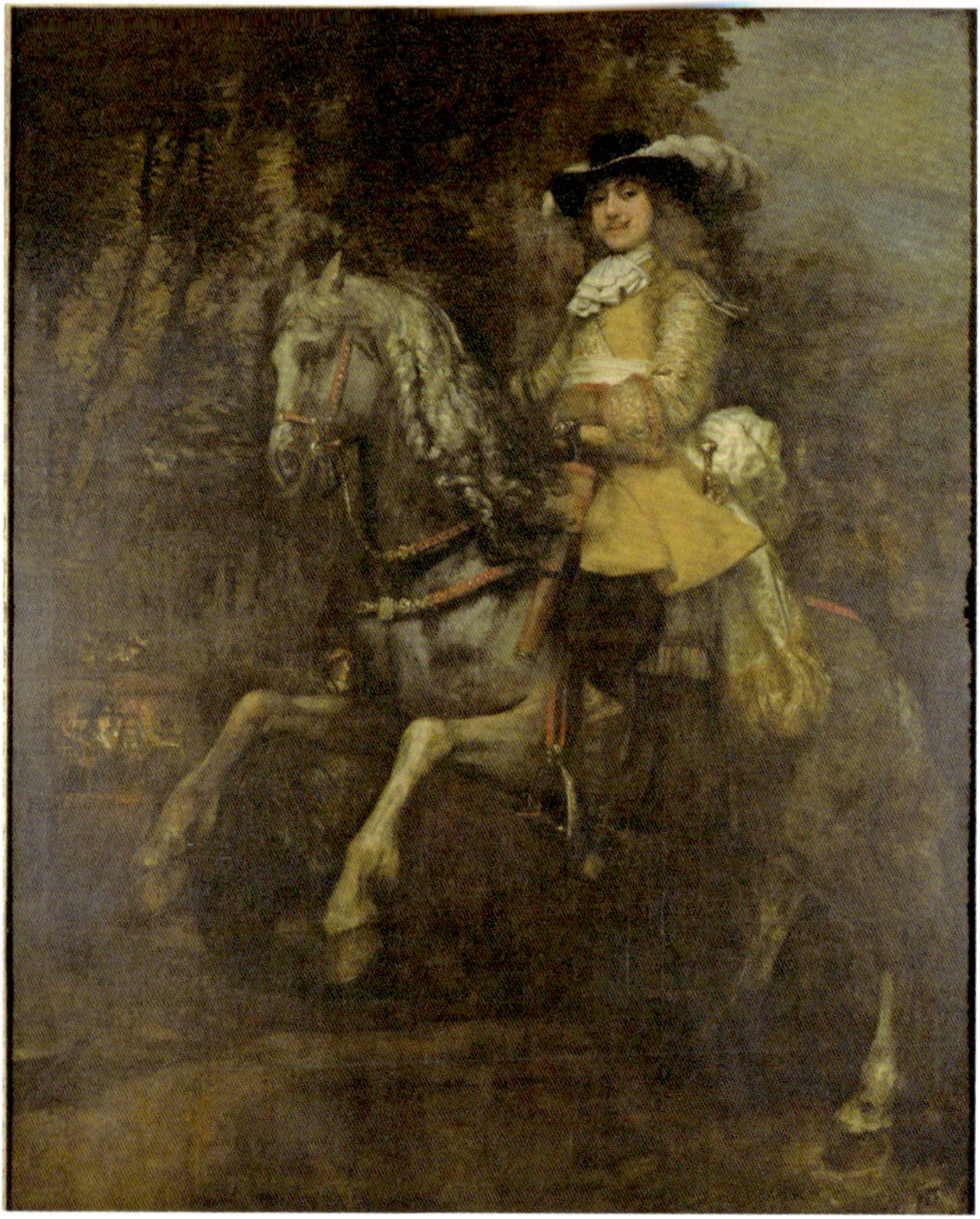

1663年頃　油彩・画布　294.5×241cm
ナショナル・ギャラリー、ロンドン
©Fine Art Images/Alinari Archives, Firenze/amanaimages

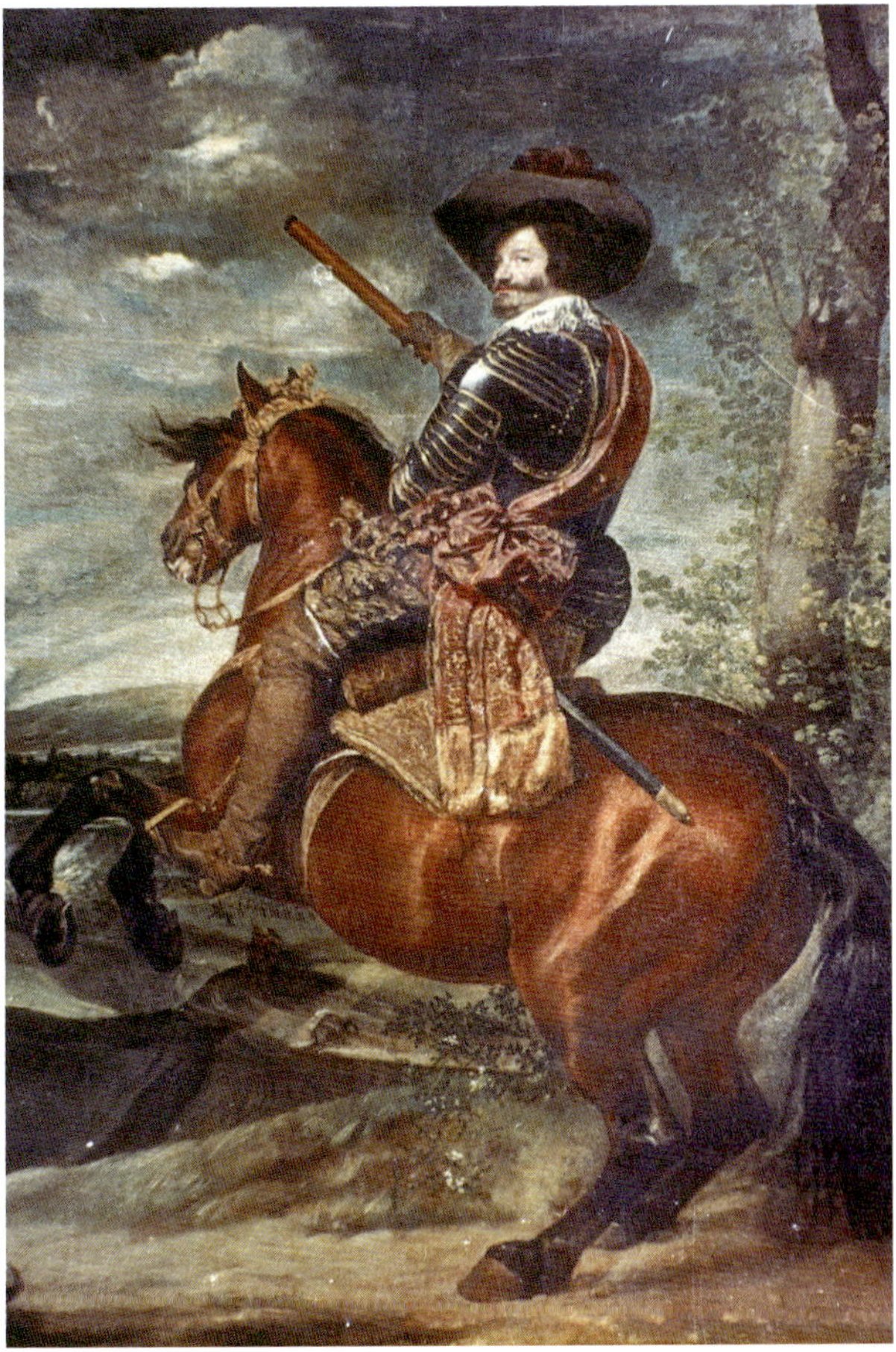

《オリバーレス公伯爵の騎馬像》ディエゴ・ベラスケス［スペイン、1599-1660］
1636年　油彩・画布　313cm×239cm プラド美術館、マドリード
Ⓒamanaimages

三島由紀夫も魅了された伝統的な男性美

《聖セバスティアヌス》

グイド・レーニ［イタリア、1575－1642］

古代の人々に体毛がなかったわけではない

三島由紀夫の自伝的小説『仮面の告白』で、主人公が画集の中で発見し、魅了されてしまった1枚です。たしかに、小説の主人公が感じたように聖人を描いた宗教画というよりも、古代の神に愛された神話の中の美青年を描いたようです。なぜならば、まるで古代ギリシャの彫刻のように、この聖人には体毛がいっさい描かれていないからです。

もちろん、この聖人をはじめ古代の人々に、体毛がなかったわけではありません。しかし、古代彫刻を見てみると、古代の神々やオリンピック選手などの胸や脚などには、西洋人に目立ちがちな体毛が表現されていないのです。

古代ギリシャは、男性美を重要視する世界でしたが、彼らの美の理想として、体毛の薄さがありました。そのため、彫像化する際に体毛は、髪の毛と髭、陰毛以外を表すことはしませんでした。その古代彫刻を規範とした西洋絵画においても、胸や脚の体毛を表現しない伝統が継承されたのでした。

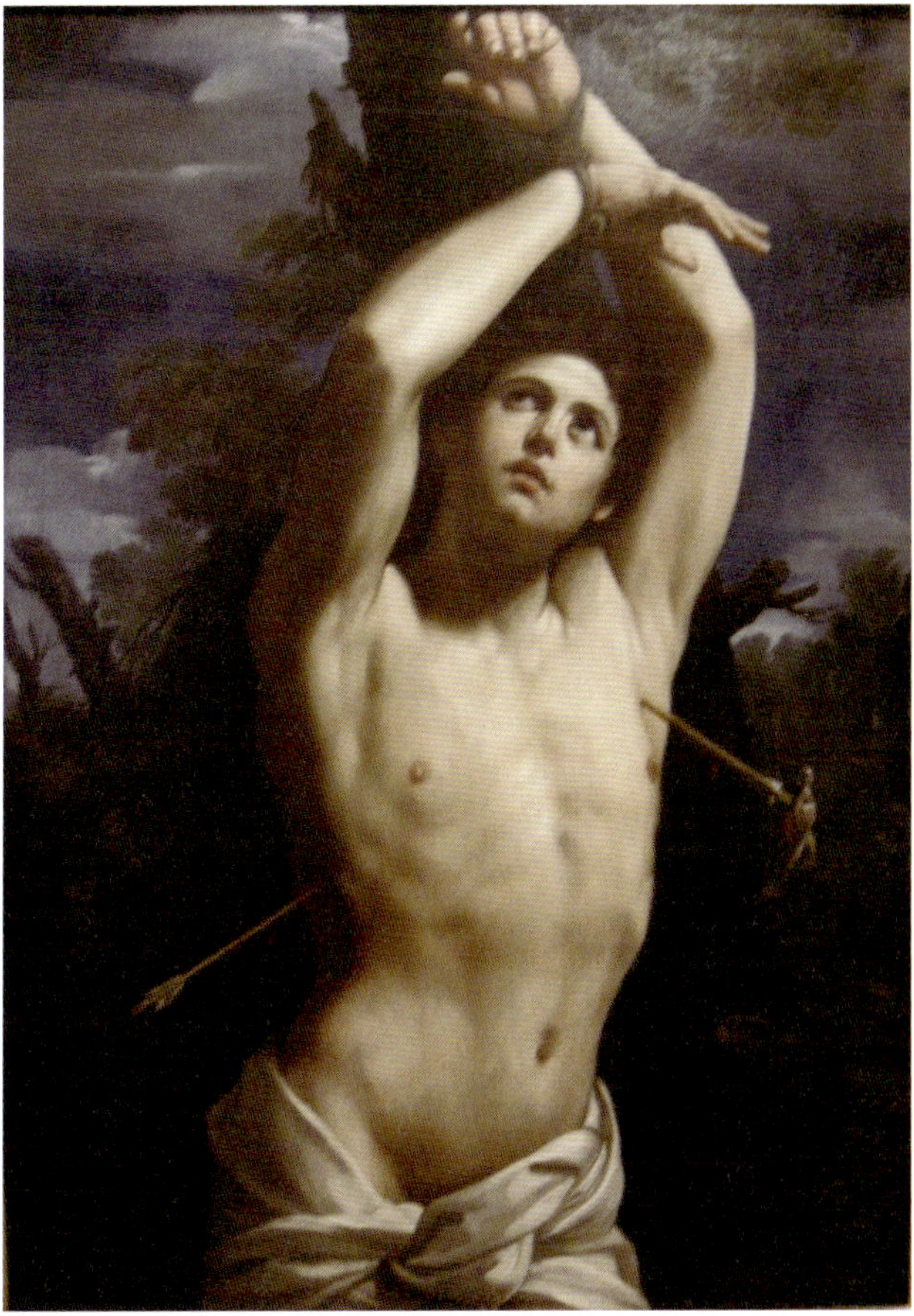

1615年頃　油彩・画布　127×92cm
ストラーダ・ヌオーヴァ博物館、ジェノヴァ

どう見ても死んでいるとは思えないのはなぜ？

《聖セバスティアヌスの殉教》

サンドロ・ボッティチェリ［イタリア、1445-1510］

守護聖人の死に対する勝利を表現

15世紀以降、ペストなど疫病に対する守護聖人セバスティアヌスは、人気のある聖人でした。西洋絵画においても、男性裸体像を描く格好の主題であったために、頻繁に多くの画家に描かれた「人気聖人」の一人となったのです。

3世紀、異端のキリスト教徒であることが発覚したセバスティアヌスは、ローマ皇帝の命によって弓矢で射殺されることになりました。処刑後、聖人が絶命したと思い込み、その場に放置して去っていく人々が彼の右ふくらはぎの左側に小さく描かれています。しかしまったく、死んだようにも弓矢の痛みに苦しんだようにも見えません。

じつは、この聖人画においては、刑吏たちが息絶えたと思ったか否かが重要ではありませんでした。伝統的な磔刑図で、キリストが死に対して勝利する姿で表されたのと同様に、矢が突き刺さった姿は疫病で苦しむ人々を表す一方で、疫病の守護聖人らしく死に対して勝利する姿として表されているかが重要だったのです。

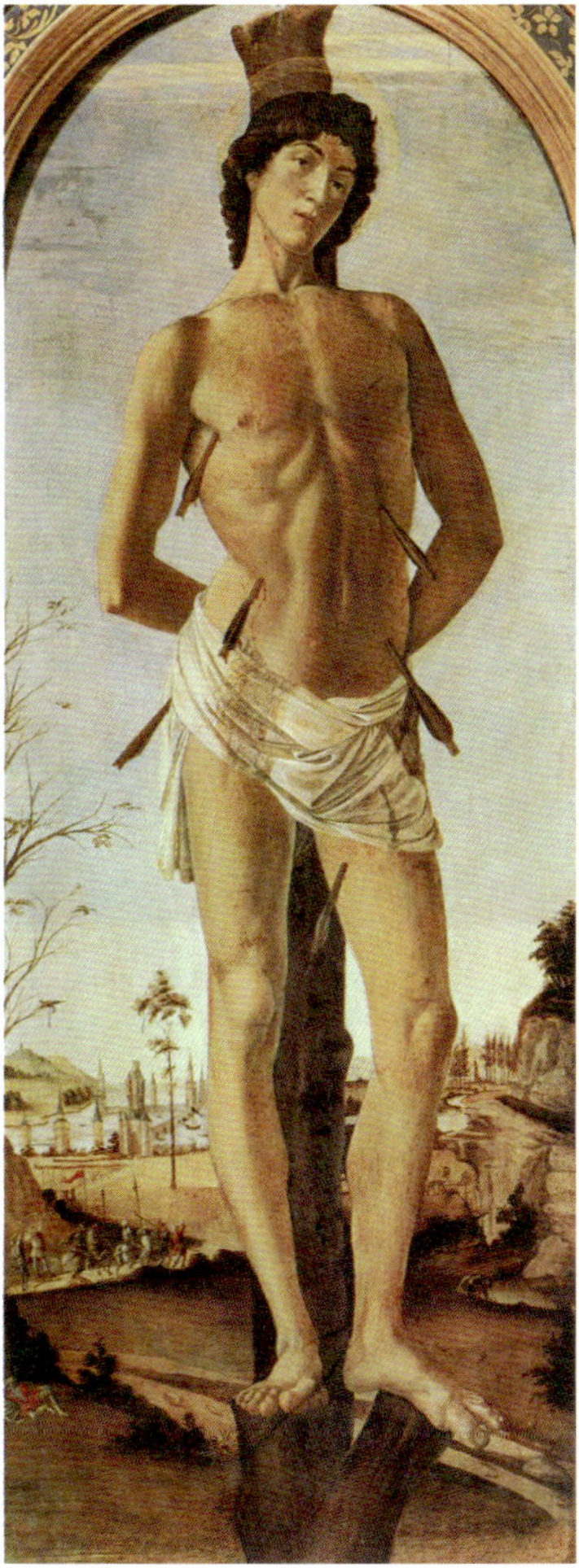

1474年　板・油彩　195×75cm
ベルリン絵画館
©Fine Art Images/Alinari Archives, Firenze/amanaimages

娘たちの美しさを引き立てるオプション

《ケクロプスの娘たちに見つけられるエリクトニオス》

ピーテル・パウル・ルーベンス〔フランドル、1577-1640〕
ヤコブ・ヨルダーンス〔フランドル、1593-1678〕

本来は神話に出てこない老婆をわざわざ描いた

同郷の画家ルーベンスとヨルダーンスは、共に同じ師匠ファン・ノールトのもとで修業をした兄弟弟子です。ルーベンスから多大な影響を受けたことで知られるヨルダーンスだけあって、同じ主題を描いた2枚を比べれば、その影響力と同時にヨルダーンス特有のフランドル画家らしい世俗性の強い描写が際立ちます。

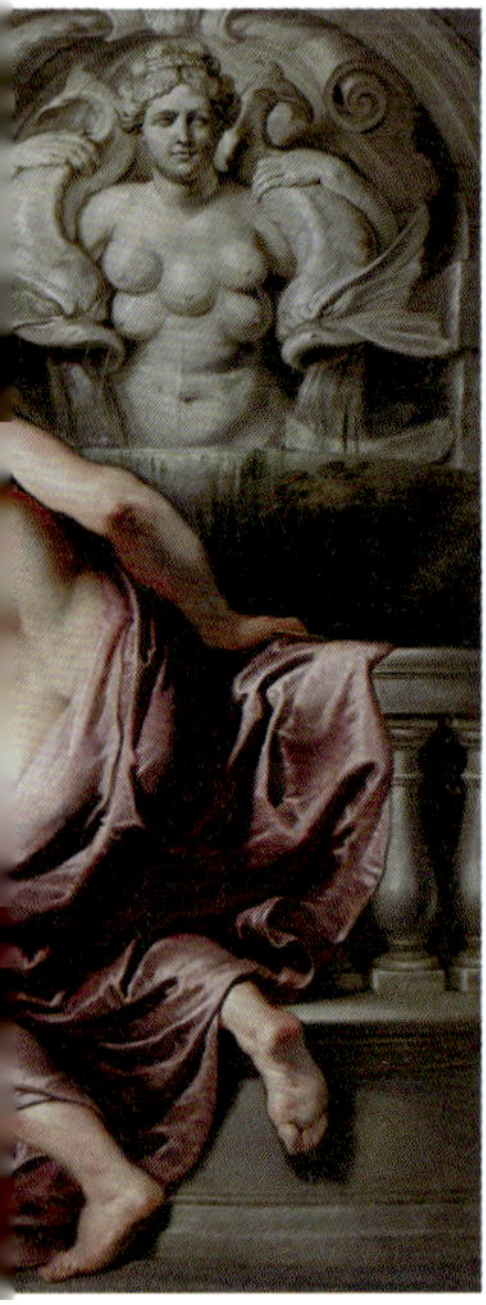

描かれているのは、古代アテネの王エリクトニオスが誕生した際の物語です。妻ウェヌスに相手にされないウルカヌスが、処女神ミネルヴァを犯そうとして失敗し、その結果、精液が地面にこぼれ

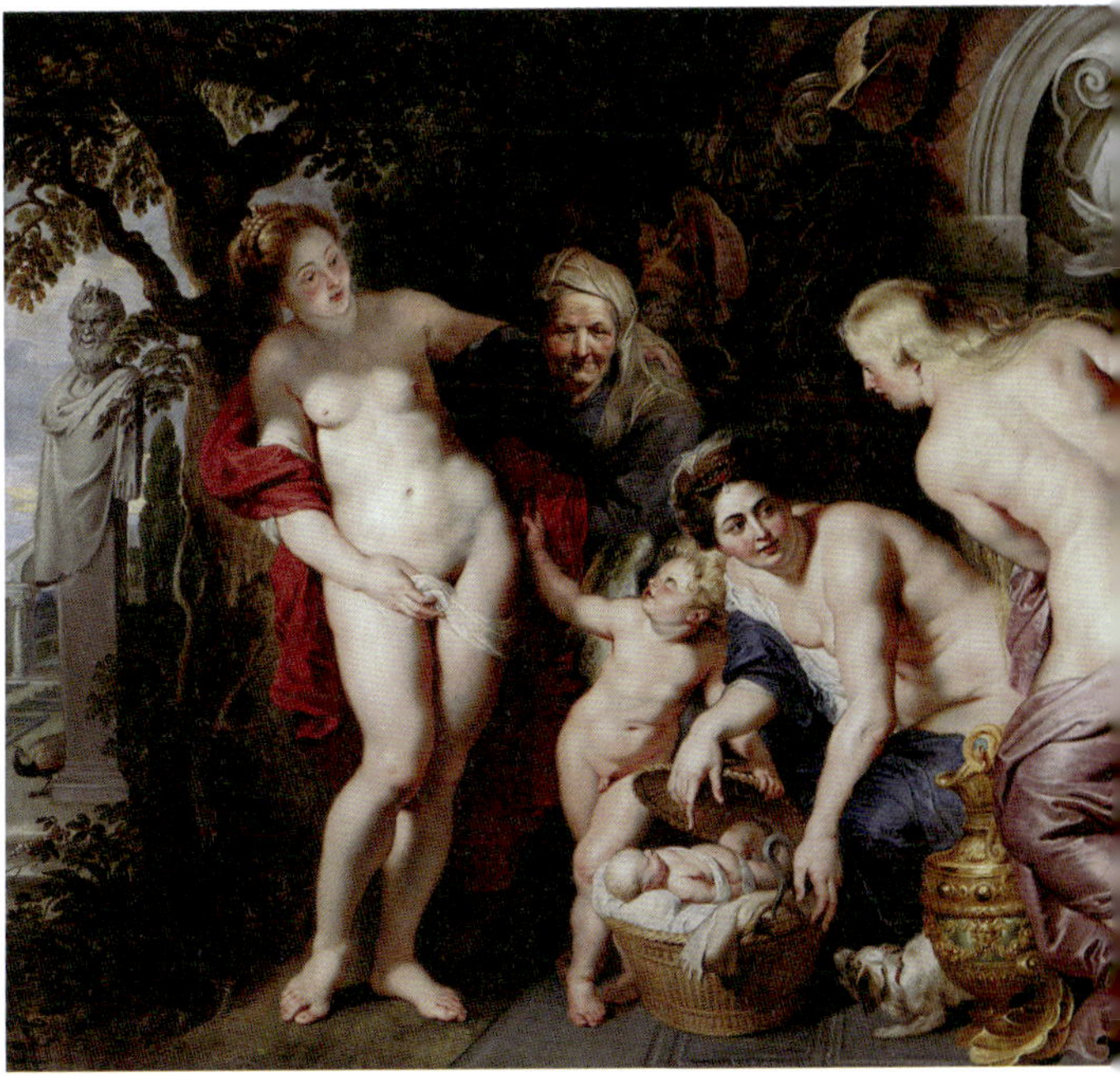

ピーテル・パウル・ルーベンス［フランドル、1577-1640］
1616年頃　油彩・画布　218×317cm　リヒテンシュタイン美術館

「母なる大地」が身ごもってしまい、エリクトニオスが生まれました。

教養人らしくルーベンスは「母なる大地」を、画面右上の乳房をたくさん持つ豊穣の女神として表し、武骨なウルカヌスは左手の男性器を暗示するヘルメス柱（左端）として表しました。

ミネルヴァは、生まれたばかりのエリクトニオスを籠の中に入れて、アッティカ王ケクロプスの娘たちに託しました。その際に蓋を開けることを禁じたのですが、娘の一人が好奇心に負けて蓋を開けると、脚の代わりに蛇の尾を持つ子どもがいるのを見つけます。ちなみに、神話ですので、別のヴァージョンでは子どもの側に蛇がいるのを発見します。

その後、恐怖に駆られた娘たちは、ミネルヴァの言いつけを守らなかった罰から発狂し、アクロポリスの丘の上から投身自殺を図りました。しかし、ルーベンスが採用したのは、古代ローマの詩人オウィディウスの『変身物語』の解釈です。そのため、娘たちは何事もなかったように穏やかな様子で描かれています。

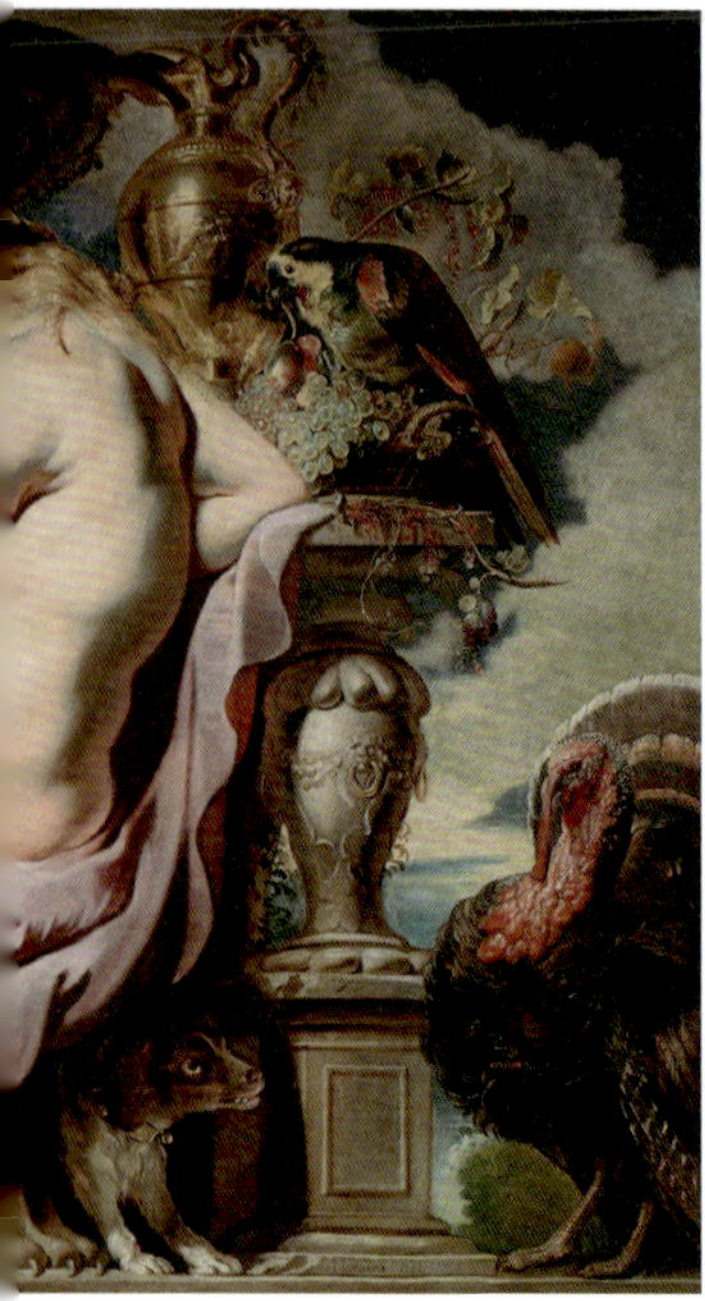

ヨルダーンスも同じ解釈を採用しました。箱ではなく籠に入っている点も同じですし、小犬も同じように描か

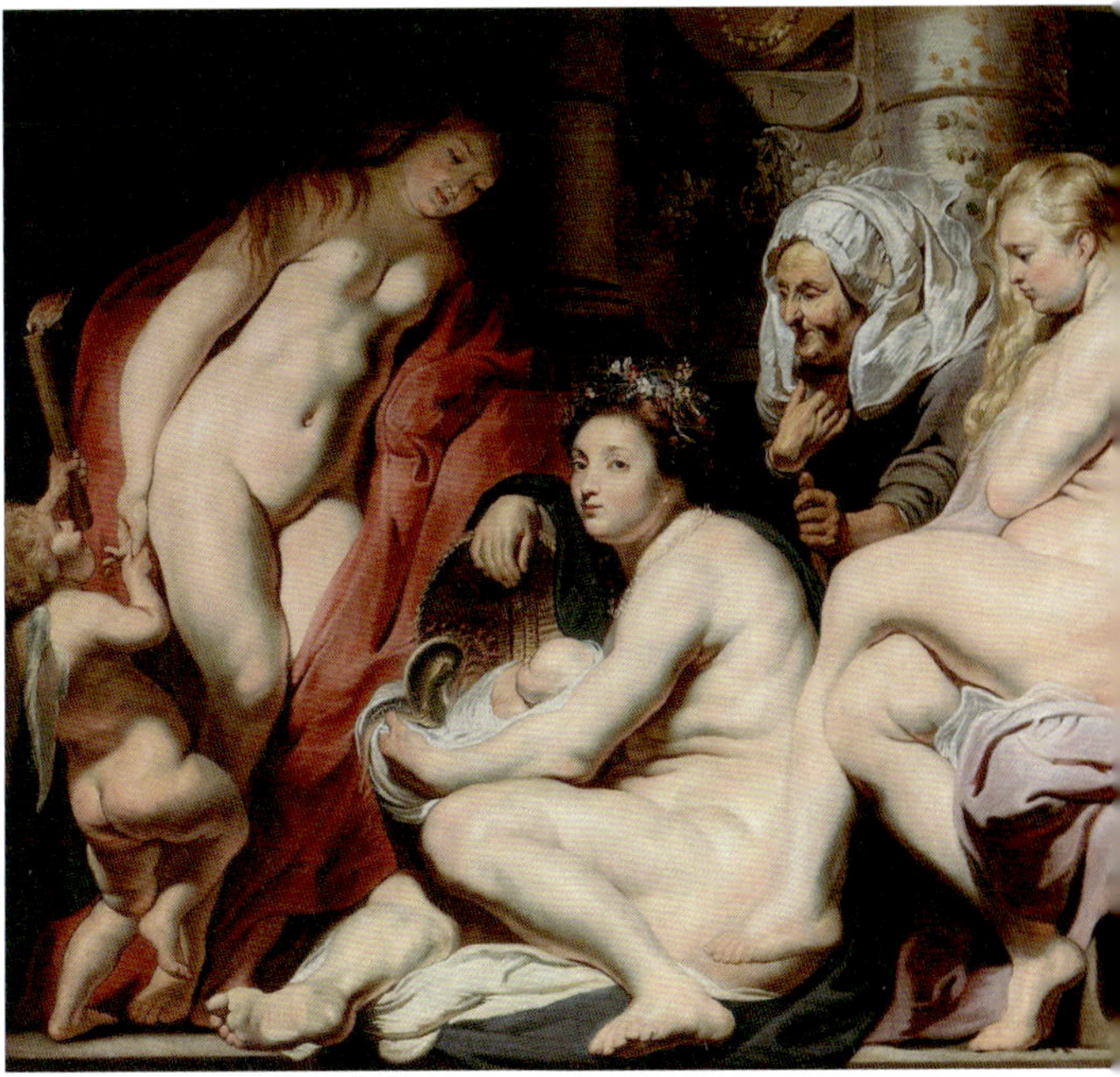

ヤコブ・ヨルダーンス［フランドル、1593-1678］1617年　172×283cm　油彩・画布
アントウェルペン王立美術館（ベルギー）

れています。

文献や資料を研究し、細部にこだわったルーベンスですが、子どもの入った籠の蓋を開ける場面には登場しないはずの老婆を、娘たちの美しさを際立たせる演出として描いています。

その結果、先輩が描いた通りヨルダーンスも忠実に、本来ならばその場面に存在しないはずの引き立て役の老婆を描いたのでした。

尊敬する師の最愛の妻を称えるための一工夫

《イサベラ・ブラントの肖像》

アンソニー・ヴァン・ダイク［フランドル、1599-1641］

ルーベンスの最初の妻だったイサベラ・ブラントを、彼の助手だったヴァン・ダイクがイタリアへ旅立つ前に描いたものです。ルーベンスは彼を最も優秀な弟子と評していました。

偉大なルーベンスより22歳も若いヴァン・ダイクは、尊敬する師の最愛の妻を描くことによって、ルーベンスに対して敬意と感謝の意を表したのでした。

本来なら門の上に立っているミネルヴァ像

背景に見えるアーチは、ルーベンス自らが設計した住居と工房のあいだにある石のスクリーンです。アーチの向こうにある整形庭園の木々が描かれています。

博学なルーベンスらしく、庭園や中庭を含め現在でも観光名所になっているルーベンス邸には、様々な象徴的な意味が込められています。たとえば、石のスクリーンの中央アーチの上には、ローマ神話で学問と知恵の神とされるミネルヴァと、理性と雄弁の神メルクリウスの彫像が設置されています（次頁の写真をご覧ください）。

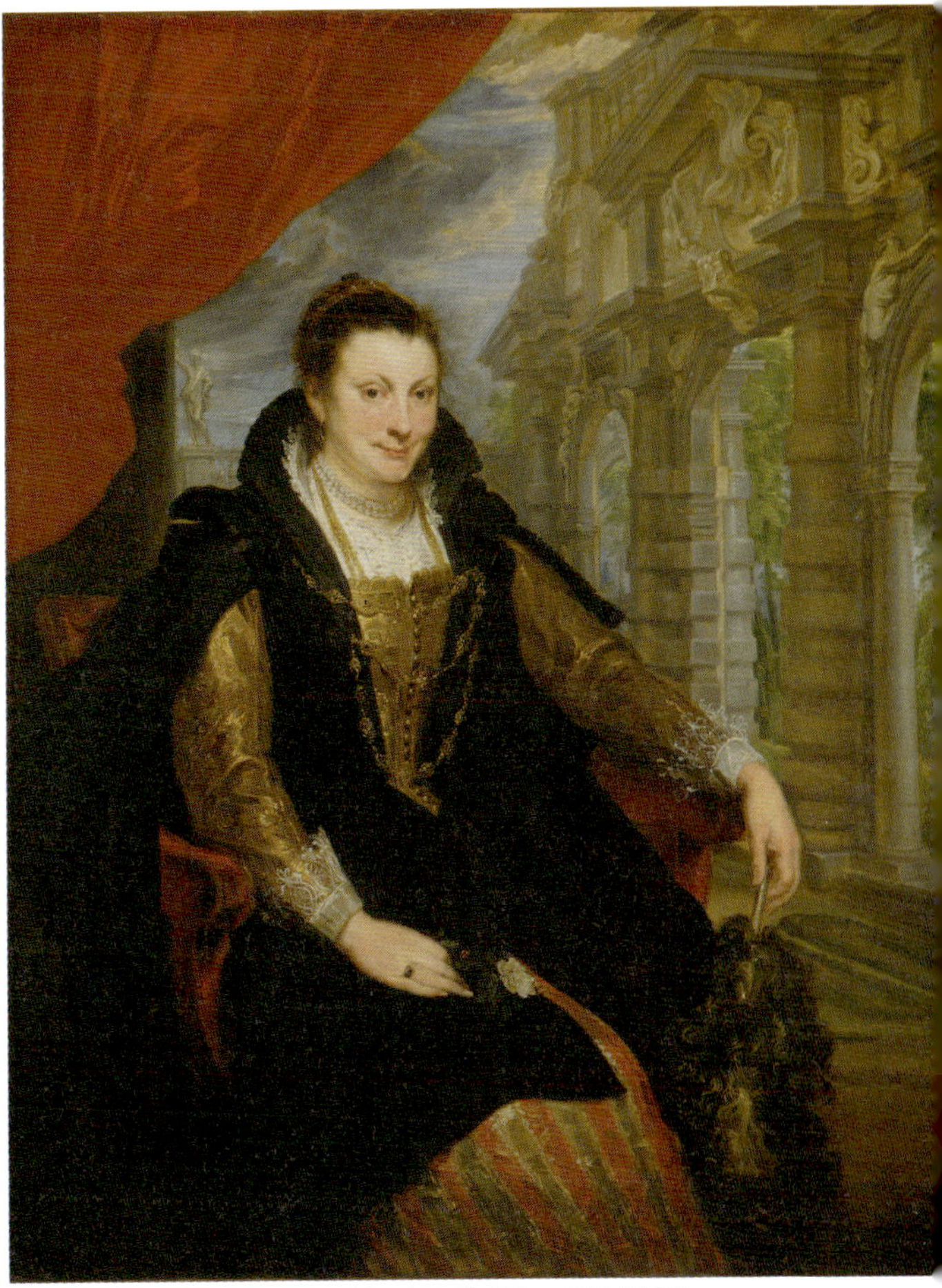

1621年　油彩・画布　153×120cm　ナショナル・ギャラリー、ワシントンD.C.

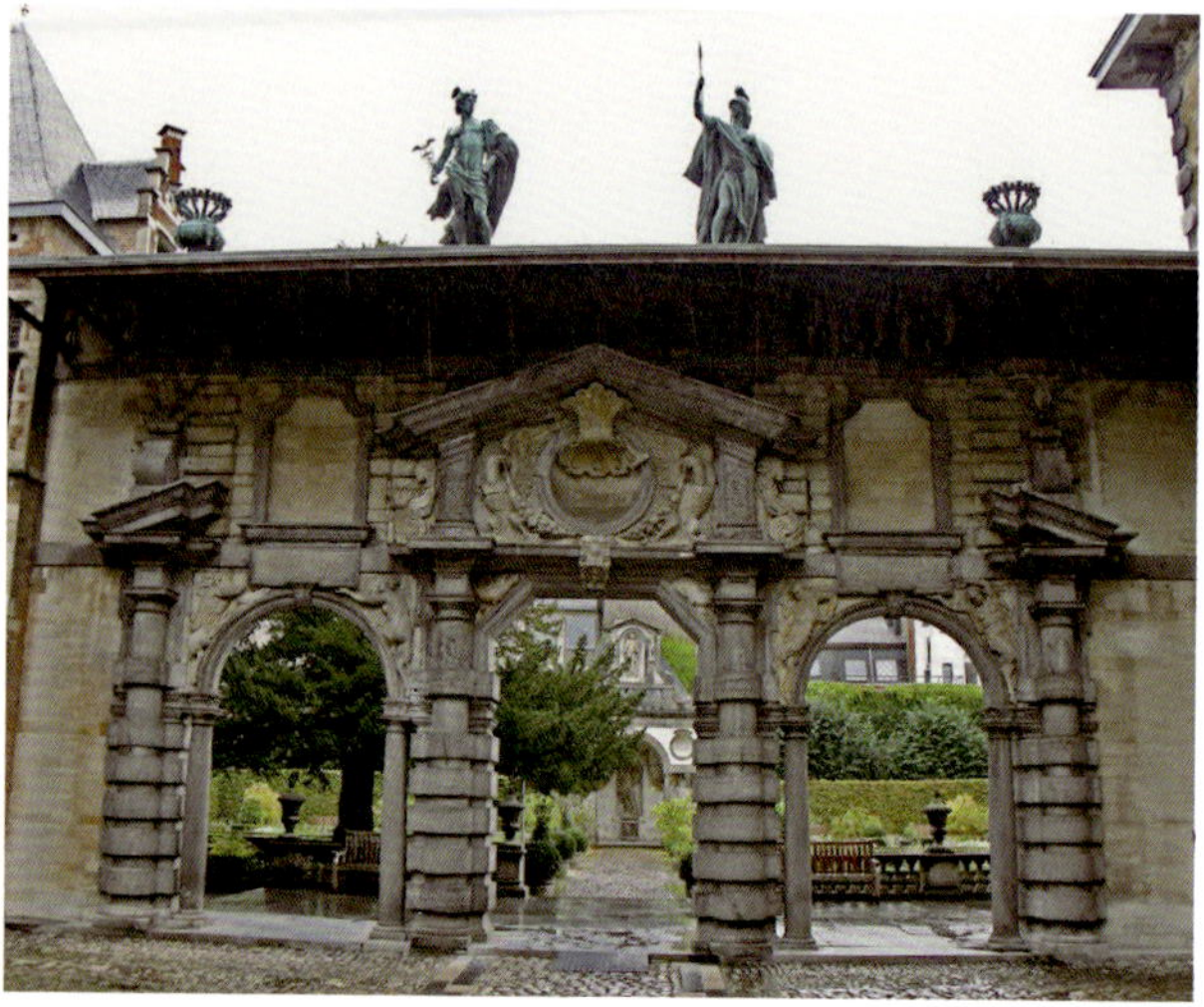

《ルーベンス邸にある石のスクリーン》
＊本来ミネルヴァ像は、このように石のスクリーンの右上にある。

それがこの肖像画にも描かれているのですが、じつは微妙に場所が違います。本来ならアーチの上にあるミネルヴァ像が、イサベラを称えるためにその右肩の上に描かれているのです。

第6章

時空を超えた背景

二組の親子ではなく一組の親子の軌跡を描いた
《アルジャントゥイユのひなげし》

クロード・モネ［フランス、1840-1926］

家族の幸福な印象と時の移ろいを同時に表現

モネは、彼が見た風景や光景から受けた印象をとらえ、その瞬間を描くことに長けた画家でした。瞬間性を重視し、自分の見た微妙な視差の印象を忠実に描こうとした結果、何枚ものカンヴァスを側に準備して描き、それが彼の出世作となる《積わら》や《ルーアン大聖堂》といった連作へと発展していくことになりました。

当時、モネが暮らしていたアルジャントゥイユは、パリ郊外のセーヌ川沿いの小さな町で、サン=ラザール駅から鉄道で近いため、パリジャンたちに人気の行楽地でもありました。この作品が描かれたころのモネは、30代前半の愛する妻と息子と共に郊外の住宅で幸せに暮らす、現代にもよく見られるファミリー志向のブルジョワ的な男だったのです。

絵の親子のモデルは、モネの妻カミーユと長

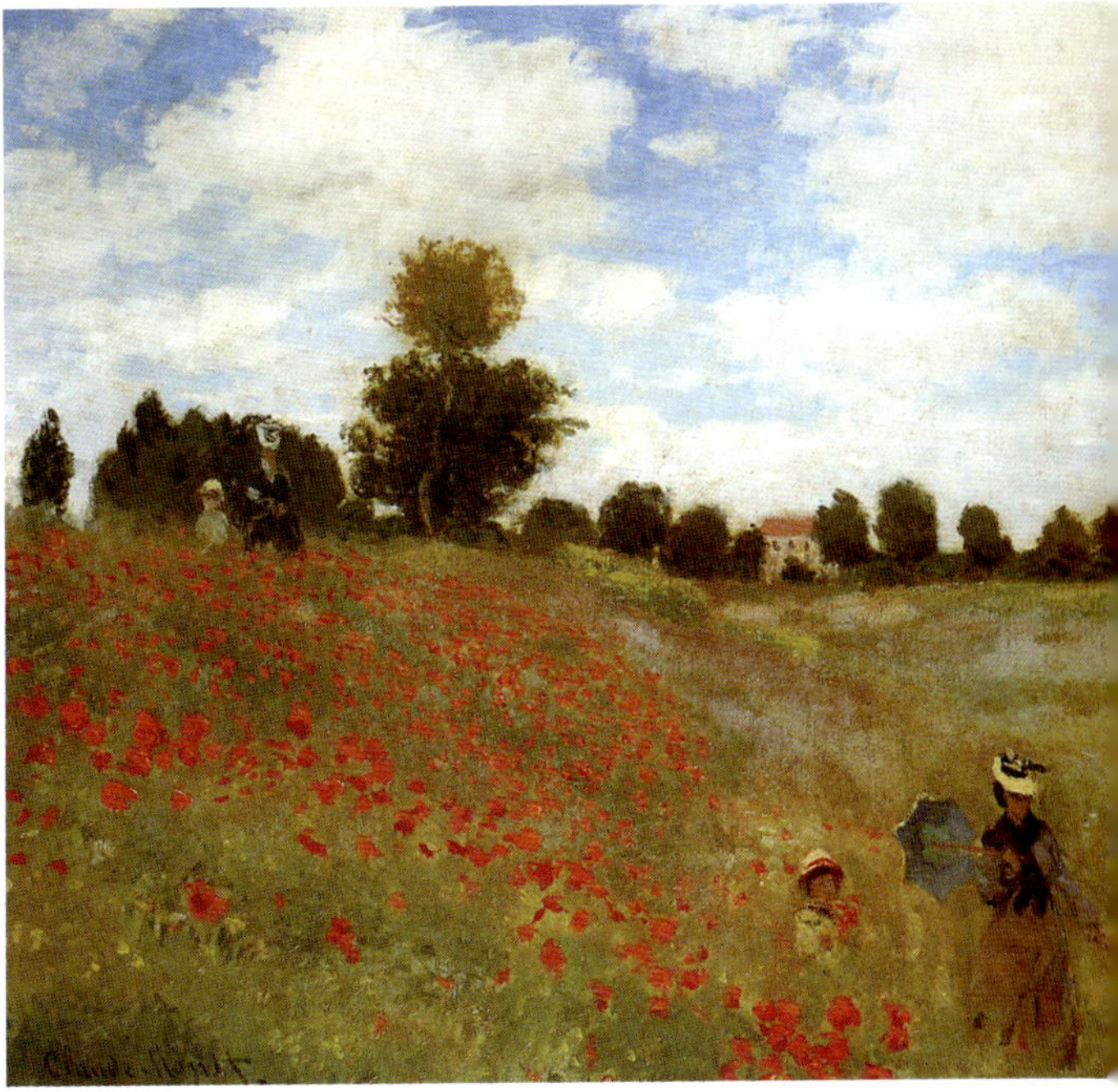

1873年　油彩・画布　50×65cm
オルセー美術館、パリ

男のジャンで、二組ではなく一組の親子です。

二人が歩いてきた時間の経過が表されているのですが、その永遠に続くかのような家族の幸福な印象と共に、時の移ろいが同時に描かれています。

倒壊していた鐘塔を絵の上で復元

《ヴェネツィア：サン・ジョルジョ・マッジョーレ》

フランチェスコ・グアルディ［イタリア、1712－1793］

再建前に描かれたため現存のものとも異なる

グアルディは、15歳年上の先駆者カナレットと並ぶヴェネツィアを代表する景観画家です。カナレットの華やかな画風と比べ、幻想的で抒情性（じょじょうせい）の強い描写が特徴です。19世紀後半の印象派を思わせるグアルディの即効的な筆使いも、写実性の高いカナレットとの大きな違いであり、またそれがそれぞれの魅力を際立たせています。

二人に共通する点として、必ずしも風景を写真で切り取ったように、そのまま描いたものばかりではないことがあります。芸術的効果を求め、多少の修正を加えたものがあるため、描かれている風景画は当時そのままだったわけではないのです。

たとえば、左に描かれているのはヴェネツィアを代表するランドマークの一つ、サン・ジョルジョ・マッジョーレ聖堂ですが、この絵が描かれた1780年代には1774年に倒壊した鐘塔はすでにありませんでした。現在の鐘塔は1791年に完成したものので、写真を見ればグアルディの描いた鐘塔との違いがわかります。

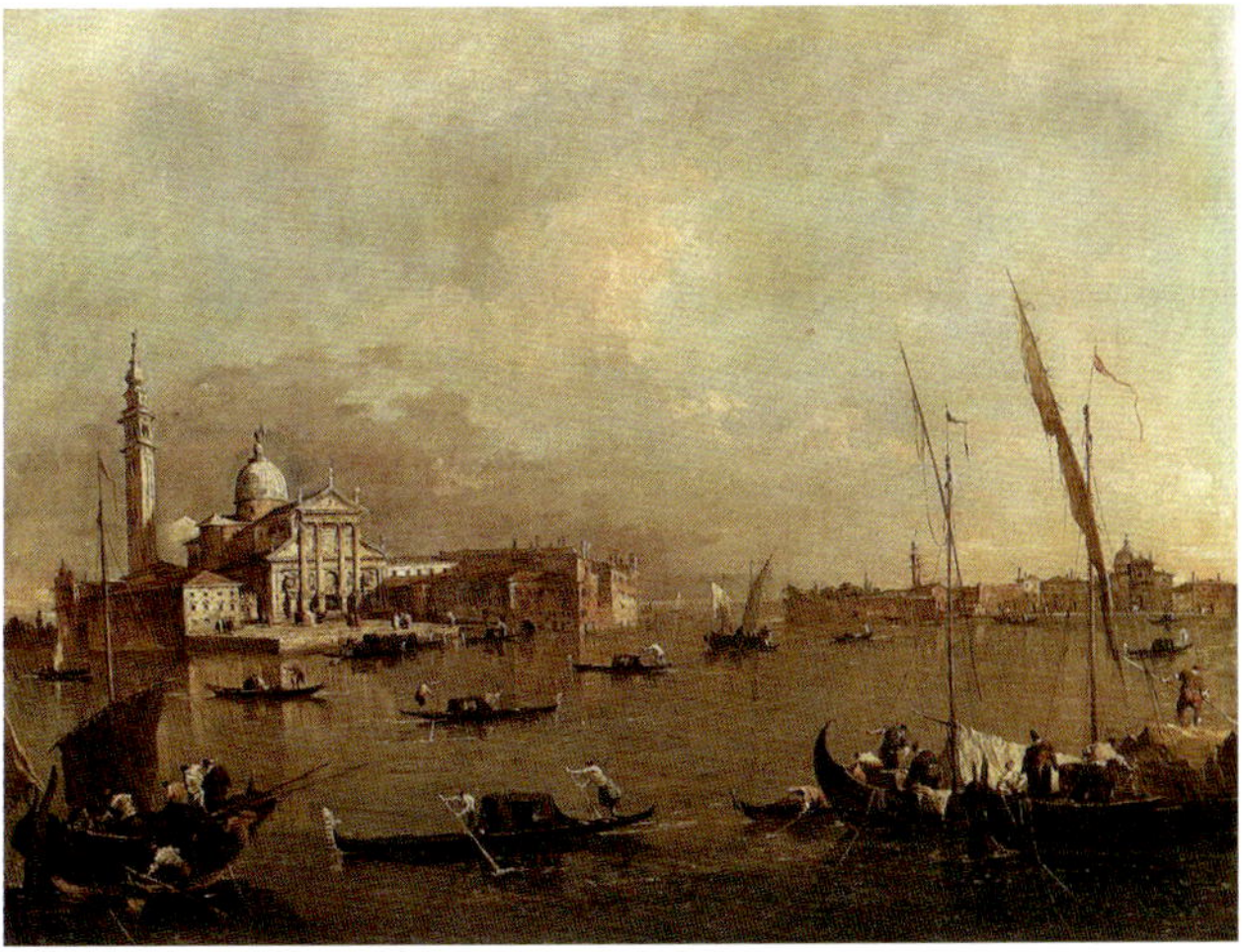

1780年代　油彩・画布　68.7×91.5cm　ウォレス・コレクション、ロンドン

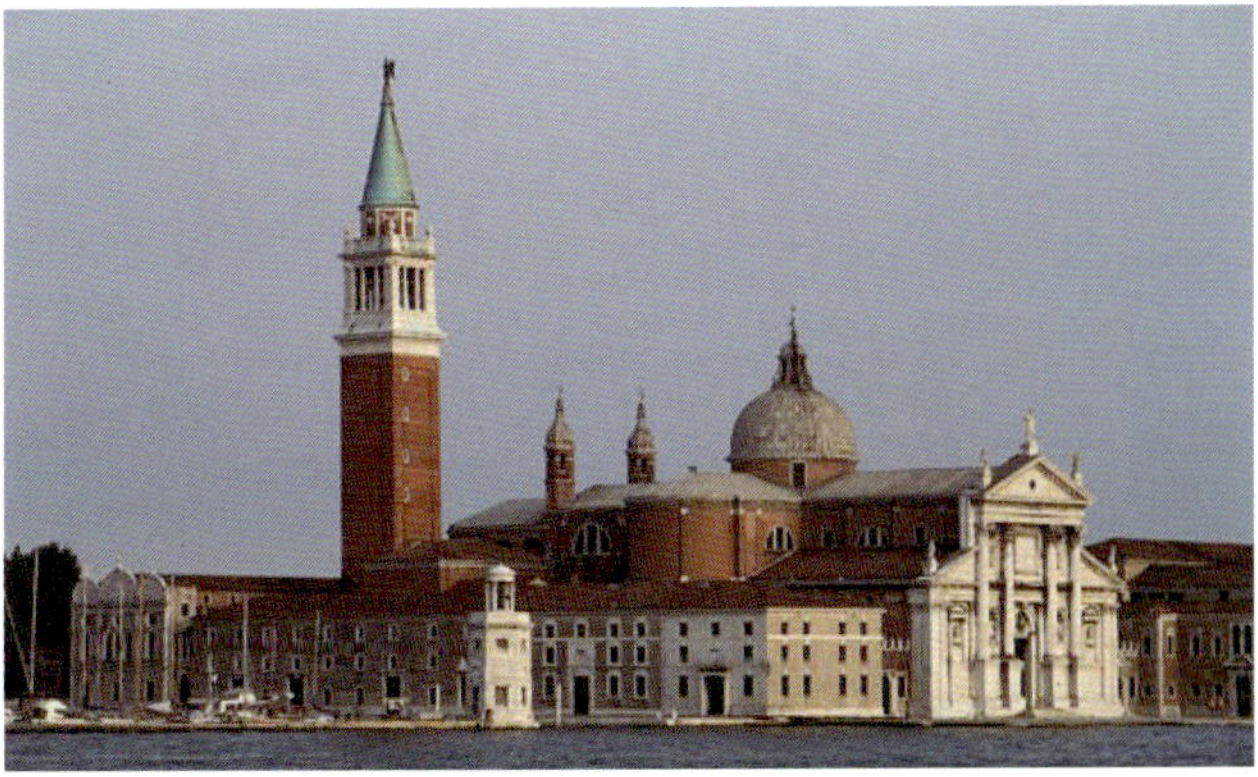

《現在のサン・ジョルジョ・マッジョーレ聖堂》

すでに脇腹に聖痕(せいこん)がある!

《悲しみのキリスト》

ヘールトヘン・トット・シンス・ヤンス〔ネーデルラント、c1465-c1495〕

信者たちは心の中で血を流す

ユダの裏切りにより逮捕されたキリストは、ローマ帝国ユダヤ属州総督ピラトのもとに送られた後に死刑が確定します。キリストは笞(むち)で打たれた後、茨の冠を被せられ、処刑地ゴルゴダの丘まで、自らがかけられる十字架を背負って行かねばなりませんでした。

ここに描かれているイメージは、キリストのゴルゴダの丘への道中を主題にした「十字架の道行き」のようです。しかし、十字架にかけられる前なのにも拘らず、両手の甲やわき腹には聖痕が見られます。しかも、キリストがいる場所はすでに墓場なのです。また、磔刑の際に使われた聖なるスポンジや槍(やり)、さらに釘を天使たちが持っています。

じつは、ここに描かれている主題は「悲しみのキリスト」で、福音書の一節を描いているものではありません。死せるキリストを抱く聖母を描いた《ピエタ》（254頁）同様に《悲しみのキリスト》は、礼拝の対象としての図像なのです。深い悲しみを湛(たた)えたキリストの姿を目にすることによって、信者は敬虔な涙と心の中で血を流すのでした。

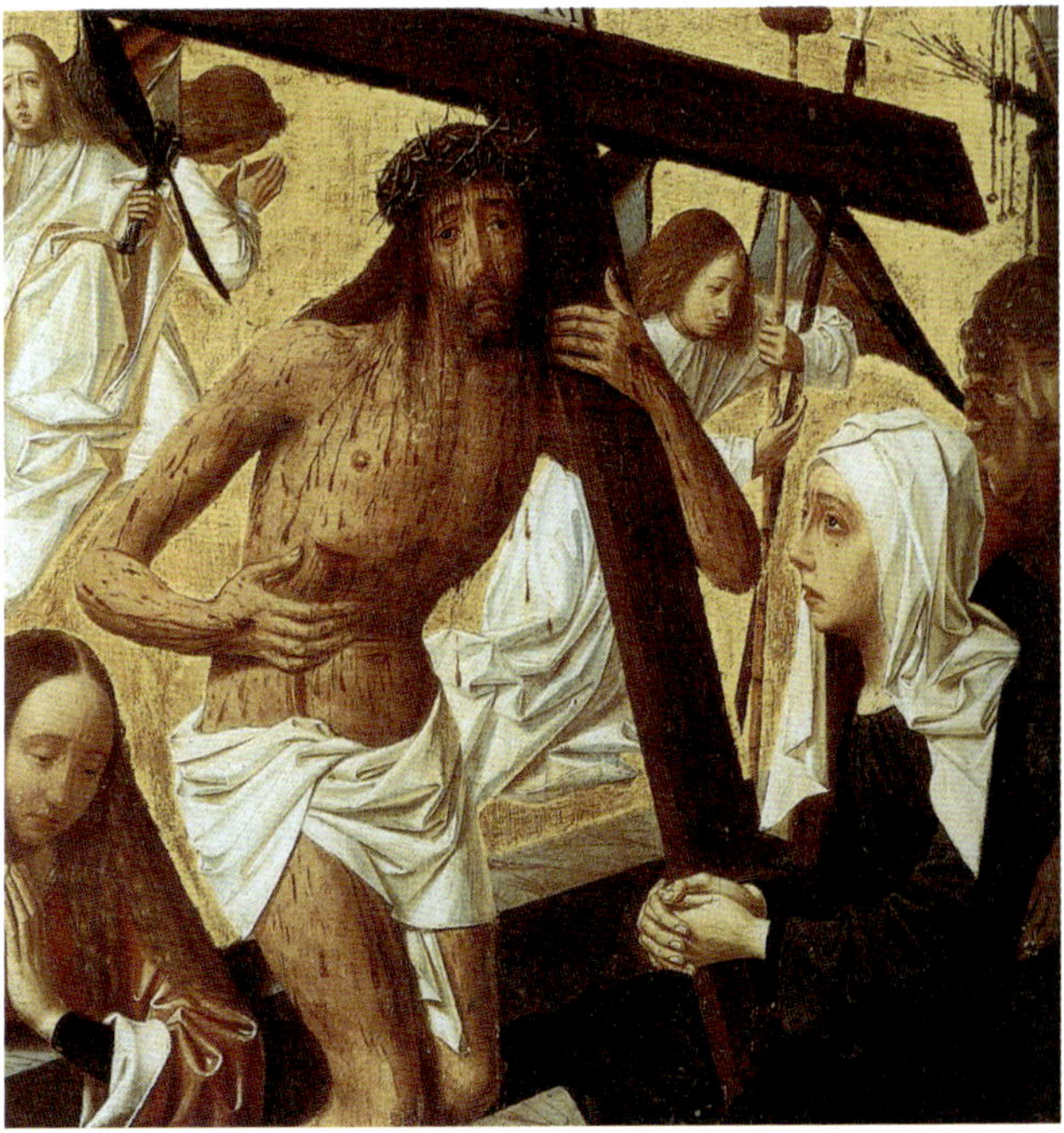

1495年頃　油彩・板　26×25cm
カタリナコンベント博物館、ユトレヒト（オランダ）

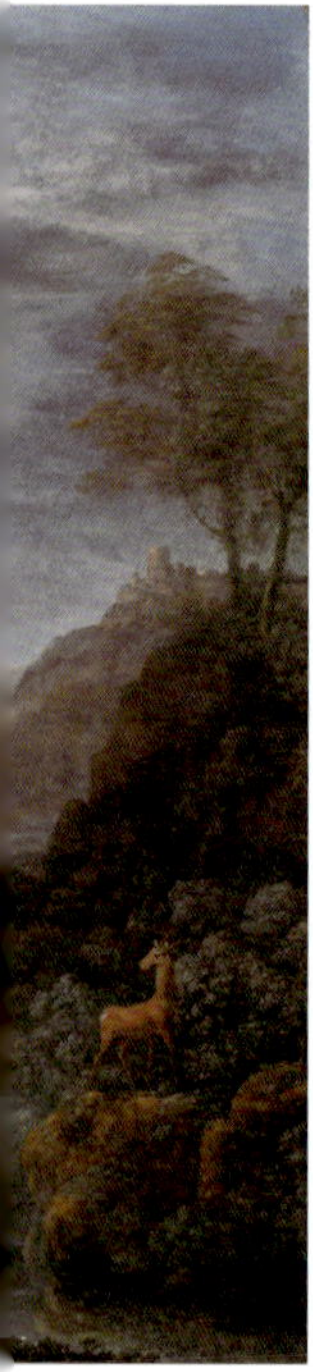

建物がすでに廃墟になっている

《シルヴィアの鹿を射るアスカニウスのいる風景》

クロード・ロラン［フランス、1600－1682］

建物だけが時空を超えずに佇(たたず)んでいる

17世紀、歴史画の衣をまとわせることで、格が低いと見なされた風景画を格調高く演出した「理想的風景画」というジャンルを確立したクロードの遺作です。最高傑作の一つと見なされるもので、彼の晩年の庇護者の一人であったロレンツォ・オノフリオ・コロンナ公子のために描かれました。コロンナ家の紋章には円柱が描かれており、左手の神殿のコリント様式の円柱（コロン）はコロンナ家を指しています。

古代ローマの詩人ウェルギリウスの「アエネーイス」からの物語が描かれています。その主人公アエネアスは、愛と美の女神ウェヌスとトロイア王子の息子で、この作品ではアエネアスの息子アスカニウスが、牡鹿を射る場面が描かれています。コロンナ家はアエネアスの子孫であると称していたため、「アエネーイス」が主

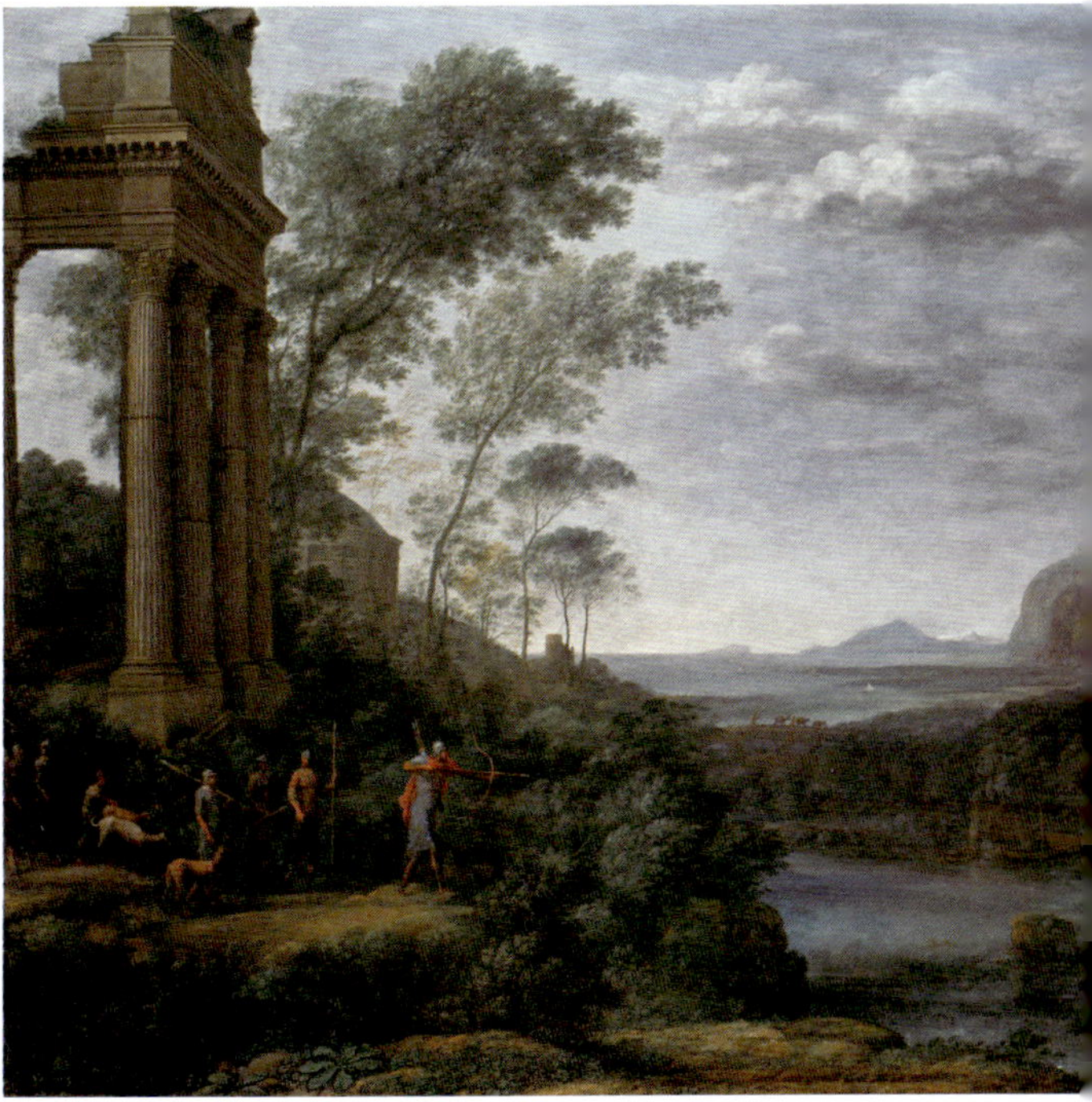

1682年　油彩・画布　120×150cm
アシュモレアン美術・考古学博物館、
オックスフォード（イギリス）

題となっているのです。

しかし、ローマ人の伝説上の祖先が描かれているのに、すでに手前の建物は廃墟状態です。つまり、クロードが暮らしたころのローマの遺跡の状態が描かれているのでした。

亡くなっていた洗礼者を描いた理由とは？

《イーゼンハイム祭壇画　第1期（キリスト磔刑）》

マティアス・グリューネヴァルド［ドイツ、c1470／1475-1528］

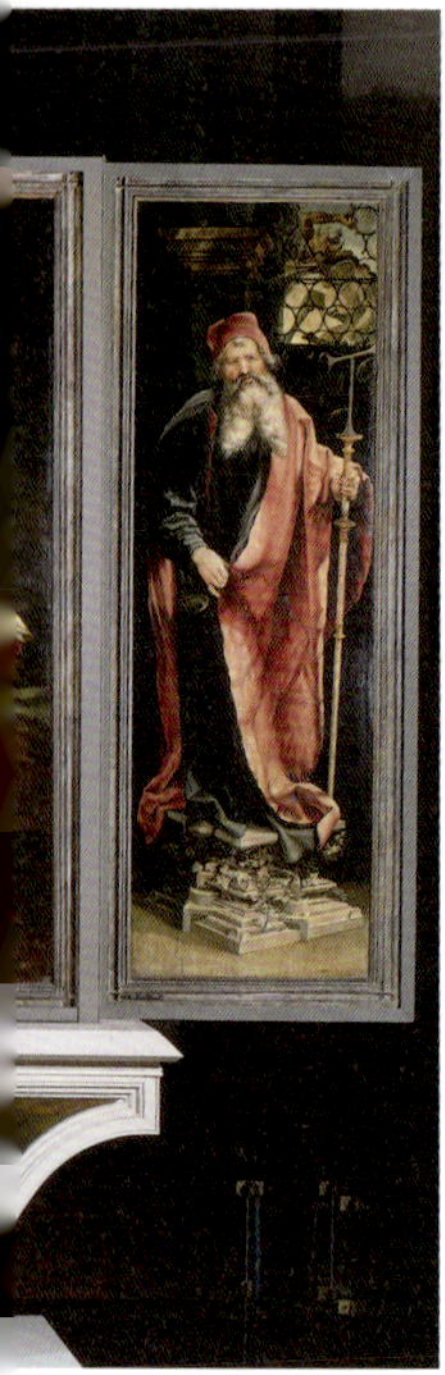

ヨハネの落ち着きぶりは精神的な存在の証

同時代のドイツを代表する画家デューラーとは、造形的に対極な存在なのがグリューネヴァルドです。デューラーのイタリアで吸収した古典主義に対し、グリューネヴァルドのドイツ的な強い表現主義と写実主義は、見る者を感情的に圧倒します。修道院の施療所のために描かれたこの祭壇画は、キリストと聖母、弟子たちの苦しみを描くことによって、患者たちに死や病に打ち勝つ勇気を与えようとした目的があったのです。

イエスを挟んで左には聖母とそれを支える福音書記者ヨハネ、跪(ひざまず)いてキリストを拝むマグダラのマリアが香油壺と共に描かれています。グリューネヴァルドは中世の伝統に従い、マグ

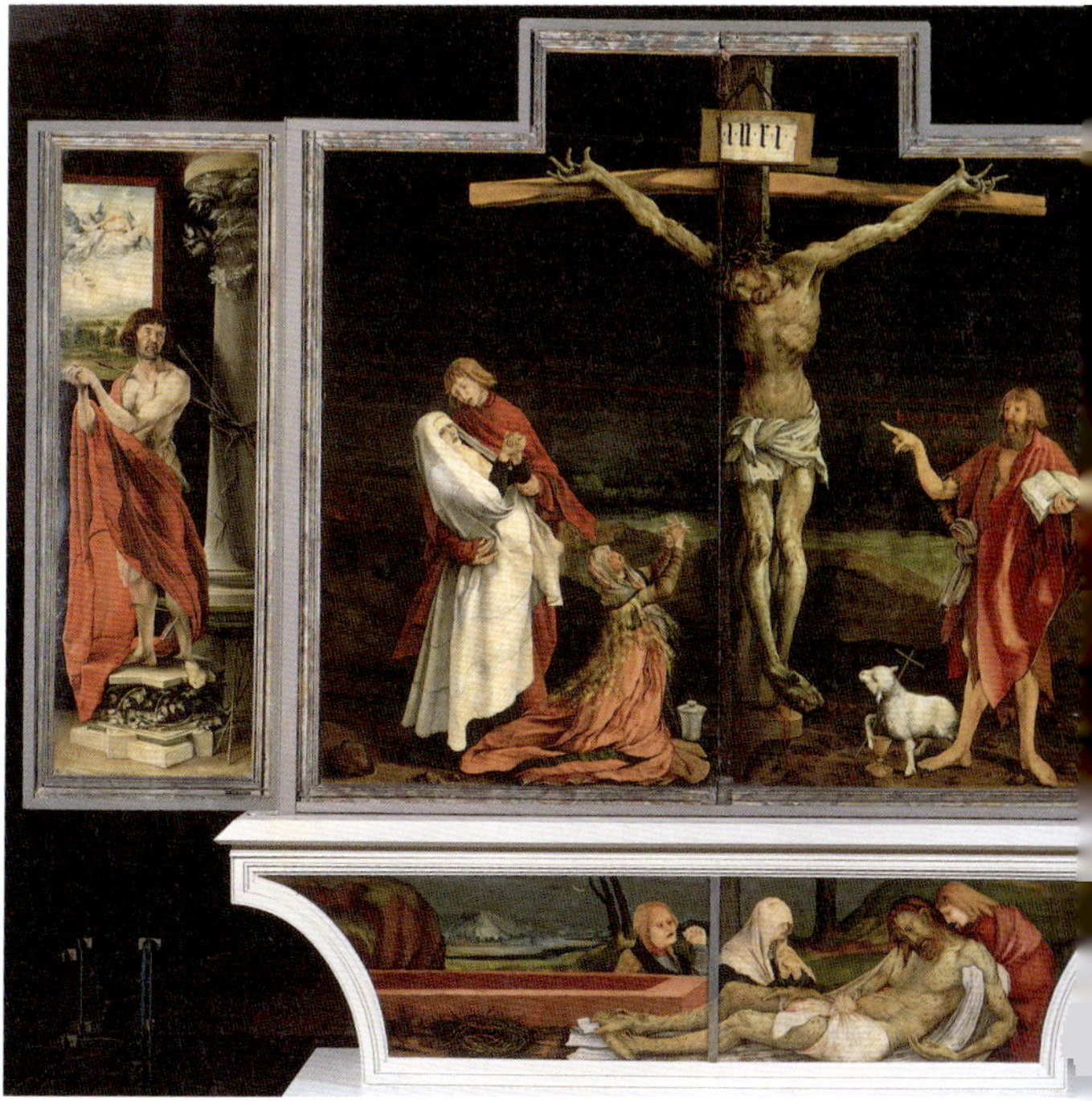

1510-15年　油彩・板　269×143cm　ウンターリンデン美術館、コルマール（フランス）

ダラのマリアを「普通の人間」として小さめに描いています。

さらに右には洗礼者ヨハネがいますが、本来なら磔刑の場面では描かれません。なぜならば、この時点ですでに斬首されていたからです。ただし、洗礼者ヨハネだけ落ち着いている様子で描くことにより、精神的にその場に存在していたと表しているのです。

この時代には存在しない絵が部屋中にかかっている

《アペレスの仕事場を訪れたアレクサンドロス大王》

ウィレム・ファン・ハーヒト［フランドル、1593－1637］

大王の登場はギャラリー画を格調高くするための演出

ファン・ハーヒトは、収集室を描いた「ギャラリー画」で名高いフランドルの画家です。「ギャラリー画」は、とくにアントウェルペンで人気が高かったジャンルでした。左下にアレクサンドロス大王が、宮廷画家アペレスのアトリエを訪れている場面が描かれています。カンヴァスの右手でモデルを務めているのは大王の愛人で、古代ギリシャ最大の画家アペレスのモデルを務めたことで歴史に名が残ったカンパスペです。

しかし、おかしなことに、彼らが生きたのは紀元前4世紀のこと。それに対し、アトリエに飾られているのはルネサンス期からファン・ハーヒトの時代（バロック期）にかけての傑作ばかりなのです。マサイス、コレッジョ、ティツィアーノ、ルーベンス、スナイデルス、

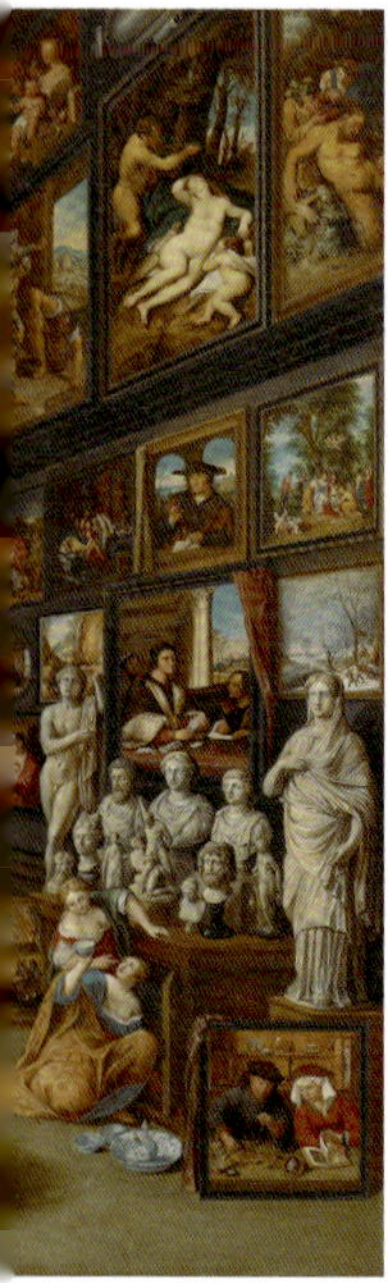

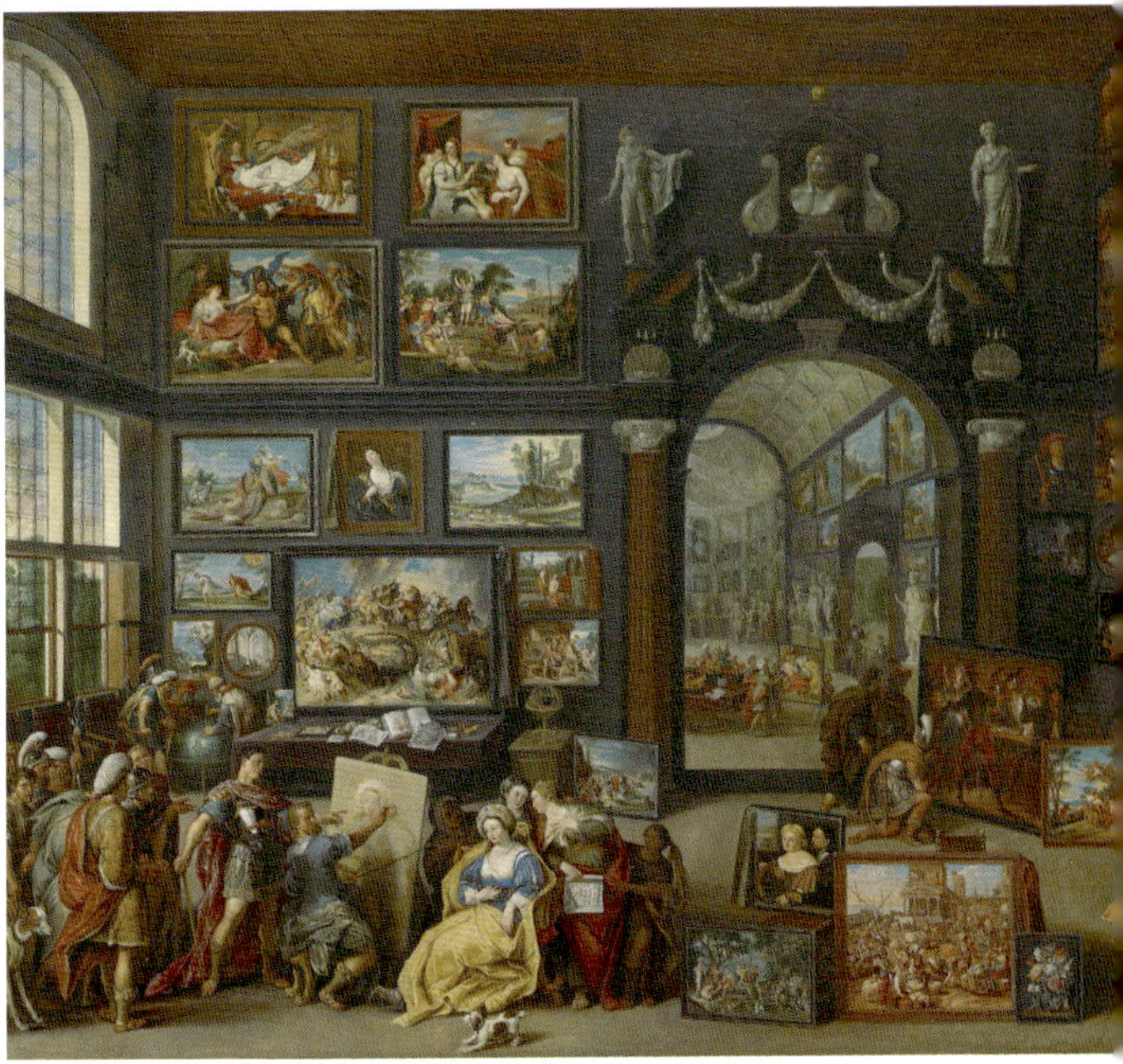

1630年頃　油彩・板　104.9×148.7cm　マウリッツハイス美術館、デン・ハーグ（オランダ）

ドメニキーノ、ヴァン・ダイク……と、まるで美術史の教科書のようなのです。

もちろん、これは作品を歴史画風に格調高くするために、アレクサンドロス大王と偉大なる先輩画家アペレスにご登場願ったというわけでした。

冬と春の樹木を同時に描いた二つの効果

《キリストの復活》

ピエロ・デラ・フランチェスカ［イタリア、c1415／1420－1492］

枯れ木と葉が茂った木で磔刑と復活を暗示

キリスト教における重要な教義「キリストの復活」が描かれています。キリストは、死後3日して蘇(よみがえ)り、昇天するまで40日間地上に留(とど)まりました。キリストの処刑に関与したピラトの命により、キリストの墓の番をしていた兵士たちが眠っているところ、復活したキリストの姿が描かれています。槍を持った兵士に脚がないのは、秩序高い空間構成にこだわったこの画家らしく、構図を安定させるためでしょう。

キリストが手にしている「白に赤十字の旗」は、勝利のキリストの旗で復活のシンボルであり、この旗は戦士聖人である聖ゲオルギウスの旗に応用されました。

非常に写実的な風景描写で知られるピエロ・デラ・フランチェスカらしい背景が広がっていますが、ここではキリストの左側には冬の枯れ木が、右側には葉が茂った春の木が同時に描かれています。自然界を現実的にではなく象徴的に描いたのは、冬はキリストの磔刑を、春はその復活を暗示するためなのです。

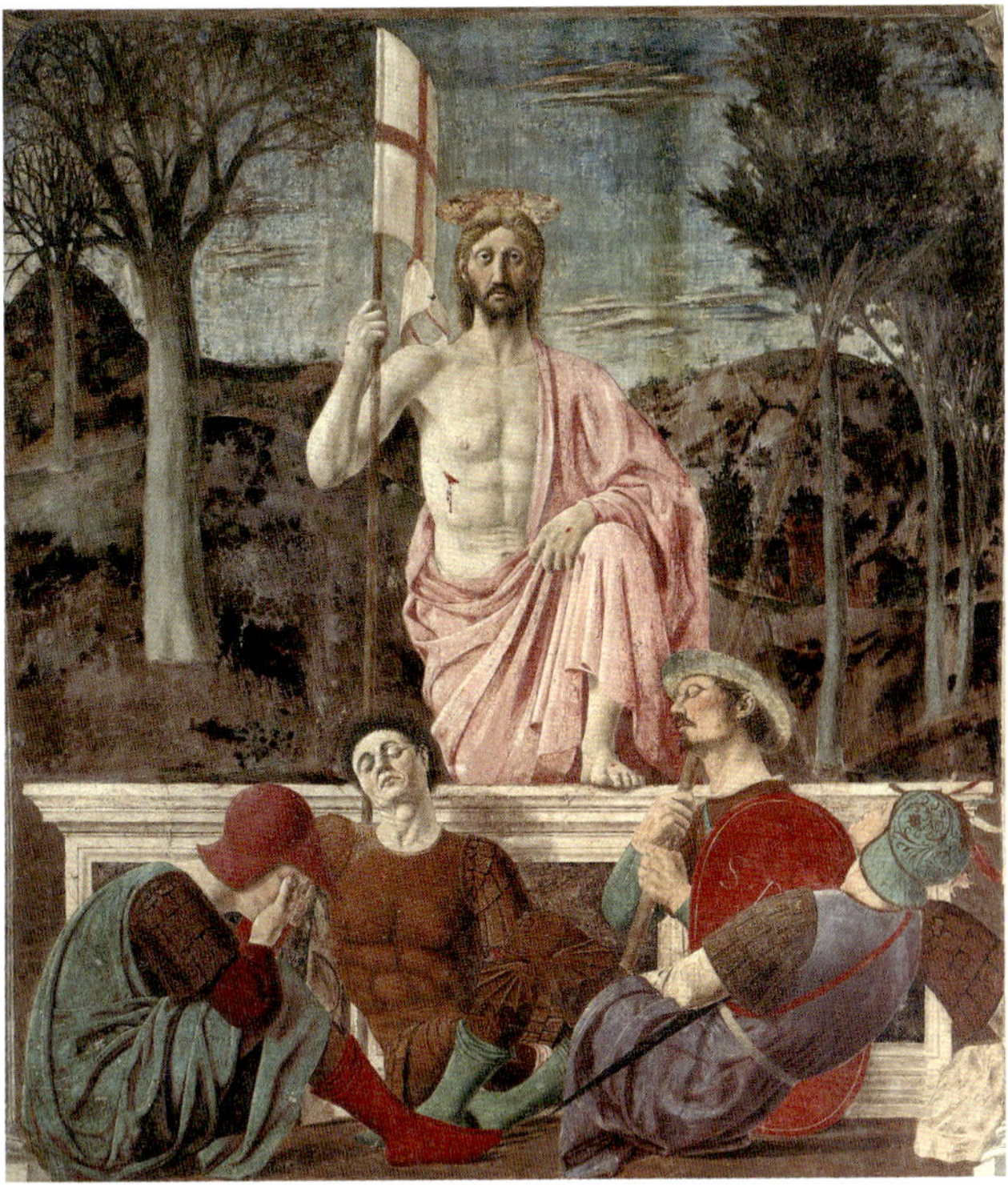

1463年頃　フレスコ　225×200cm
サンセポルクロ市立美術館、サンセポルクロ（イタリア）
© Alinari Archives, Florence/amanaimages

当時のペルシャはゾロアスター教だった

《一万人のキリスト教徒の殉教》

アルブレヒト・デューラー〔ドイツ、1471-1528〕

ザクセン選帝侯フリードリヒ3世が注文した中世の伝説を主題にした作品です。伝説のため諸説ありますが、2世紀のローマ皇帝ハドリアヌスかアントニヌス・ピウス、もしくは3世紀のディオクレティアヌスの命を受けたペルシャ皇帝シャープール1世によって、アララト山で起きた1万人のキリスト教徒の殉教を描いたものです。ただし、シャープール1世は、これら3人の皇帝の治世にペルシャに君臨した人物ではありません。

右端に巨大なターバンを巻き、オスマン・トルコ風の格好をしたシャープール1世らしき人物が描かれています。しかし、まだイスラム教が誕生していない時代のことであり、当時のペルシャ皇帝はゾロアスター教徒でした。虐殺者たちがオスマン・トルコの衣装を着ているのは、1453年のコンスタンティノープル陥落の記憶がまだ新しいヨーロッパにおけるイスラム（オスマン・トルコ）の脅威の表れなのです。

人数も1万人ではなく130人ほど

ちなみに、1万人が描かれているわけではなく130人ほどが描かれています。

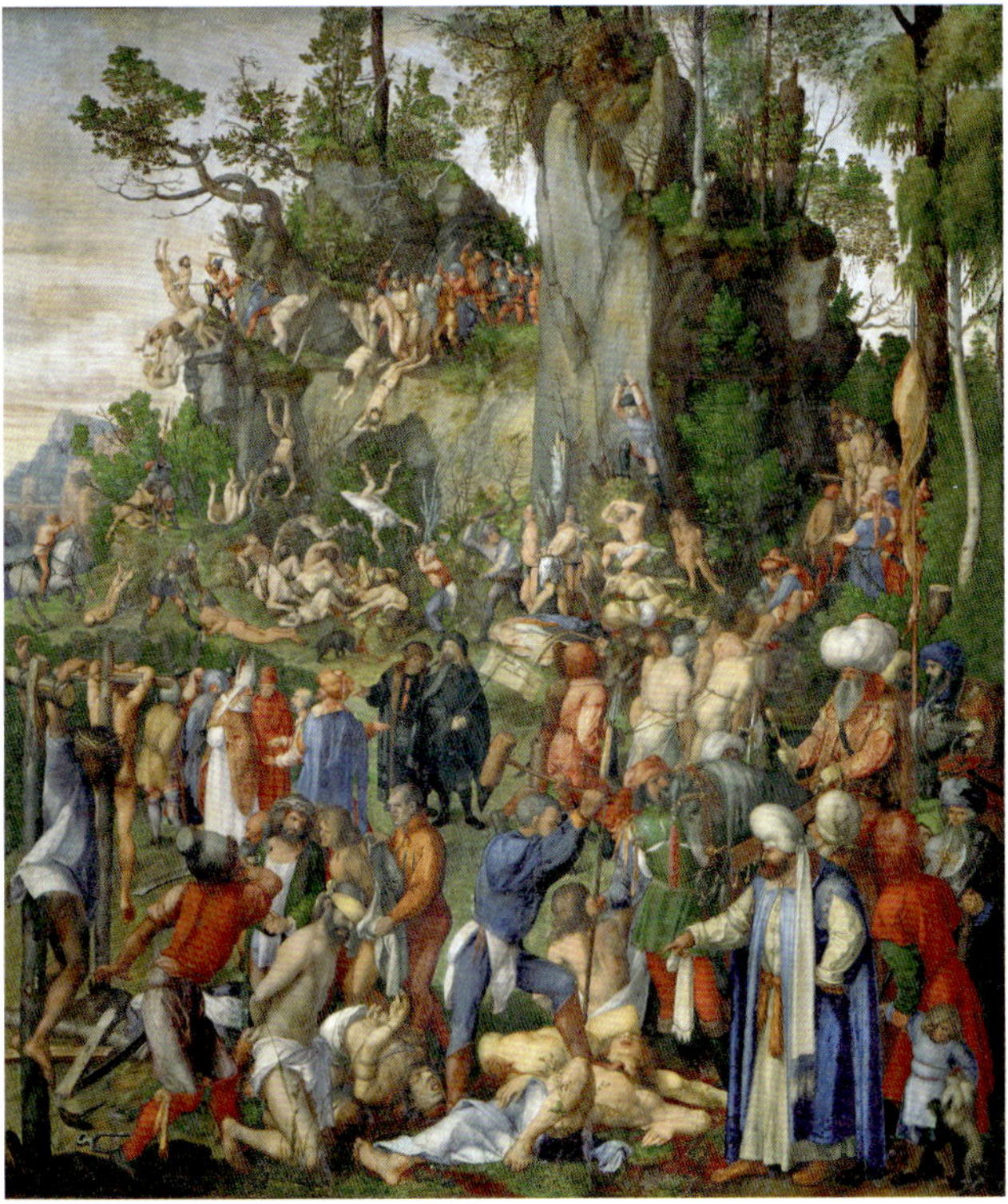

1508年　油彩・板（後に画布）99×87cm
美術史美術館、ウィーン

窓の外にいる古代風の男は誰？

《若い男の肖像》

アレッサンドロ・アッローリ［イタリア、1535－1607］

古代への憧憬の象徴として描かれた空間

トスカーナ大公コジモ1世の宮廷画家だったアーニョロ・ブロンズィーノの弟子らしく、アッローリも優雅で洗練された衣装の描写に秀でていたという証になる肖像画です。

衣装だけでなく、アッローリは様々な備品と共に、若き蒐集家をエレガントに演出しています。右手に持った上質なハンカチーフは、高貴な出自の証であり、左手に持つ古代風のコインは、彼が古典的芸術の洗練された目利きであることを表しています。背後には、諸芸術の神アポロの有名な彫刻の縮小版模刻が、これまた古典的な装飾を施したテーブルの上にあり、モデルの趣味嗜好をいかにも優雅にアピールしているのです。

窓の外には臀部を半分露わにした筋骨たくましい男性が、ドレープをまとった姿で描かれています。普通なら窓の外に時空の異なる衣装の男性がいたら驚くところですが、半裸の男性と彼が眺めている風景が象徴しているのは古代の理想郷アルカディアです。

窓の外の空間は、この蒐集家の古代への憧憬の象徴として描かれているのでした。

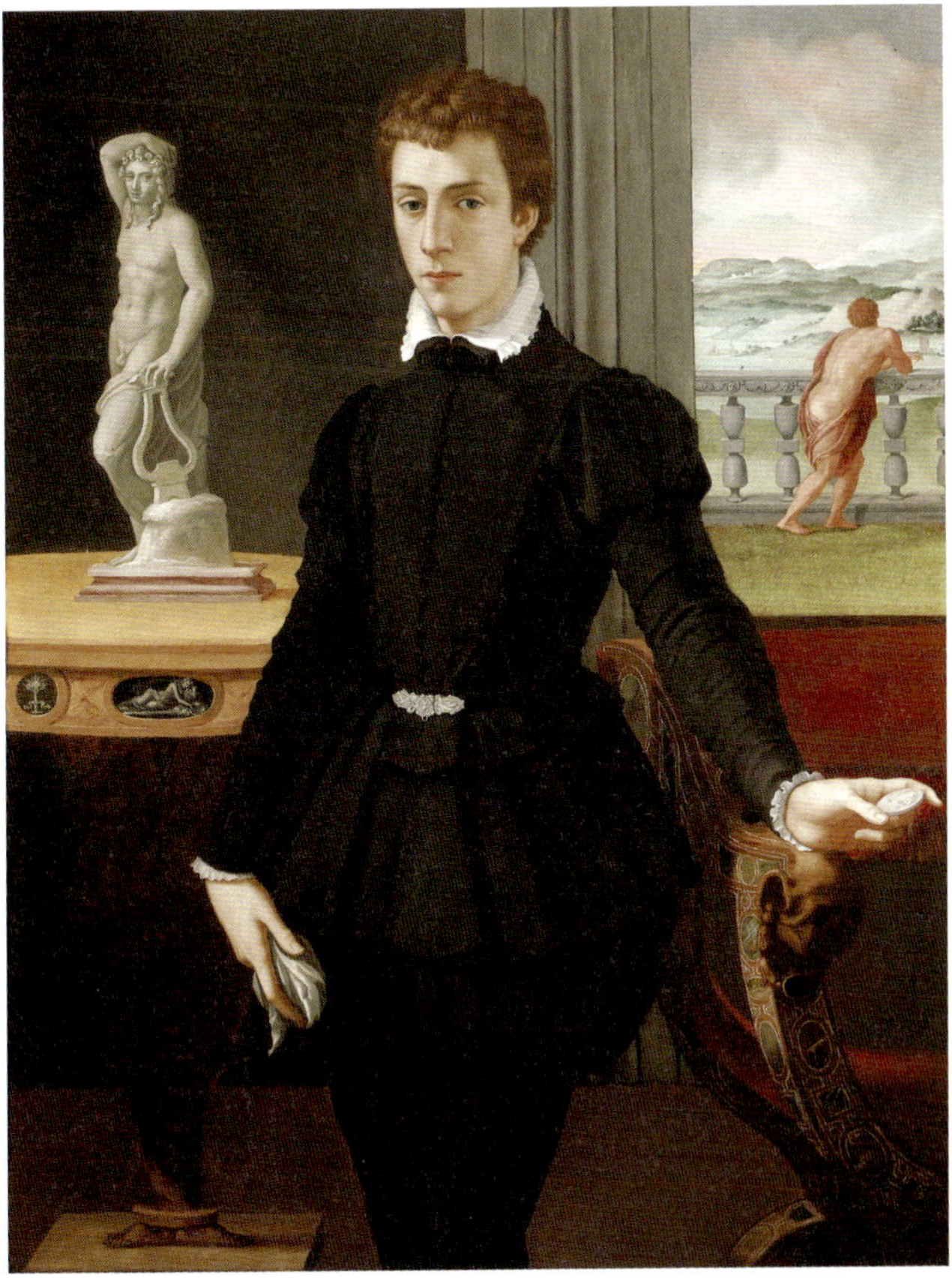

1561年　油彩・板　133×140cm
アシュモレアン美術・考古学博物館、オックスフォード（イギリス）
©amanaimages

聖母の涙から生まれた花が泣く前に咲いている
《カーネーションの聖母》

レオナルド・ダ・ヴィンチ［イタリア、1452－1519］
ラファエロ・サンティ［イタリア、1483－1520］

イエスの磔刑後でないと存在しない花

15世紀イタリアのルネサンス絵画には、フランドル絵画の影響が多く表れています。初期フランドル絵画の特徴であるシンボリズムですが、肖像画で描かれている人物がカーネーションを手にしている場合は、その婚約を記念して描かれた証です。カーネーションは、結婚や婚約の象徴として見なされていたのです。

レオナルドもラファエロも、これらの聖母子像でカーネーションを象徴的に取り入れて描いています。つまり、キリスト教における聖母の「キリストの母」としての立場だけでなく、処女マリアとして「キリストの花嫁」という立場も表しています。

カーネーションはその形状が針に似ているため、キリストの磔刑を見て聖母が流した涙から生まれた花と信じられました。その点から考えると、時系列的にこのキリストが幼児の時点では花自体が存在しないはずです。しかし、個人的礼拝を目的としたこれら

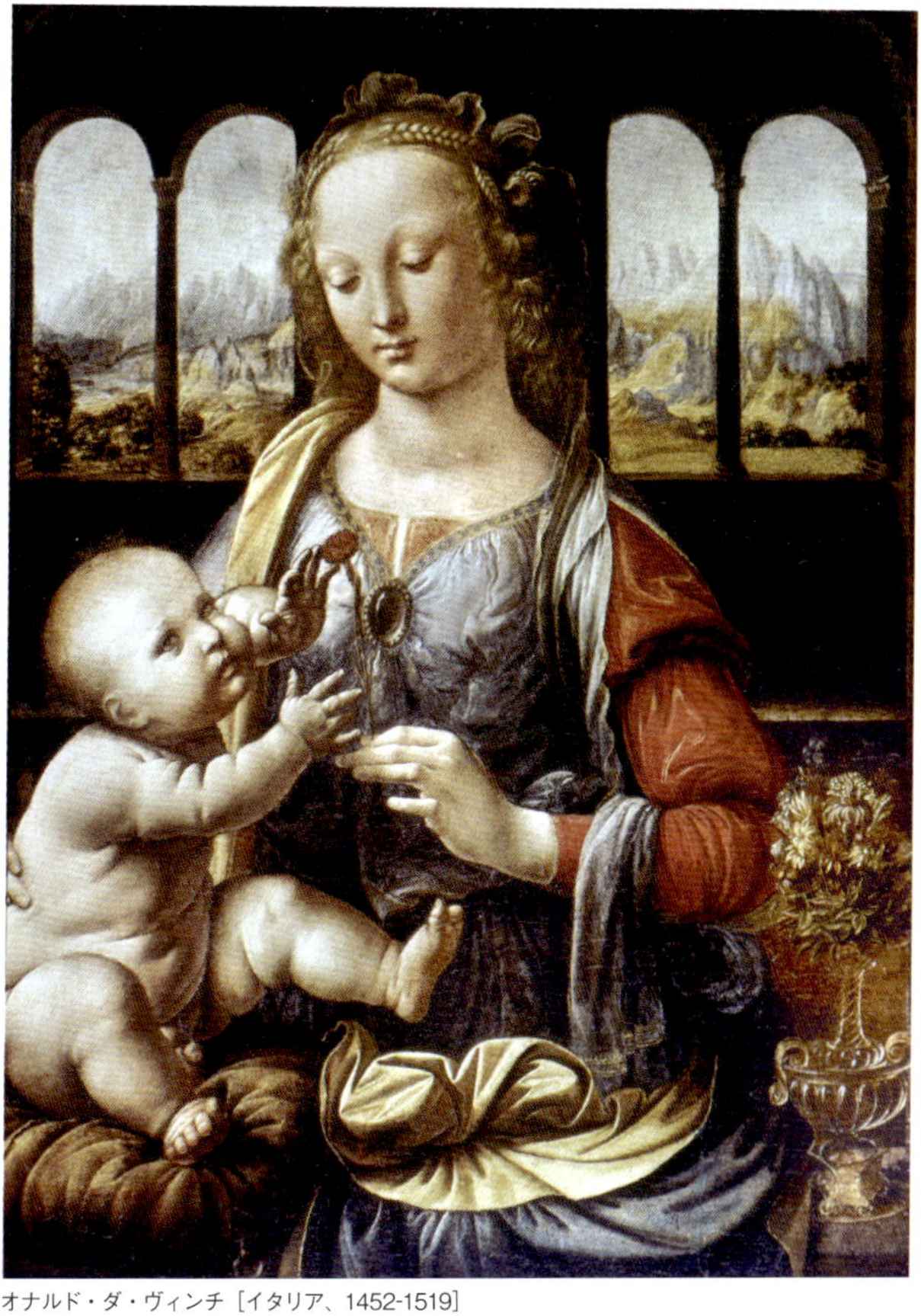

レオナルド・ダ・ヴィンチ［イタリア、1452-1519］
1478-80年　油彩　板　62.0×48.5cm
アルテ・ピナコテーク、ミュンヘン
©amanaimages

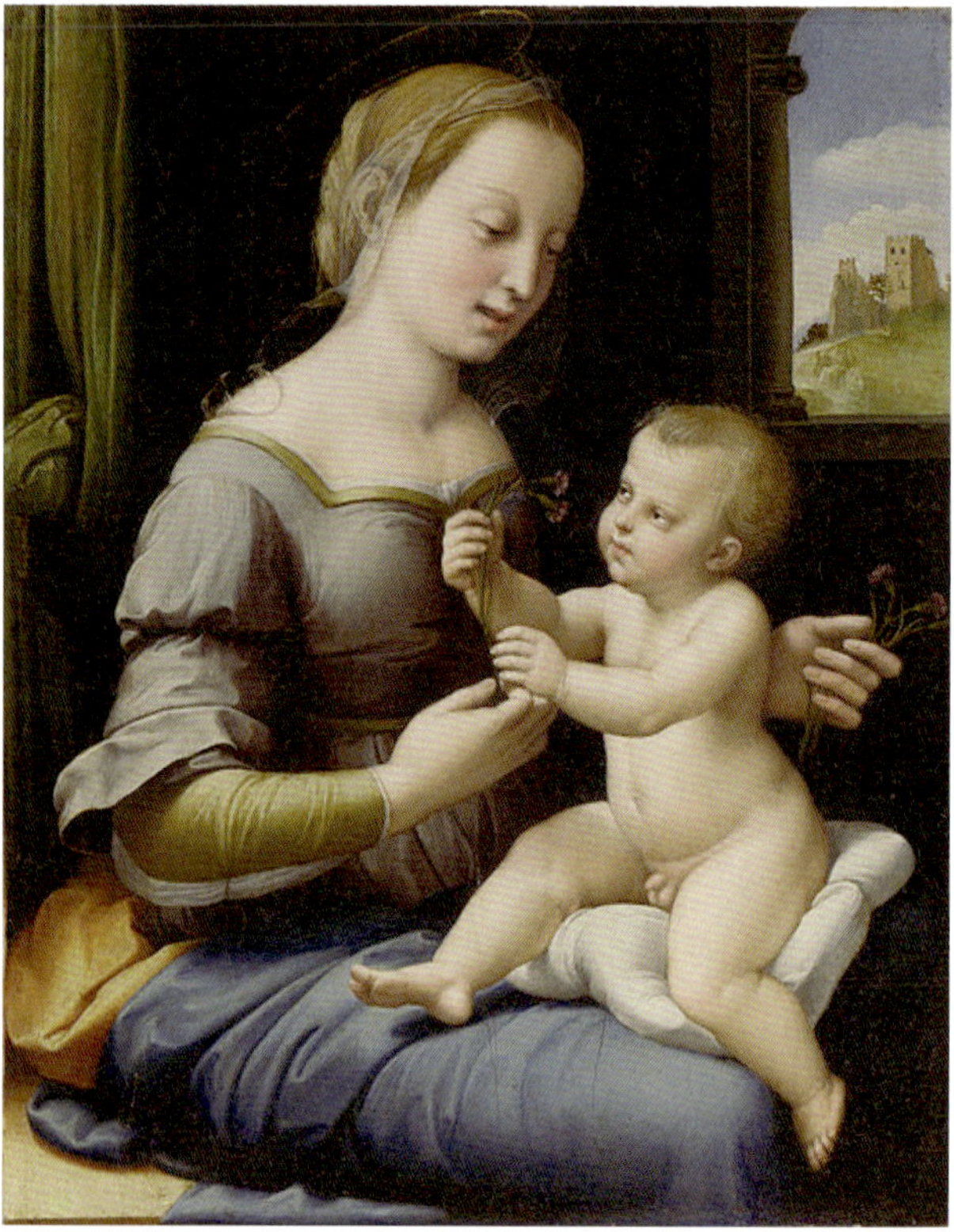

ラファエロ・サンティ［イタリア、1483-1520］
1506-07年　油彩・板　27.9×22.4cm
ナショナル・ギャラリー、ロンドン

の聖母子像では、磔刑の予兆として敬虔な気持ちを高めるために描かれました。

第7章

画家の本意

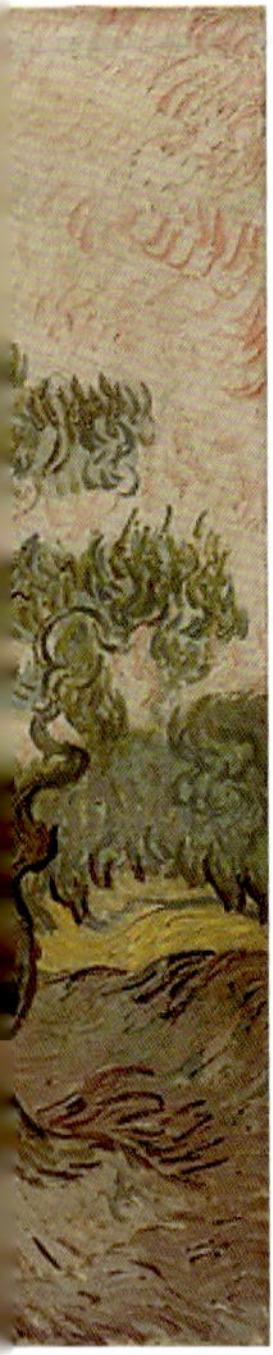

風景画に見えるが実際は宗教画

《オリーブを摘む人》

フィンセント・ファン・ゴッホ［オランダ、1853－1890］

自らのキリスト教精神を表現したゴッホ

発作を起こした後、サン＝レミの病院に入院中だったゴッホが描いた作品です。1889年末、彼がオリーブの木を主題にして描いた3枚のうちの1枚で、このメトロポリタン美術館のヴァージョンは、オランダで暮らしていた母親と妹に贈ることを意図して描かれたものでした。

サン＝レミ時代の作品らしく、発作を起こす前のアルル時代に比べて、躍動感のある渦を巻くような筆使いが特徴的です。

発作を起こした後もゴーギャンと文通していた彼は、カトリック教徒のゴーギャンが自らキリストに扮して《オリーブ山のキリスト》（162頁）を描いたことを知ります。

一方、オランダ人のゴッホは、プロテスタントの牧師の息子であ

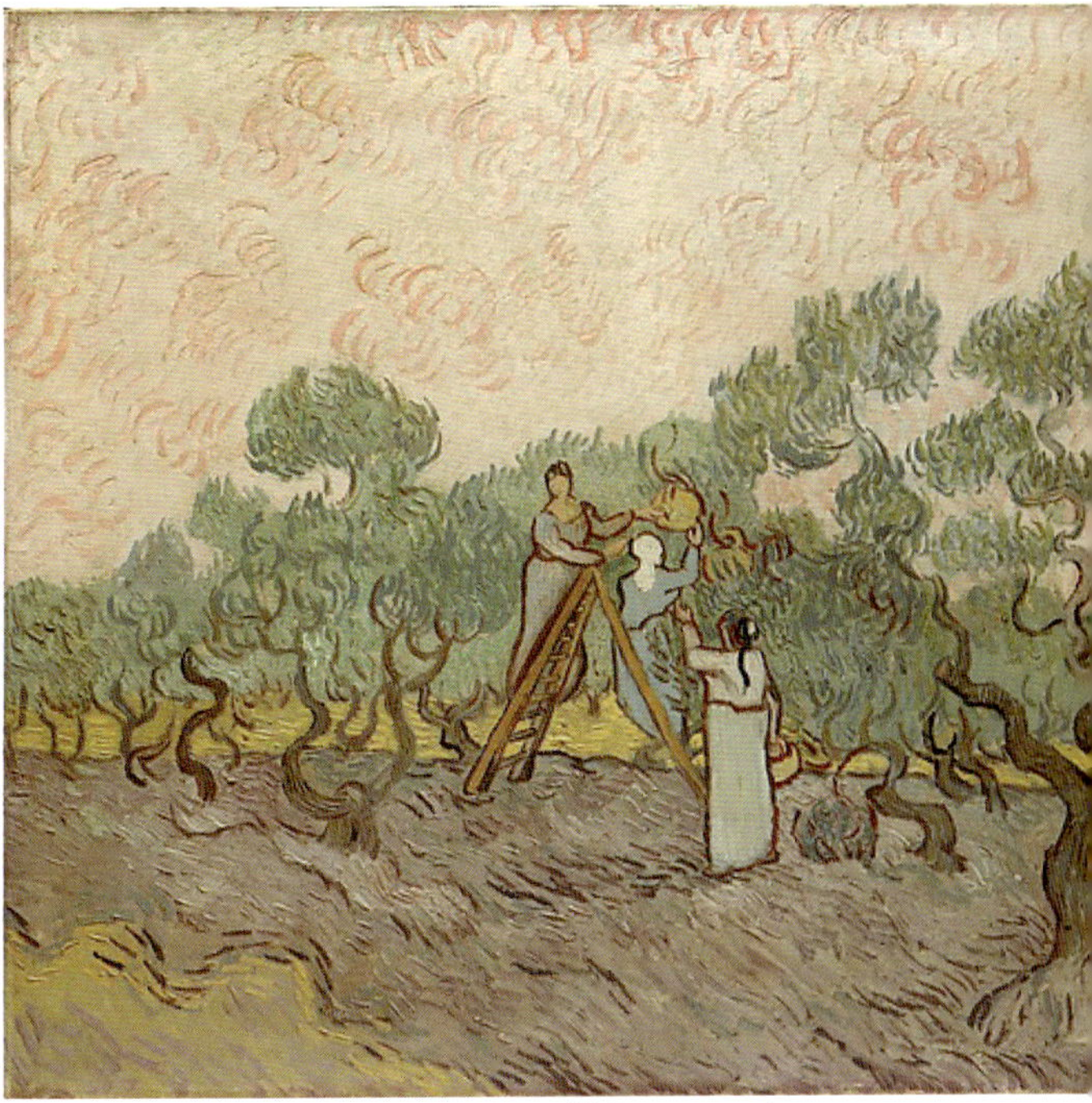

1889年　油彩・画布　72.7×91.4cm　メトロポリタン美術館、ニューヨーク

り、自らも画家を目指す前には聖職者になることを望んでいました。

聖像崇拝を禁じるプロテスタントらしく、ゴーギャンと同じ宗教的主題を意図しながらも、キリストは描かず「祈りと労働」というキリスト教精神そのものをモチーフとして、労働に勤しむ農婦たちの姿を描いたのでした。

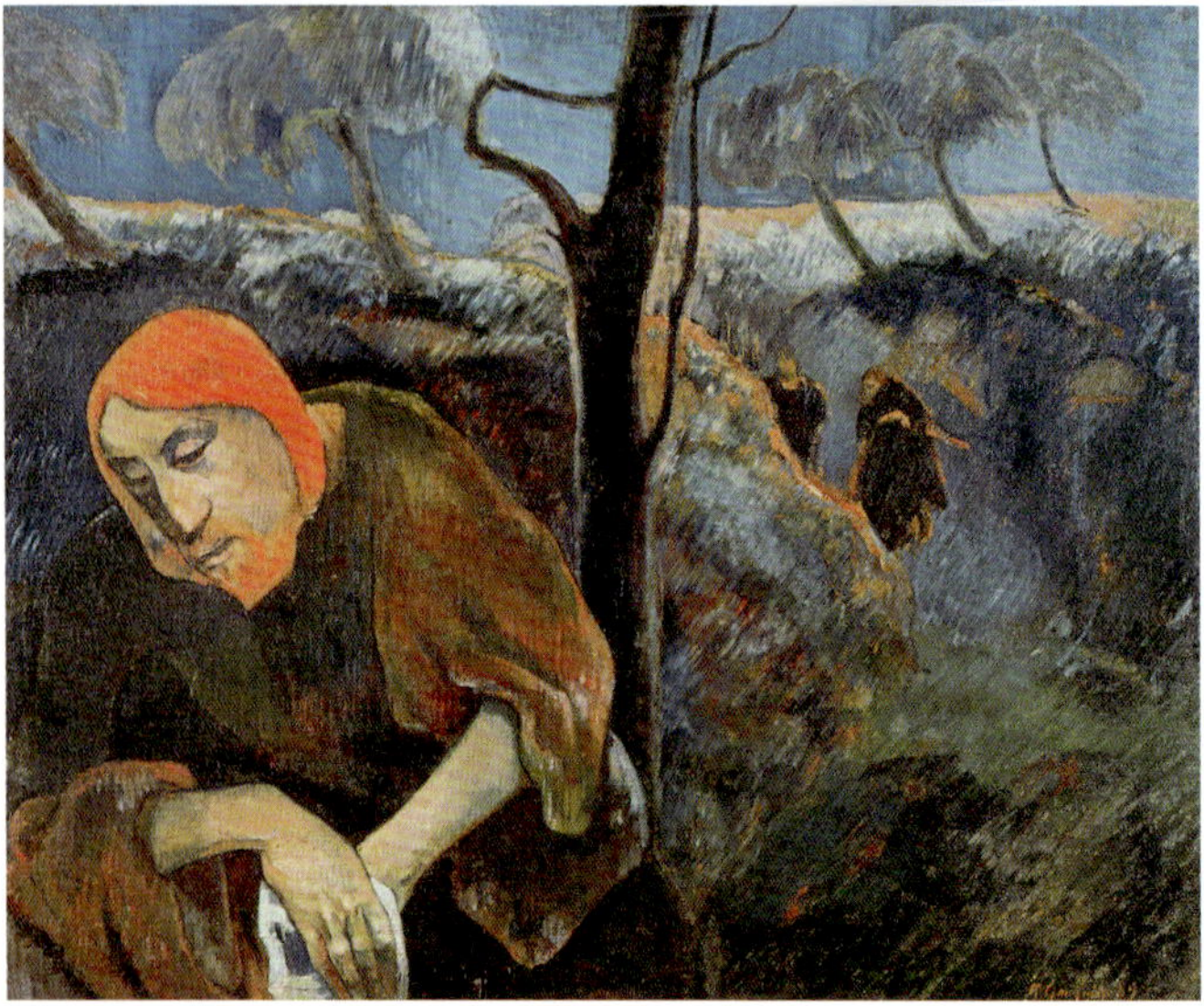

《オリーブ山のキリスト》
ポール・ゴーギャン［フランス、1848-1903］
1889年　油彩・画布　92×73cm
ノートン・ギャラリー、ウェスト・パーム・ビーチ（アメリカ）
©Bridgeman Images/amanaimages

親友を失った悲しみを見受けられない

《パリ、青い屋根》

パブロ・ピカソ［スペイン、1881－1973］

「青の時代」にしては珍しい印象を受ける1枚

19歳のピカソが描いた作品です。2度目のパリ滞在期間中のことですが、1901－1904年は作品に暗い色調の青が多く使われたため、この時期のピカソの作品を「青の時代」と呼びます。

彼と一緒にパリに出てきた親友で、画家・詩人のカルロス・カサヘマスが、1901年に失恋が原因でピストル自殺します。親友の自殺は大きな衝撃をピカソに与え、以後、彼の絵は深く沈んだ青が画面を覆うようになりました。カサヘマスも「青の時代」の作品に、モデルとして何度も描かれることになります（165頁）。

この作品は、1901年2月に自殺したカサヘマスが、クリシー大通りに借りていたアトリエから眺めたパリを描いたものです。パリの屋根の上に初夏の空が広がっていますが、場所が場所であるにもかかわらず、不思議なことにピカソの深い悲しみや絶望感がいっさい表されていません。青の時代としてはとても珍しいことです。

この時期のピカソが、心に強く抱いていた感情とはまったく正反対の印象を与える作品となっています。

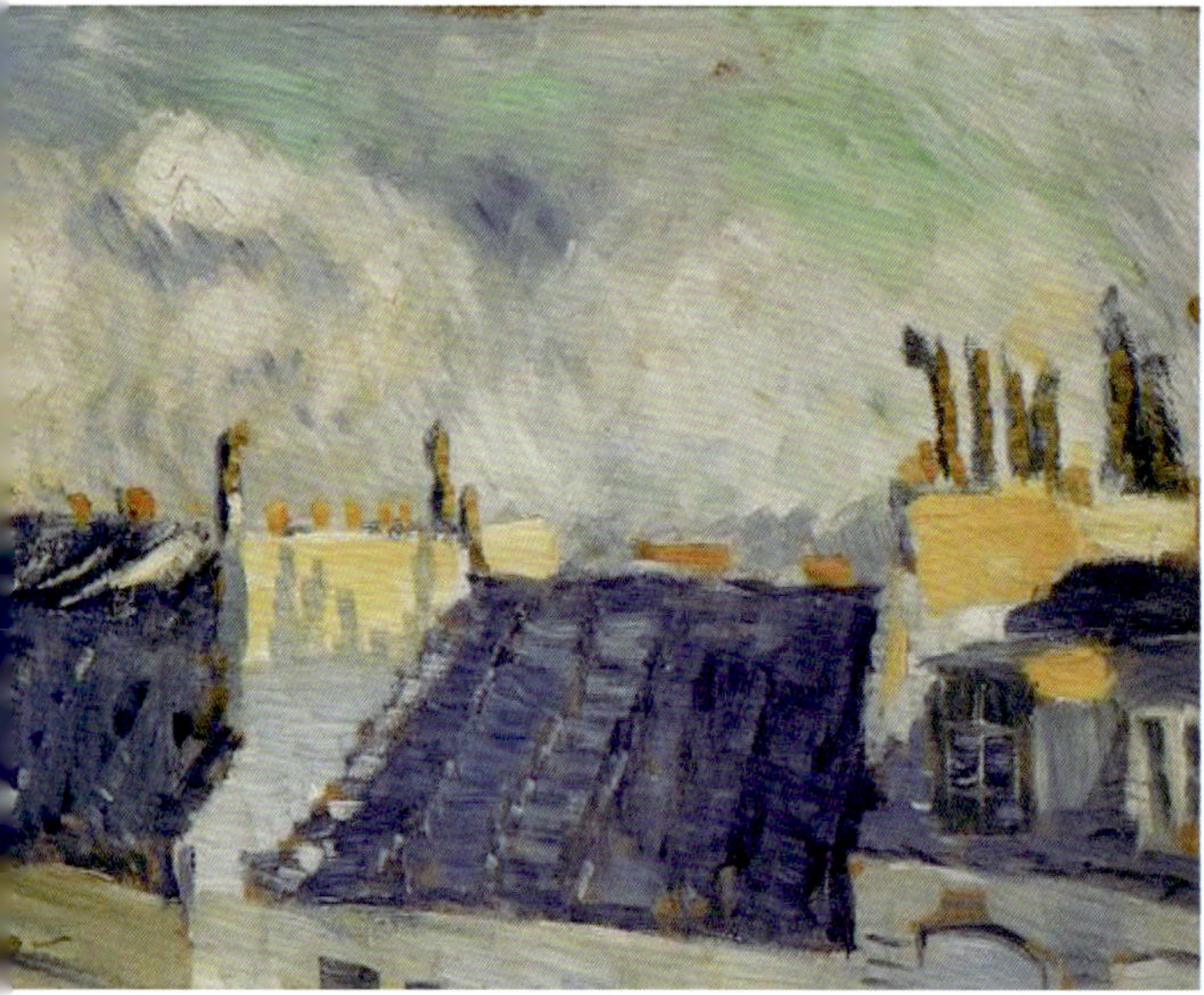

《パリ、青い屋根》
1901年　油彩・板紙　39×57.7cm
アシュモレアン美術・考古学博物館、オックスフォード（イギリス）
©2017-Succession Pablo Picasso-SPDA（JAPAN）

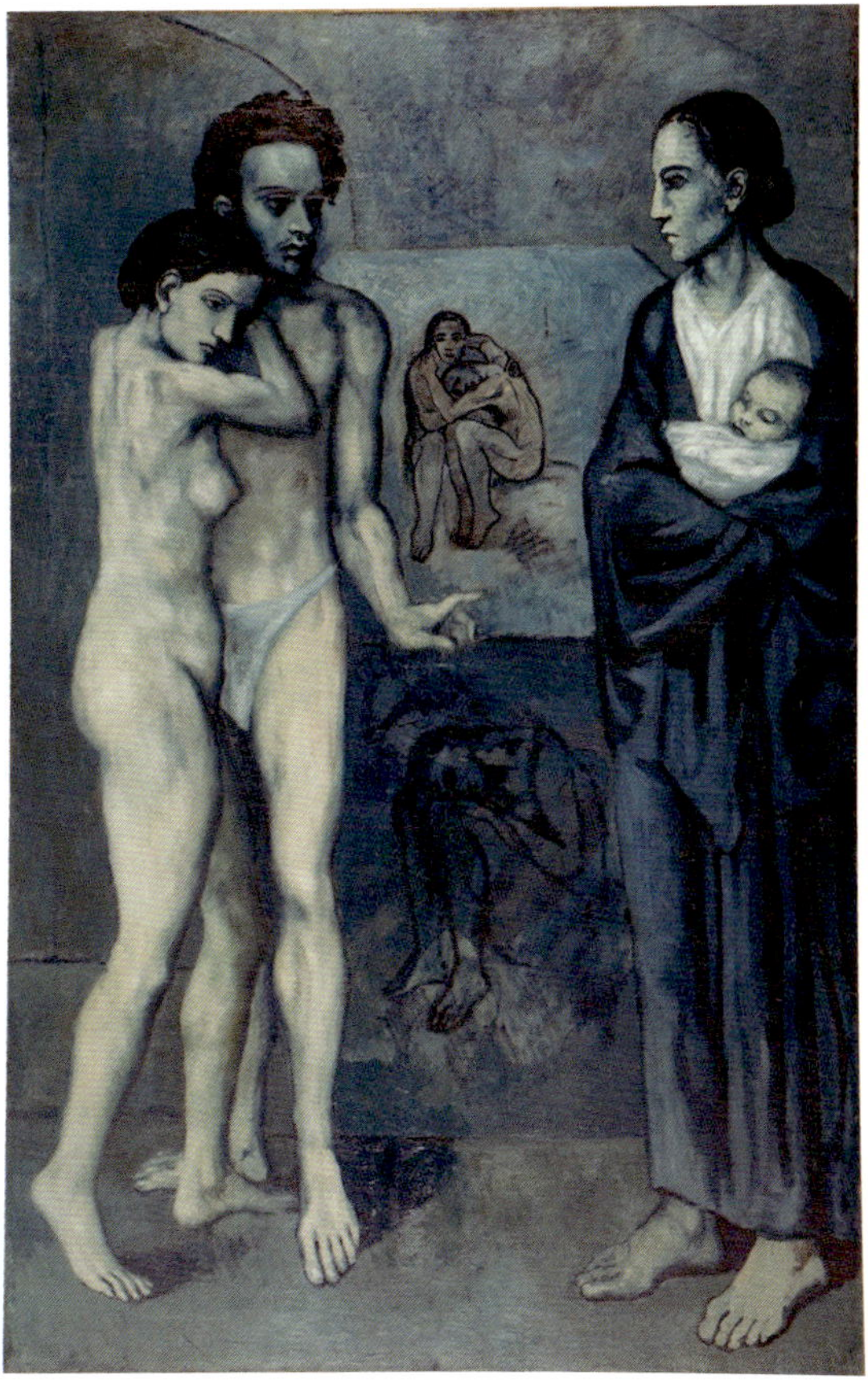

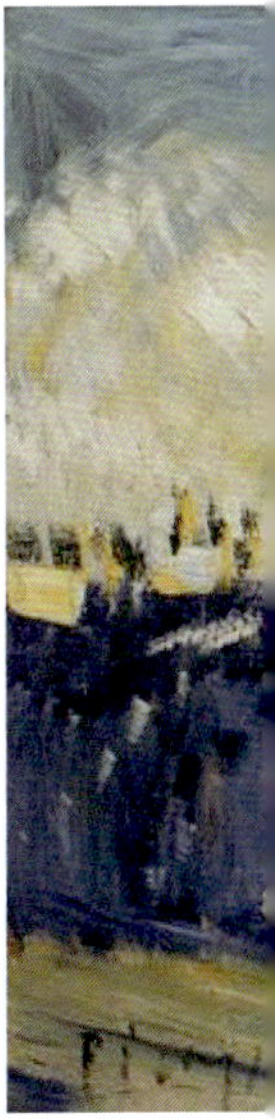

《人生》
1903年　油彩・画布　196.5×129.2 cm
クリーヴランド美術館、クリーヴランド（アメリカ）
＊カサヘマスをモデルとして描いた絵の1枚。男性の肖像はカサヘマスのもの。
©2017-Succession Pablo Picasso-SPDA（JAPAN）

X線が暴いた黒く塗りつぶされた向こう側

《大公の聖母》

ラファエロ・サンティ［イタリア、1483－1520］

オリジナルにはルネサンス絵画らしい背景があった

この聖母子像を1799年に手に入れたのが、ハプスブルク家のトスカーナ大公フェルディナンド3世です。大公はこの作品を寝室に飾り、ナポレオンがフィレンツェを占領した後も、亡命先へと運命を共にさせたほど愛したため、この作品名が定着しました。

ラファエロが、ローマで自身のキャリア最盛期を誇る前のフィレンツェ時代に、このころ同地に戻っていた尊敬する先輩画家で、31歳年上のレオナルドから受けた影響が、聖母子像の構図や輪郭線を描かないスフマート技法に表れています。

気高い美しさを誇る聖母と幼子キリストが、黒い背景によってより効果的に強調されています。しかし、その効果的な黒い背景は、近年のX線調査によると、ラファエロの死後に描かれていた背景が黒く塗りつぶされたものと見なされるようになりました。X線写真によると、背景には聖母の左腕もよりはっきりと描かれているだけでなく、ルネサンス絵画らしく背景の室内には窓があり、窓の外には風景も描かれていたのでした。

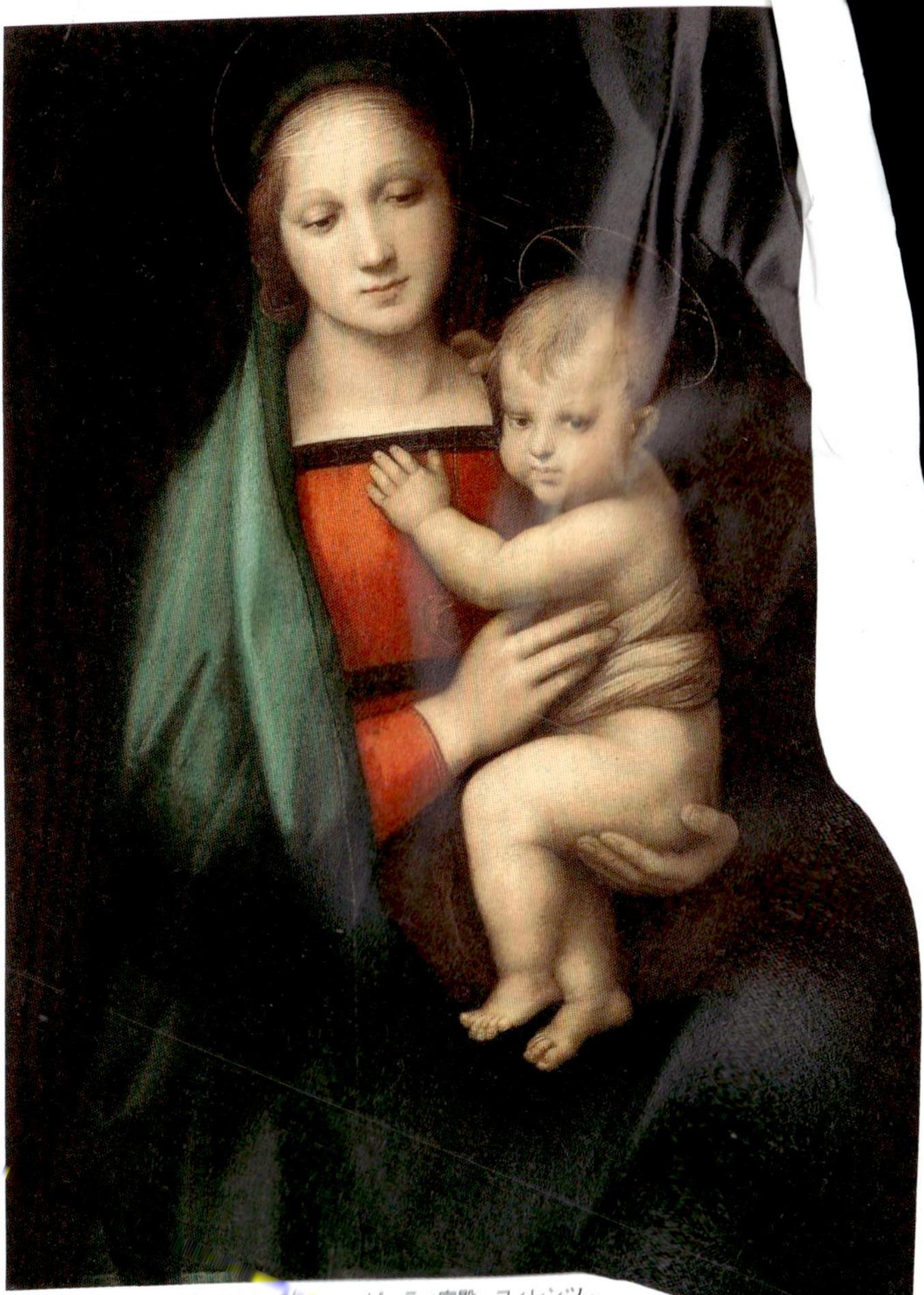

1505-06年　油彩・板　84.4×55.9cm　ピッティ宮殿、フィレンツェ

少女が持つ「壊れた瓶」が意味するもの

《壊れた瓶》

ジャン＝バティスト・グルーズ〔フランス、1725－1805〕

大人気の風俗画家が描いた純潔のメッセージ

グルーズは、芸術家として最高峰の地位にある歴史画家を目指したものの、歴史画より格下の風俗画家として、王立絵画彫刻アカデミーへの入会が認められてしまいます。しかし、18世紀のブルジョワ階級が台頭しつつあった当時のフランスで、彼は市民階級好みの風俗画家として絶大な人気を誇ることになりました。

風俗画といえば17世紀のオランダ絵画が有名ですが、18世紀のフランスに生きたグルーズもその伝統を継承しています。壊れた瓶を持った少女を描いているこの作品も、道徳的及び寓意的メッセージが込められた少女像なのです。

少女の右腕の瓶（ピッチャー）は、伝統的に聖母マリアの純潔の象徴です。湯船に浸かる風習があまりなかったヨーロッパでは、瓶に入った湯をたらいに注ぎ、布で身体をぬぐうことが一般的でした。身体の清潔さ、すなわち純潔の象徴とされました。

したがって、ここでは壊れた瓶はこの少女の純潔の喪失を表しているのです。

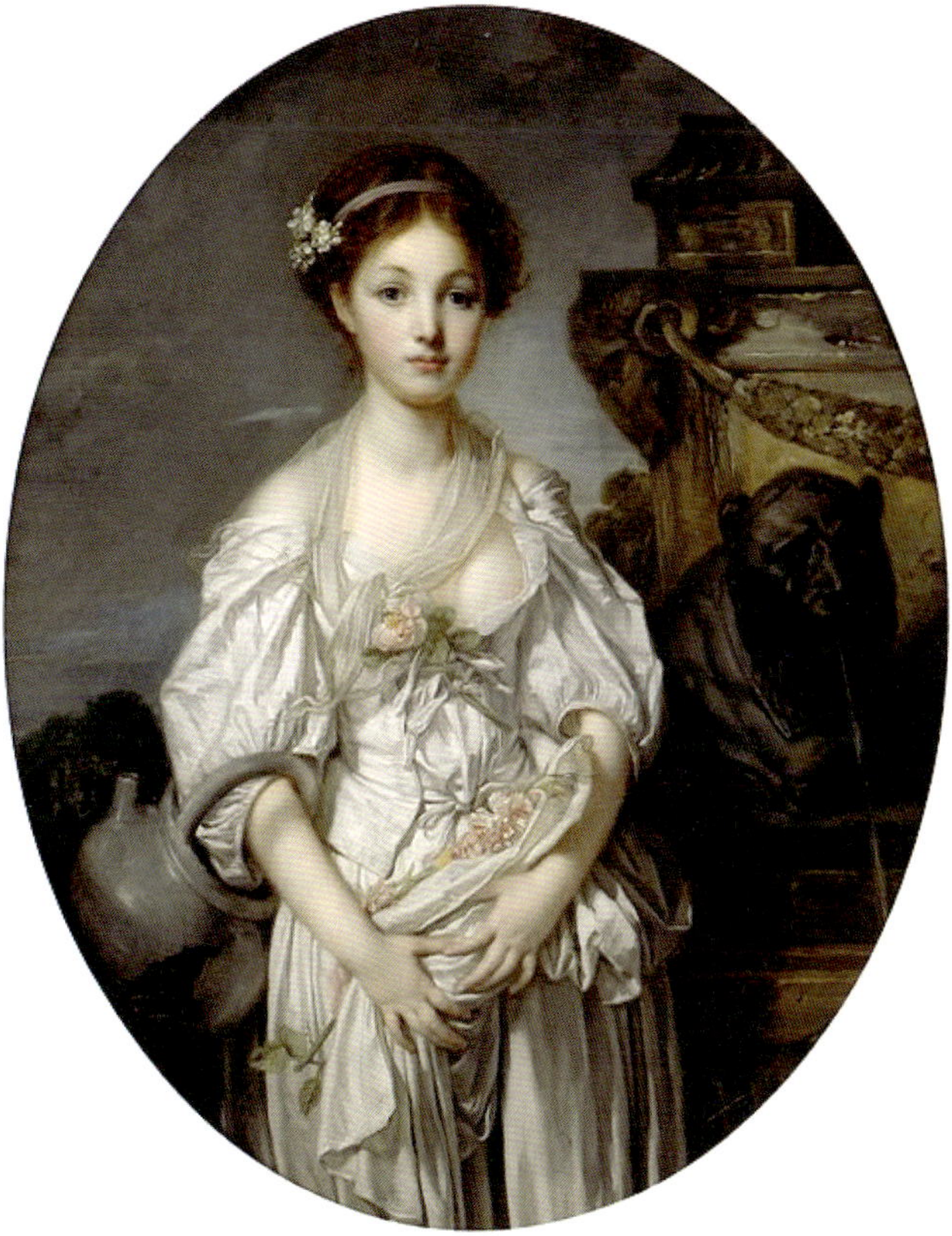

1772年または1773年？　油彩・画布　108×86cm
ルーヴル美術館、パリ

何も家族の情景ばかり描きたかったわけではない

《ゆりかご》

ベルト・モリゾ［フランス、1841－1895］

なんと「無職」とされた稀代の女性画家

高級官僚を父に持つ上層ブルジョワ階級出身のモリゾでしたが、19世紀フランスで、彼女のような階層出身の女性が職業画家になること自体が異例でした。印象派の中で造形的に最も革新的だったモリゾでしたが、その一方で描いた主題はほとんどが家族や身近で日常的な光景ばかりです。しかし、彼女は最高峰と見なされた歴史画を描きたくなかったわけでありませんでした。描きたくても、当時の社会が許さなかったのです。

19世紀、歴史画家を目指すには男性裸体像のデッサンが必須の教育でしたが、女性には相応しくないと考えられ、歴史画家を養成する国立高等美術学校が女性に門戸を開いたのは、モリゾが世を去った後のことです（1897年）。そのため女性画家たちは、身近で日常的な光景を主題にするしか選択肢がありませんでした。

モリゾの死亡証明書の職業欄に、官吏は「無職」と記入しましたが、そのこと自体が当時のフランス社会における女性画家に向けられた視線を象徴しています。

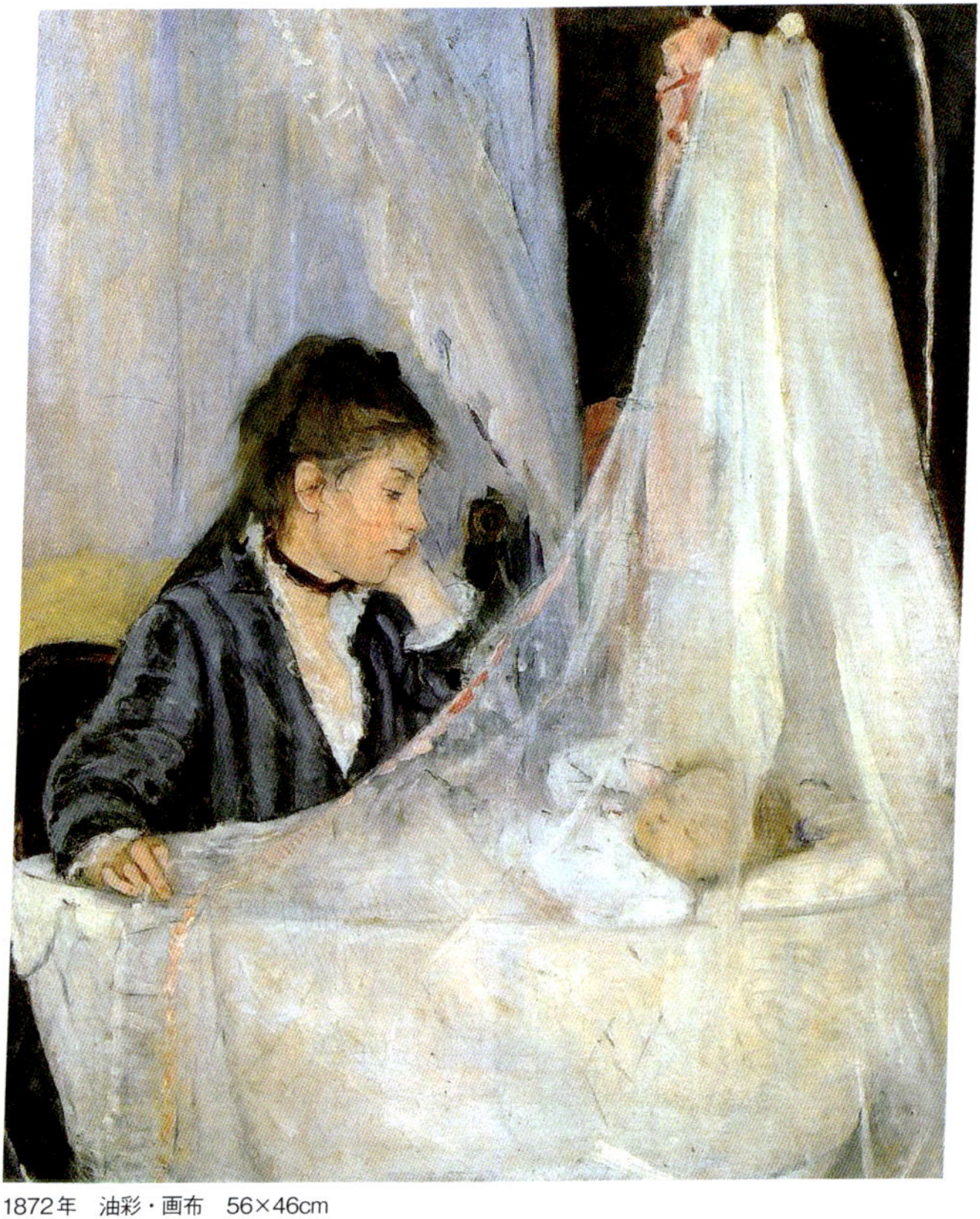

1872年　油彩・画布　56×46cm
オルセー美術館、パリ

いったい何を診察してもらっているの？

《恋煩い》

ヤン・ステーン［オランダ、1626－1679］

「どんな薬も恋の痛みを治すことができない」

授乳によって母親の倫理観が子どもに伝わる、と信じられていた当時のオランダでは ありましたが、恋煩いが本物の病気だと考えられていたわけではありません。17世紀の オランダの風俗画では、医者もパロディの対象になることが少なくありませんでした。

扉の上のキューピッド像の矢は、カーテンが開かれたベッドに向かって放たれたよう です。扉の外には、召使いと彼女に言い寄る男が描かれています。貞節を象徴する犬も、 知らん振りをして横を向いています。床の石炭は、収まらない恋の炎を意味するのでし ょう。人は恋に落ちるとその苦しみに悩み、普段では想像もつかないような愚かな言動 や行動を取ることがあります。どうやらこの医者に恋した何不自由ない生活を送ってい る女が、診察にかこつけて彼に「診察」してもらっているようです。オランダの風俗画 らしく、節制や肉欲に対する戒めを表しているのですが、実際に女が持つ紙には「どん な薬も恋の痛みを治すことができない」と書いてあるように、人間とはどうにも難儀な

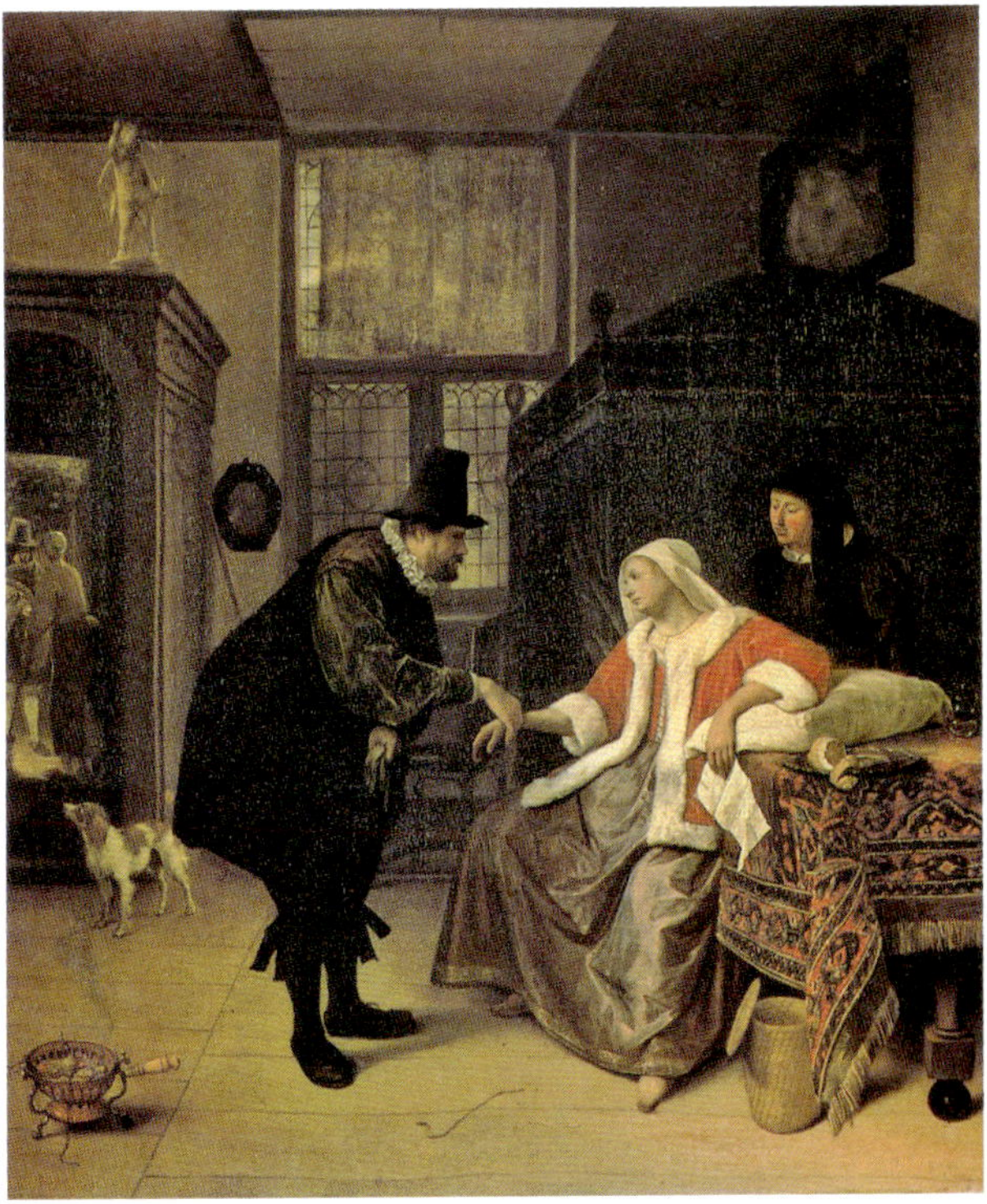

1660年頃　油彩・画布　61×52cm
アルテ・ピナコテーク、ミュンヘン

生き物のようです。

農民たちの本能的行動を批判的に描いた戒め

《農民の踊り》

ピーテル・ブリューゲル（父）［ネーデルラント、c1525－1569］

むしろ冷めた目でとらえていたブリューゲル

この作品は、農民たちの生活という主題性、サイズ、制作年から、本シリーズ第1作『名画は嘘をつく』の126頁にある《農民の婚宴》の対画（ペンダント）として描かれたものと考えられています。聖母の図像が描かれた三角形の木の板を掲げている建物が教会なのですが、こちらは教会の祝日における農民たちの飲めや歌えの大騒ぎが描かれているのです。

ブリューゲルらしく、様々な行為に勤しむ人々が描かれていますが、細かく観察すると、決して肯定的に彼らを描いているわけではないことがわかります。

たとえば、左手のテーブルでは農民たちの暴飲

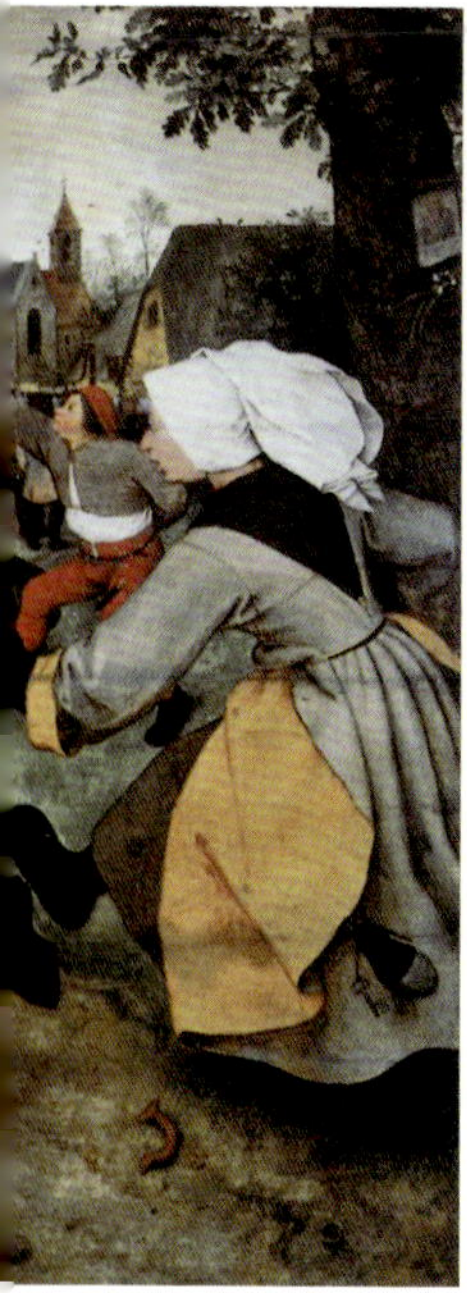

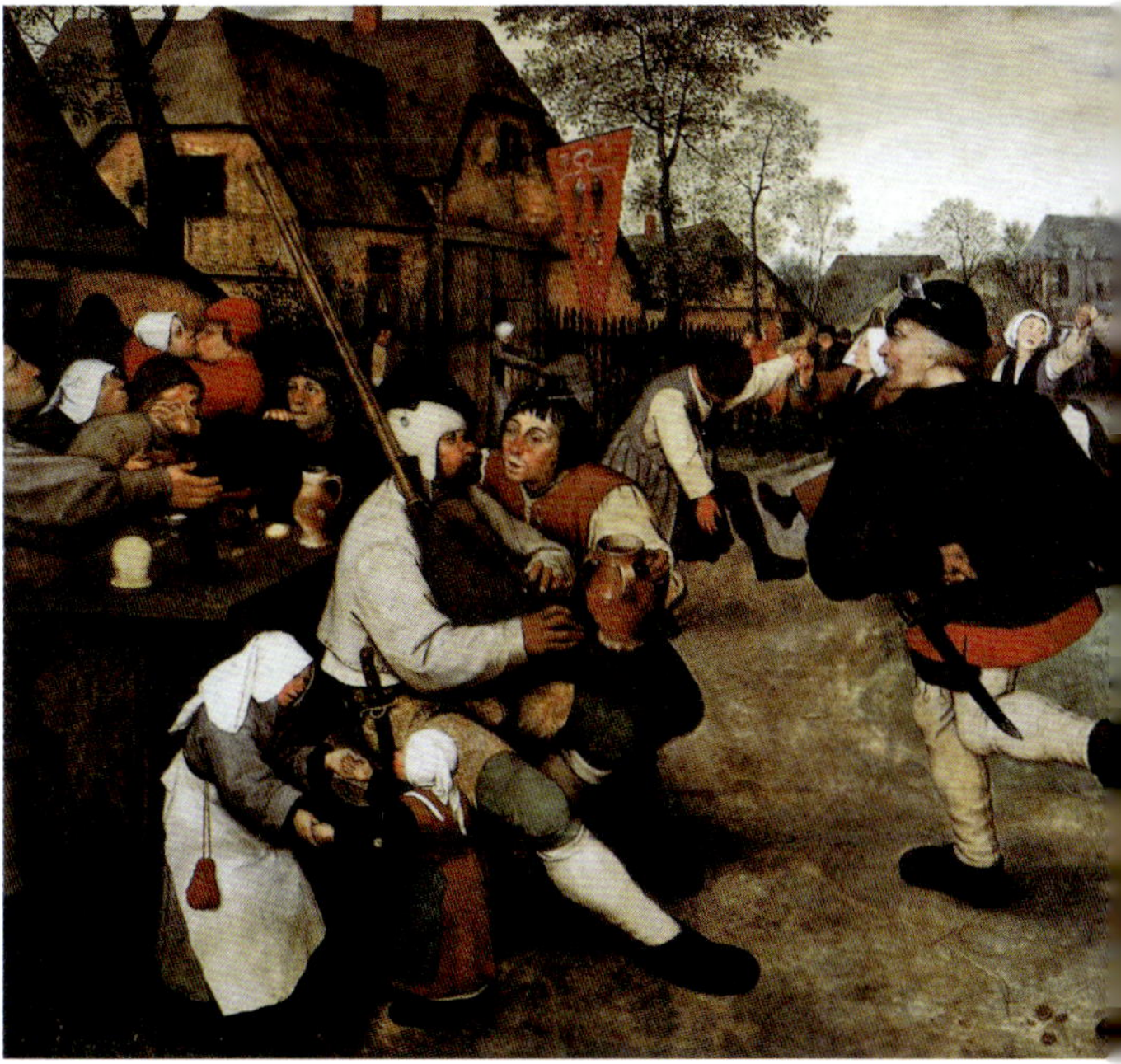

1568-69年頃　油彩・板　114×164cm　美術史美術館、ウィーン

する姿と共に、恥じらうことなく公然と熱いキスを交わす美しくない一組の男女も描かれています。ちなみに、同じ踊りでも農民たちの踊りは、宮廷や上層市民階級のものとはかけ離れた大変に騒々しいものでした。

ブリューゲルは、感情や欲望を露わにし、人間の本能に基づく行為に勤しむ農民たちを、冷めた批判的な視線で晒しながら道徳的な戒めを込めて描いたのです。

本来は売春宿で知り合った客と従業員だった

《居酒屋での若い男女》

フランス・ハルス［オランダ、c1581-1666］

17世紀のオランダにおける風俗画の面白さは、プロテスタントが主流の社会だったため、キリスト教倫理観を伝える内容を読む点にあります。市民階級が絵画の購買層だったので、格調高さよりも娯楽性が強いものが多い点も特徴です。

現代人は「居酒屋」という単語で誤魔化(ごまか)されがちですが、現在の駅前にあるような日本的な居酒屋を想像すると、間違った読み方になってしまいます。この時代のオランダでの「居酒屋」は、飲食と宿泊施設と売春を提供する施設だったからなのです。

「節操」の象徴である犬が「好色」の象徴に

ところが18世紀になると、前世紀のオランダ風俗画の「読み方」が忘れられたため、この作品は仲睦(なかむつ)まじい恋人たちを描いたものと勘違いされるようになってしまいました。

しかし、実際に描かれているのは、居酒屋で知り合ったばかりの客と従業員なのです。したがって、男が撫(な)でている犬も、本来なら貞節の象徴となるところですが、ここでは簡単に相手に好意を寄せる好色の象徴として描かれているのでした。

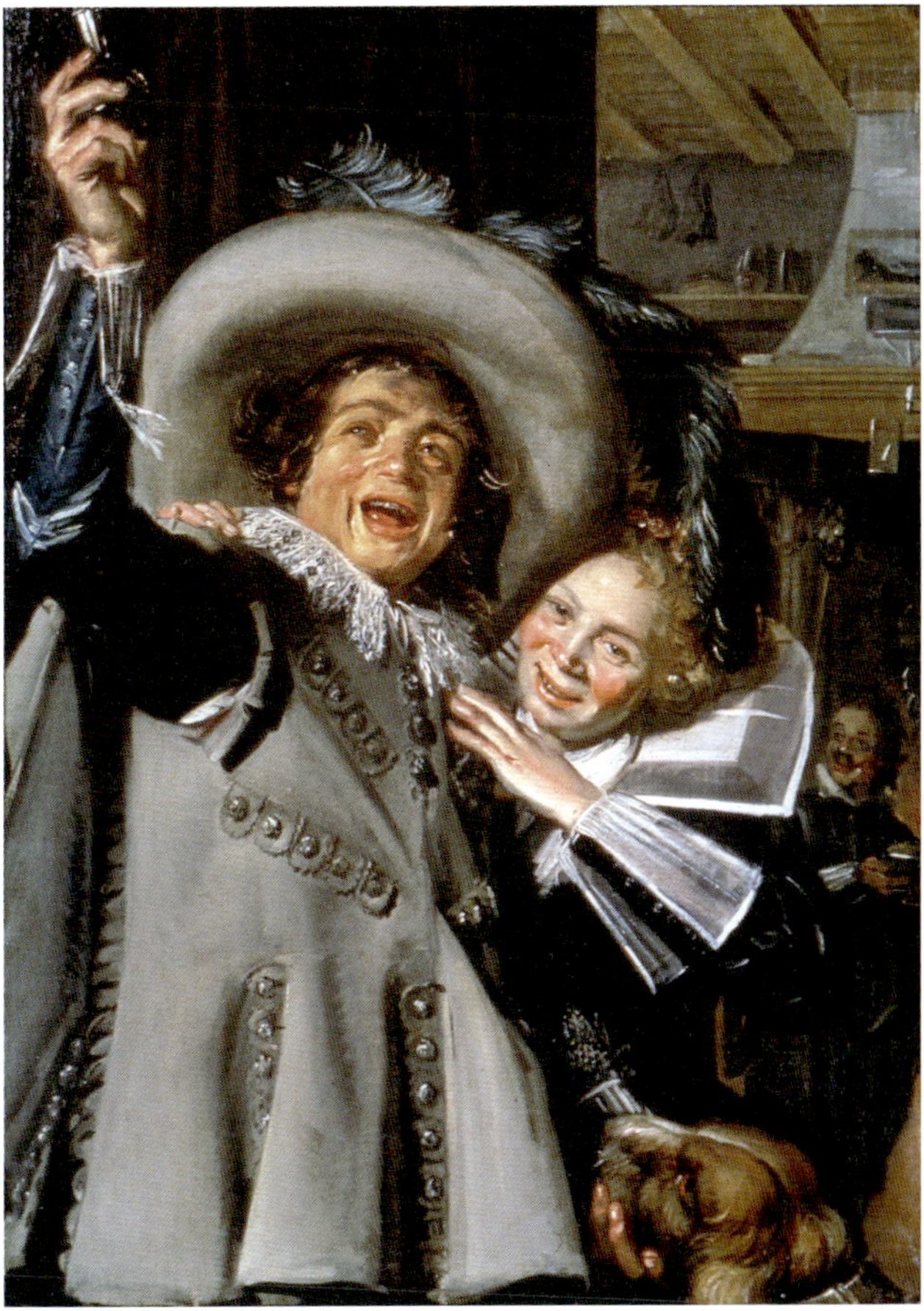

1623年頃　油彩・画布　105.4×79.4cm
メトロポリタン美術館、ニューヨーク
© amanaimages

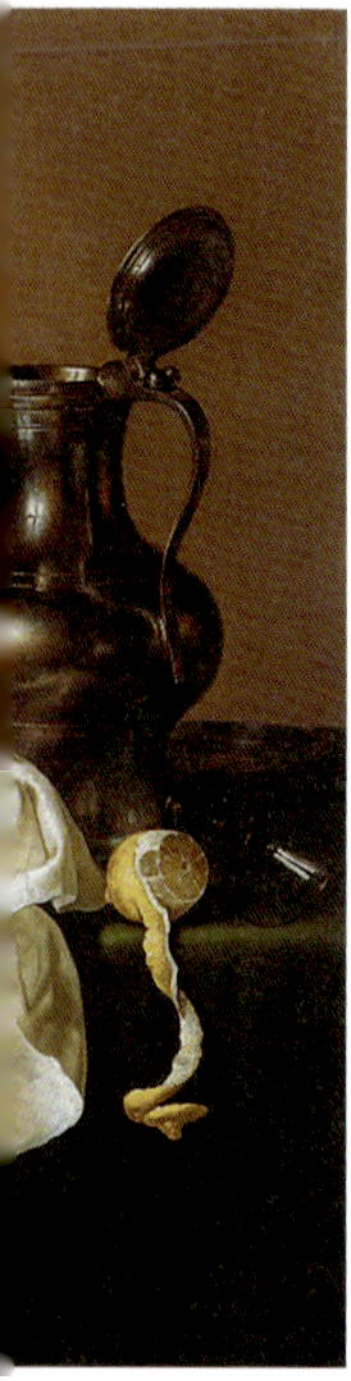

レモンは牡蠣（かき）に搾るためではなくて……

《鍍金（めっき）した酒杯のある静物》

ウィレム・クラース・ヘダ［オランダ、1594－1680］

金属アレルギーに対する解毒剤だった

17世紀、静物画は最も下位のジャンルでありながら、市民社会を樹立した17世紀のオランダでは最も人気のあるジャンルでした。この時代のオランダの静物画には、プロテスタント倫理観に則（のっと）ったメッセージが含まれているものが多いのも特徴です。

一見、テーブル上にある銀色の食器は、すべてが銀製品に見えるかもしれませんが、じつは違います。牡蠣やパンが載っているのは白目（ピューター）製です。テーブルにあるもので最も高価な食器は鍍金された銀杯ですが、現代人にとって想像以上に高価なことに驚くものとして、左手前の皿にある巻かれた紙片に入っている東洋からもたらされた香辛料（コショウ）があります。

また、当時の人々にとって牡蠣は催淫

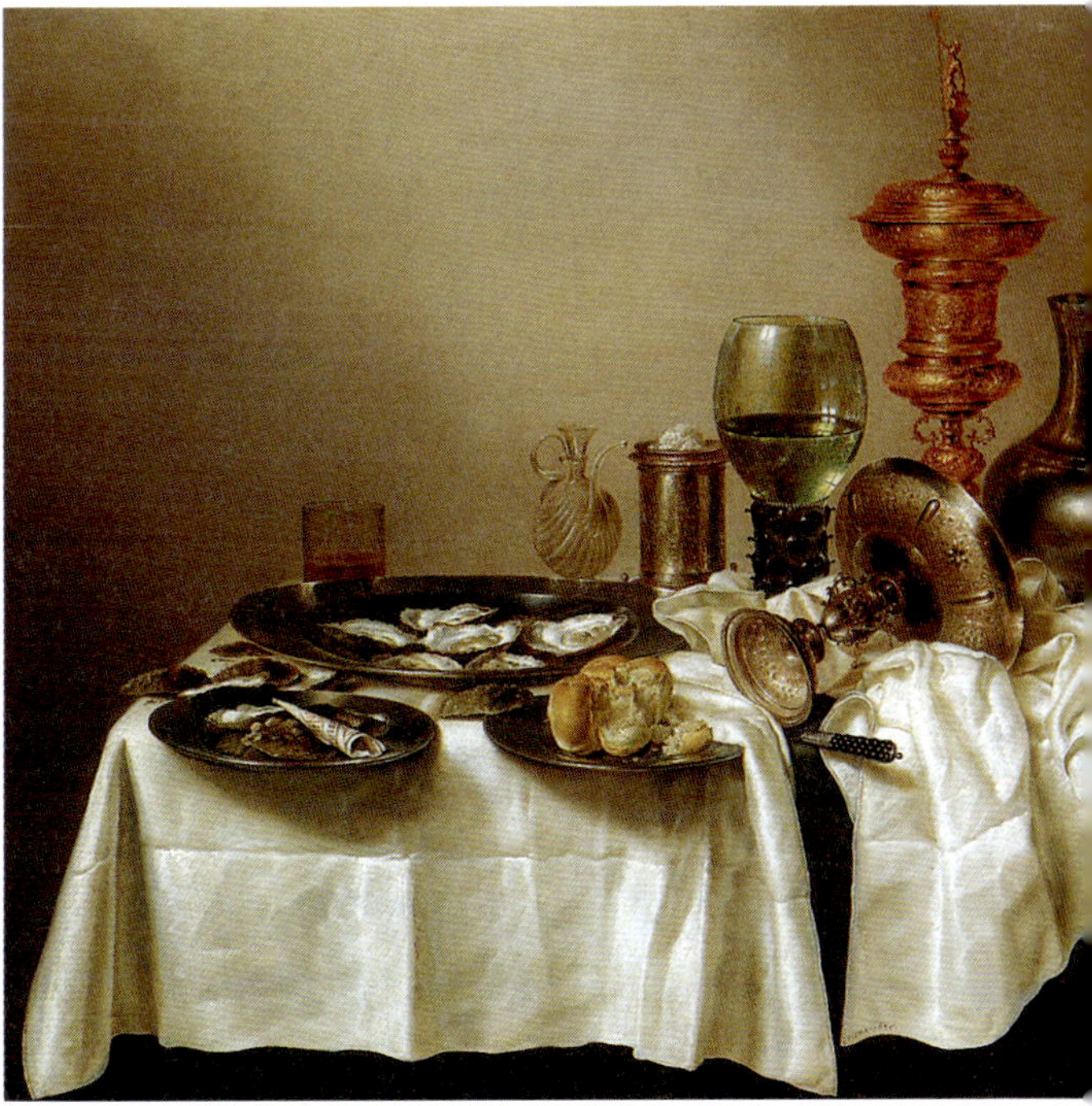

1635年　油彩・板　88×113cm　アムステルダム国立美術館

剤でした。描かれているレモンは牡蠣に搾るためと思うことでしょうが、人々は塩・コショウで牡蠣を食していました。北ヨーロッパで大変貴重だったレモンは、取り分け皿の金や銀製品に含まれる毒素に対する解毒剤だったのです。つまり、金属アレルギーに対して効くと考えられていたのでした。

大論争を巻き起こしたキリストの磔刑

《山上の十字架》

カスパー・ダーヴィト・フリードリヒ［ドイツ、1774－1840］

最上級の宗教画を格下の風景画のように描いた意図とは？

フリードリヒが祭壇画として描いた結果、大論争を巻き起こした作品です。なぜならば、キリストの磔刑は描かれてはいるものの目立つように重要視されておらず、風景画のような印象を与えていたからです。その結果、最上級の主題である宗教画と格下の風景画を混合していると批判されました。たしかに十字架は描かれていますが、キリストの犠牲による人類の救済といった伝統的な磔刑図にある重要な要素が描かれていません。

フリードリヒは、風景を象徴的に描いた画家です。ロマン主義の画家らしく、自分の宗教観や死生観、自然の力に対する人間の無力といったものを、北ドイツやザクセン地方の風景に投影しました。フリードリヒが13歳のとき、弟が自分を助けようとして目の前で溺死します。以後、そのことは彼の人生に深い影を落とし、フリードリヒを苦しめ続けました。しかし、この沈みゆく夕日に照らされている十字架は、希望と信仰の象徴であり、フリードリヒは神が絶対的な存在であることを示そうとしたのです。

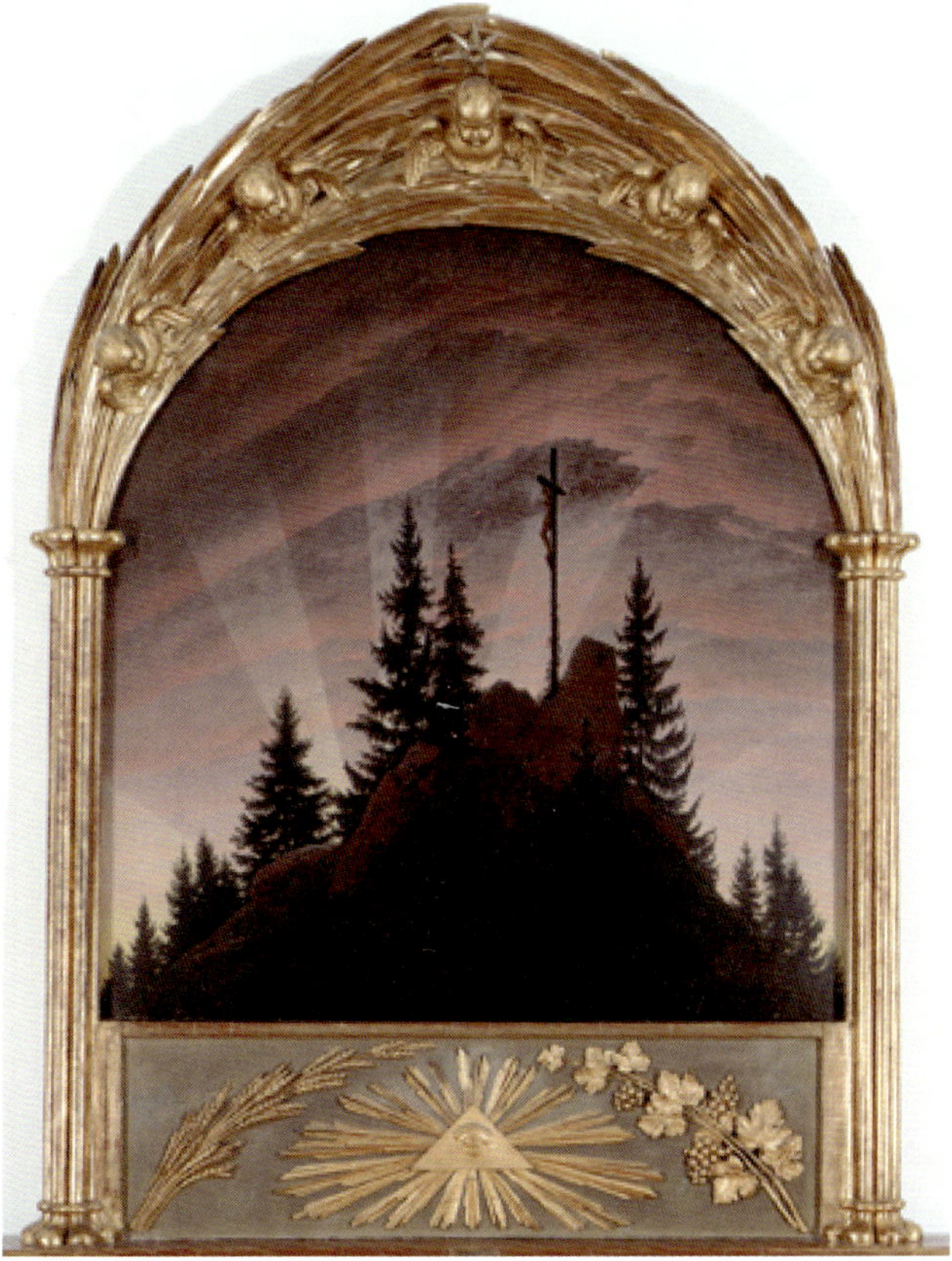

1807-08年　油彩・画布　115×110.5cm
マルテ・マイスター絵画館、ドレスデン（ドイツ）

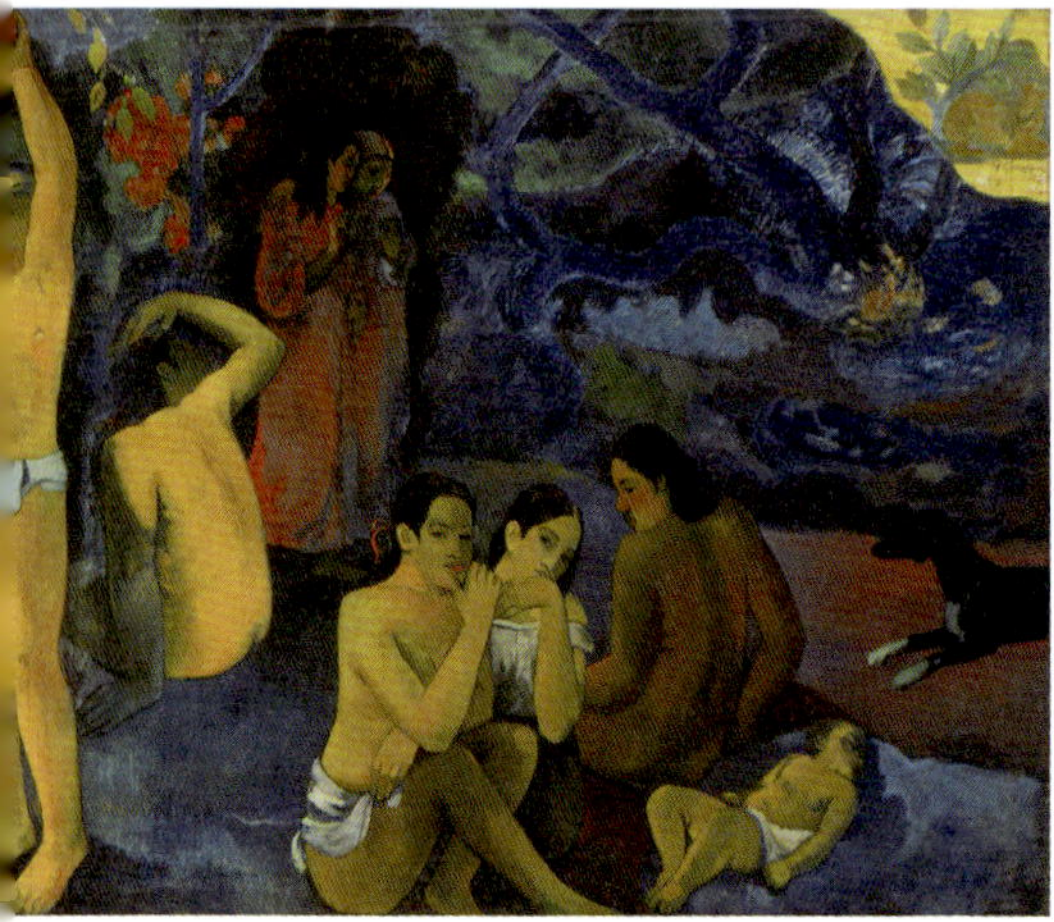

遺書として描いたものだが自殺には失敗した

《我々はどこから来たのか 我々は何者か 我々はどこへ行くのか》

ポール・ゴーギャン［フランス、1848－1903］

この後もゴーギャンは絵を描いている

意気揚々（いきようよう）と南太平洋のタヒチから帰国したゴーギャンは、現地で制作した作品の個展をパリで開いたものの、本人が期待したほどの成功は得られませんでした。当時の多くの人にとって、彼の作品はあまりにも原始的でエキゾティック過ぎたのです。

その後、ブルターニュでは乱闘事件を起こし、その裁判も彼にとって不利な結果に終わります。自尊心が強いゴーギャンは、自分に起こったこれらの災いの

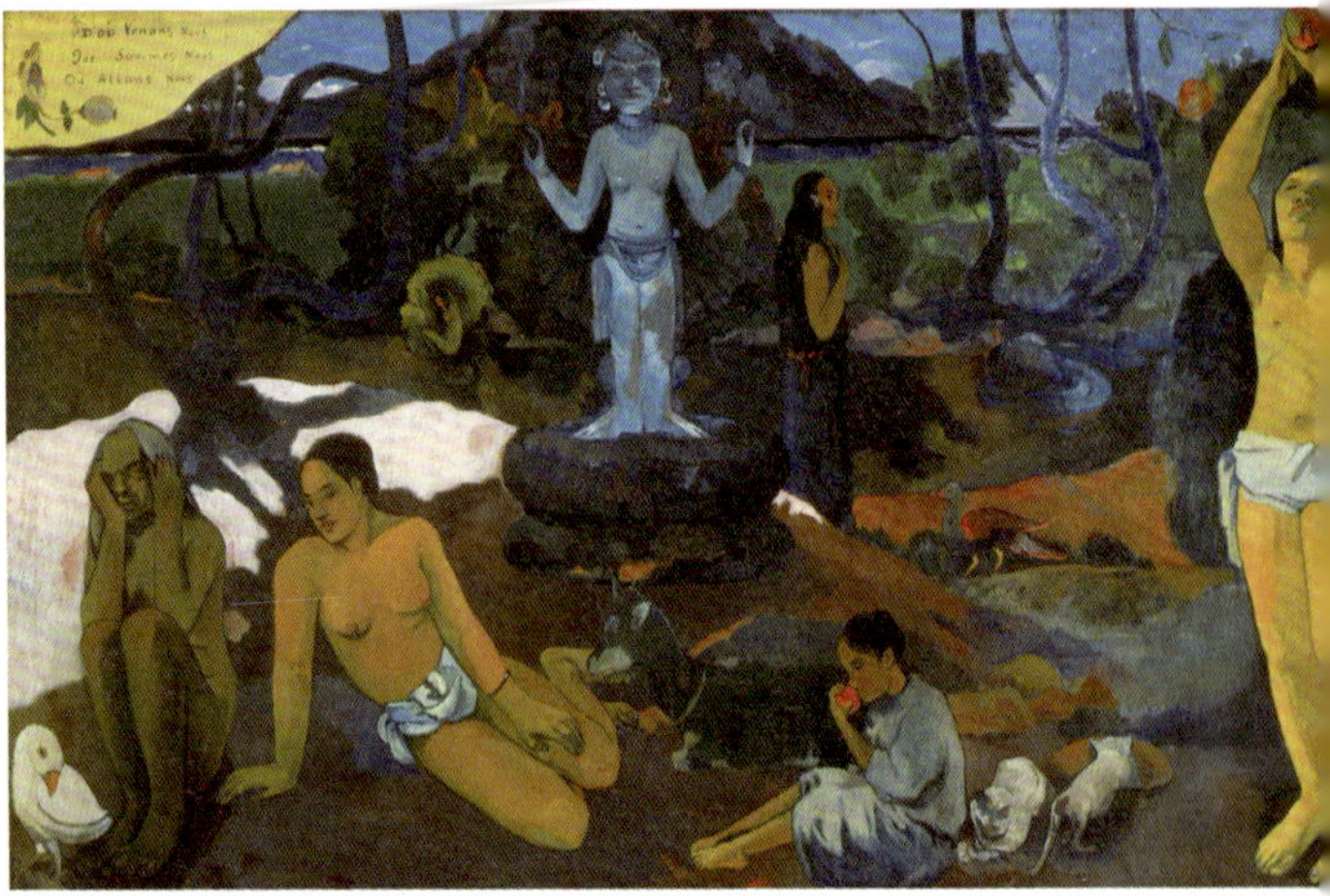

1897-98年　油彩・画布　139.7×374.6cm　ボストン美術館
©amanaimages

数々を、西洋文明が原因であると転嫁していきます。一種の現実逃避でした。

タヒチから帰ってからも、相変わらず自分の作品は批評家からは受け入れられず、デンマークに戻ってしまった妻メットとはお互いの意地もあり、夫婦関係も冷え切ったものになっていました。

西洋はゴーギャンを拒絶し、ゴーギャンも自己防衛のために西洋を否定せざるを得なかったのです。彼は、再び南太平洋に想いを馳せて、移住することを決意しました。

1895年7月、47歳になっていた孤高の画家は、マルセイユから郵船「オーストラリアン号」に乗船します。二度と帰国するつもりがなかったゴーギャンに

とって、復路のない旅路でした。その決意通り、彼は二度とヨーロッパの土を踏むことはありませんでした。

しかし、タヒチに戻った後も、梅毒や乱闘事件による踝（くるぶし）の悪化に加え、結膜炎や肝臓を患うようになりました。

経済的にもまったく希望が見えず、現地妻パウラが産んだ赤ん坊を失い精神的に落ち込んでいたところに、今度はデンマークにいる娘アリーヌ死去の知らせが届き、それは計り知れない大打撃としてゴーギャンを打ちのめしたのです。

自殺を考えたゴーギャンが全力を注ぎ、自分の死生観を表し描いたのがこの作品です。画家としての「遺書」だったこの作品を描き終えたゴーギャンは、人知れず山中に入り砒素（ひそ）で服毒自殺を図りましたが、多量に服用したため吐き出してしまい、結果は未遂に終わります。

それ以後も制作を続けたゴーギャンが、新天地を求めて移住したマルケサス諸島のヒバ・オア島で世を去るのは、この自殺未遂から5年半後のことでした。

第8章

ありえない設定

天上界を演出したヴィーナスの不可能なポーズ
《ヴィーナスの誕生》

サンドロ・ボッティチェリ［イタリア、1445－1510］

この立ち方ではきっと貝は転覆する

ルネサンス時代における古代の文芸復興期において、長年異端の女神だったウェヌス（ヴィーナス）も、新プラトン主義の発展に伴い名誉回復を果たします。

「美は神から発せられる光であり、その光を求める精神の運動が愛」という解釈のもと、15世紀末ごろから愛と美の女神ウェヌスが盛んに描かれるようになったのです。物質的な衣装をまとっていないため、天上のウェヌスを描いたとされています。

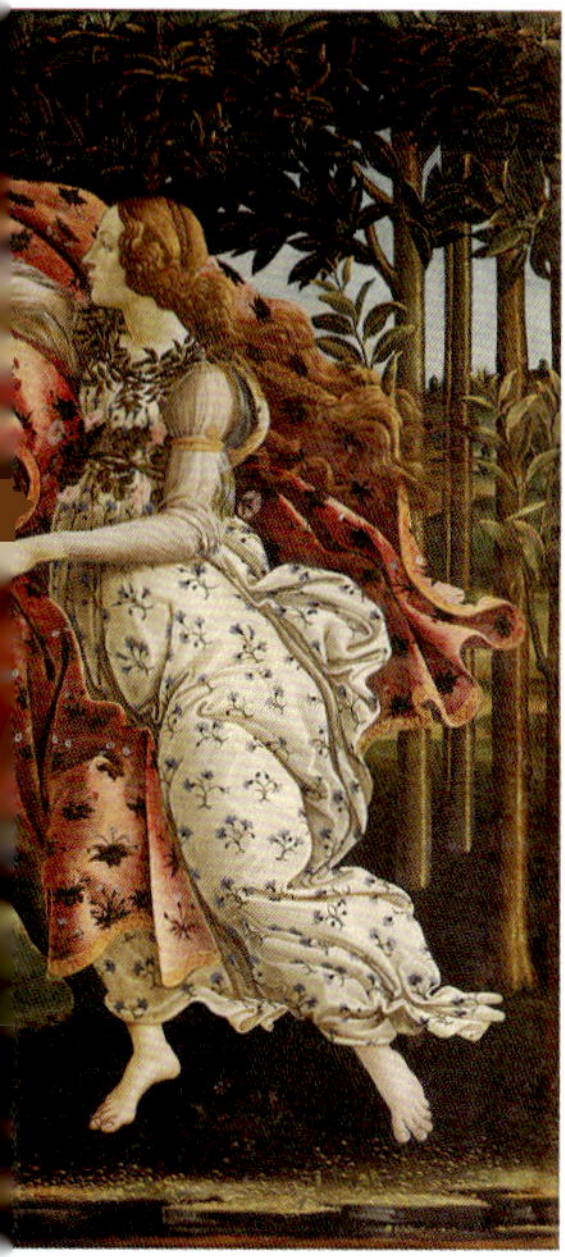

聖母を描く際も、当時としては革新的なアプローチにより、甘美で世俗的な美女として描いたのがフィリッポ・リッピでした。そのリッピのもと

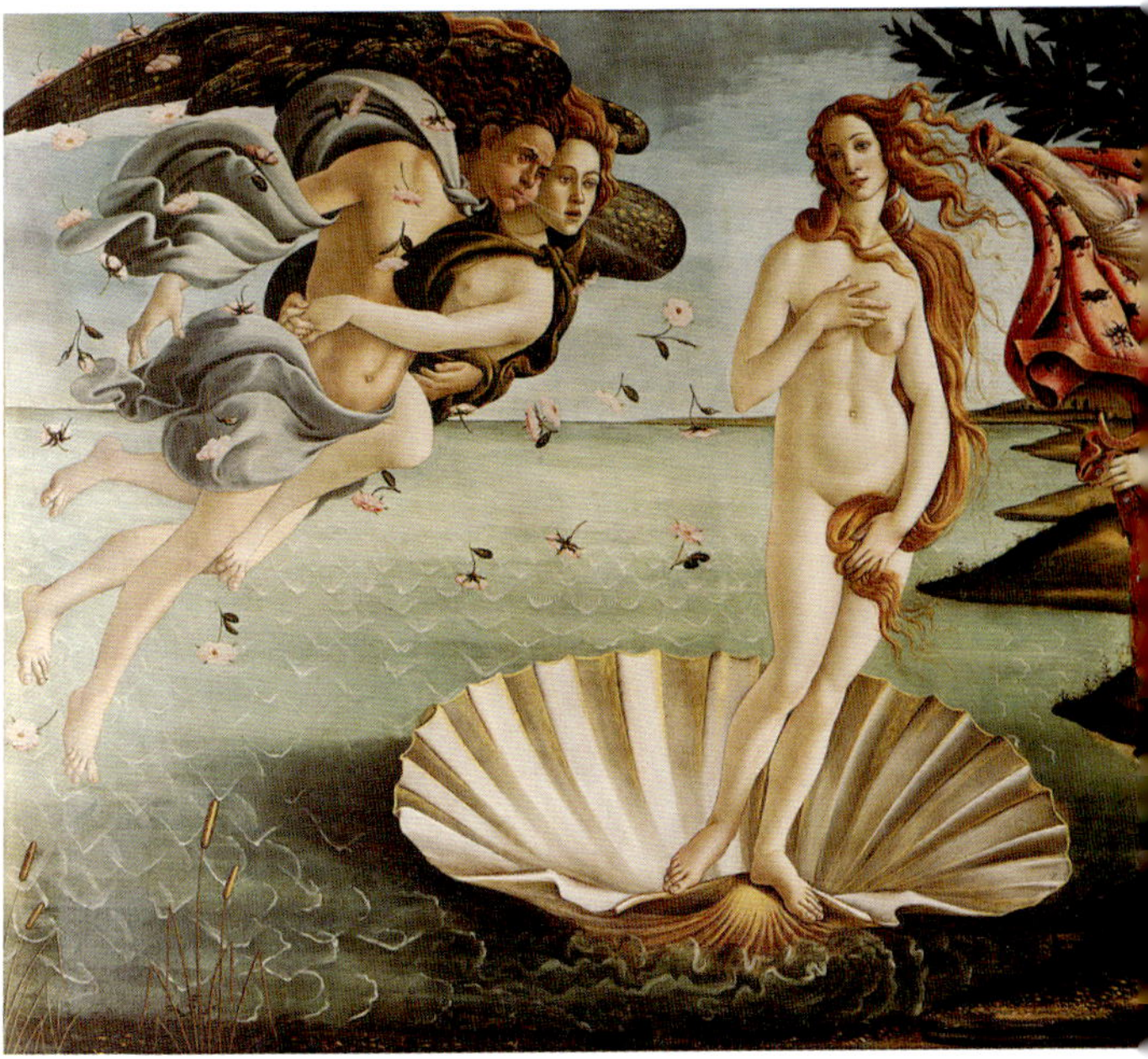

1483-85年頃　テンペラ・画布　172.5×278.5cm
ウフィツィ美術館、フィレンツェ

で学んだボッティチェリでしたが、彼の場合は師匠と違い、本来ならありえない美女を描くようになります。このウェヌスの首も明らかに長すぎますし、実際には不可能なポーズを取らせています。

また、ウェヌスの立ち位置では貝殻はすぐに転覆するはずですが、これは天上の世界のことであるため、本来なら不可能な形状を維持できるということなのでしょうか。

幼きイエスが食べているのはただの葡萄(ぶどう)ではない

《聖母子》

マザッチオ［イタリア、1401―1428］

我が子の受難を予見しているマリア様

ルネサンス絵画の革新者であったマザッチオ。この作品は、単一の消失点を持つ遠近法を用いた最古の板絵として知られています。じつは右爪先に消失点があることが重要で、この祭壇画の裾絵《東方三博士の礼拝》（190頁）があります。

そこでは東方三博士の一人が跪き、この聖母子像同様、聖母の膝に座るイエスの右足に接吻(せっぷん)しています。つまり、私たちにも博士と同様の態度を取るべきと示唆しているのです。

金色の背景は中世の宗教画の伝統に従っていますが、水平性を表すため楕円(だえん)に描かれたイエスの光輪が、マザッチオが意図した三次元的描写を強調しています。

宗教画においても、イエスや聖母の人間性が表れ始めたルネサンス時代らしい聖母子像です。我が子イエスの受難を予見したような聖母の悲しげな表情に対し、イエスは幼児らしく愛しげに母の手から葡萄を口に運んでいます。

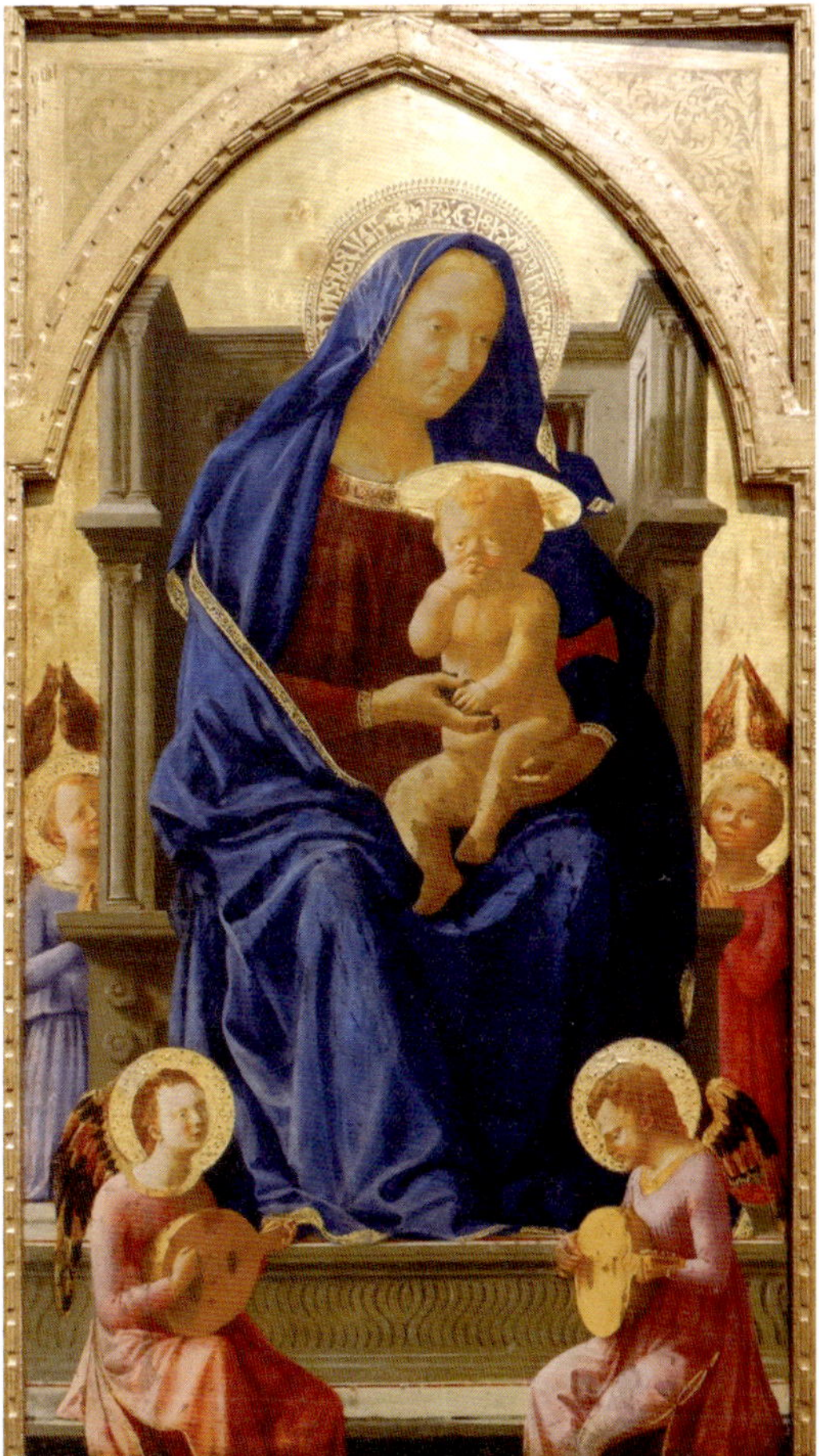

1426年　テンペラ・板　134.8×73.5cm　ナショナル・ギャラリー、ロンドン
©amanaimages

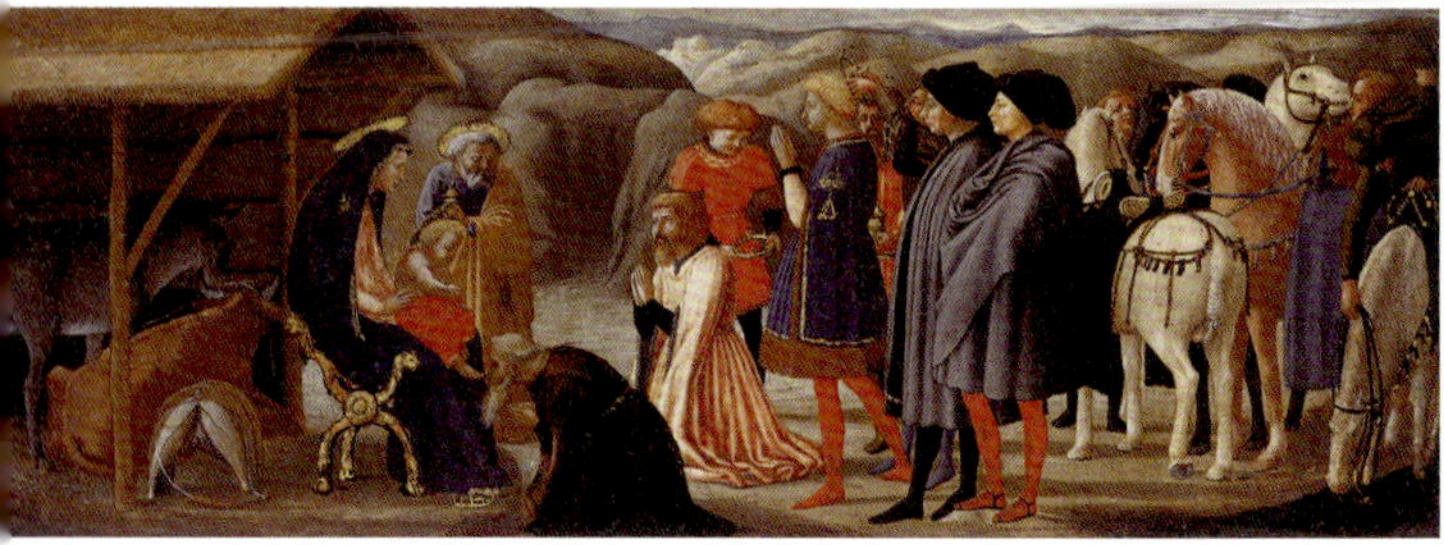

《東方三博士の礼拝》
1426年　テンペラ・板　21×61cm
ベルリン絵画館

ただし、その葡萄は聖餐（せいさん）の赤ワイン（イエスの血）を象徴し、十字架上で血を流す自身の未来を暗示しているのでした。

キリストの衣装が伝統的な色使いと違う

《十字架を担ぐキリスト》

ヒエロニムス・ボス［ネーデルラント、c1450-1516］

ウィーン版では青で描いているが……

キリストの受難の物語です。最後の晩餐の後、逮捕されたキリストは総督ピラトから審問を受けます。死刑が確定した後、キリストは着ていた青い外衣と赤い下着をはがされ、柱に両手首を縛られ笞で打たれました。キリストの精神的及び肉体的苦痛はまだ続きます。次は紫色（もしくは緋色）の衣を着せられ、茨の冠までも被らされた挙句、葦の十字架を持たされたキリストは「ユダヤの王万歳」と嘲りを受けます。皇帝の衣服の色である紫を着せられたのは「ユダヤの王」として嘲弄するためでした。

その後、処刑地までの道行きとなるのですが、この段階では嘲弄されたときの紫の衣ではなく、本来の青か赤の衣をまとうはずです。ただ画家によっては、紫の衣のままで描いている場合もあります。ところが、ボスの《十字架を担ぐキリスト》は3枚現存していますが、はっきりと描かれている衣のうち、ウィーン版は（193頁）青なのに対し、次頁のマドリード版はなぜか通常では描かれない灰色の衣になっています。

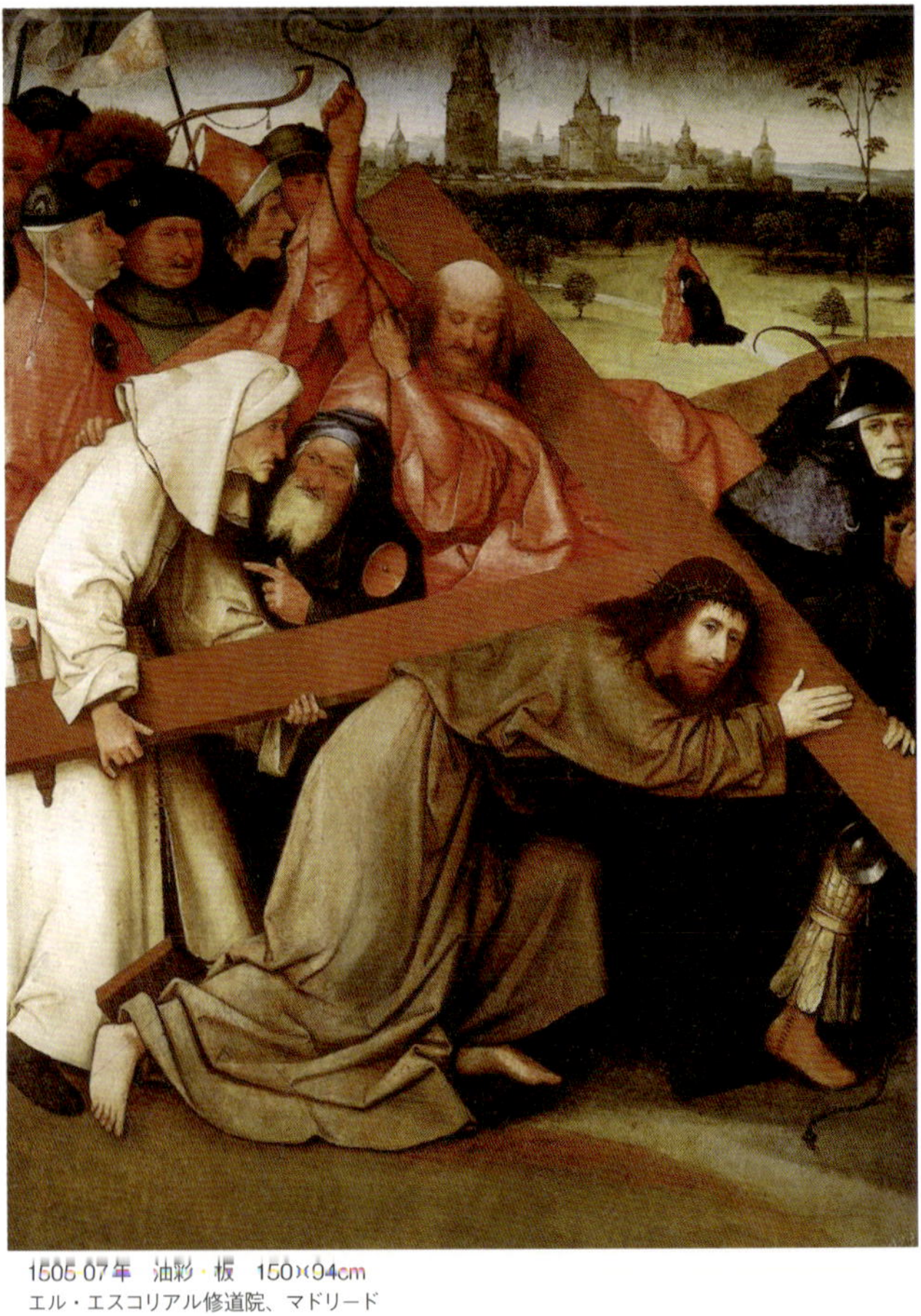

1505-07年　油彩・板　150×94cm
エル・エスコリアル修道院、マドリード

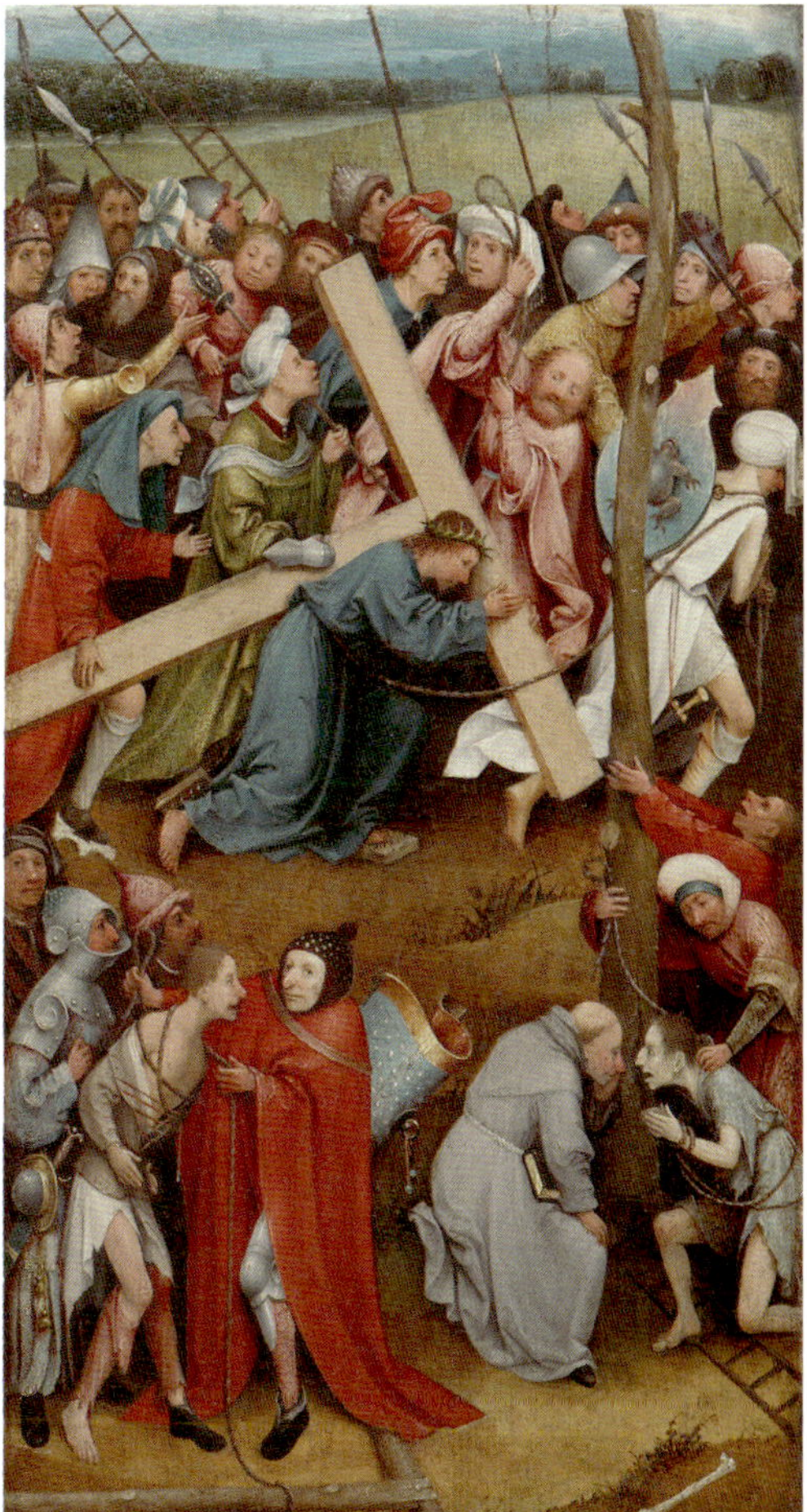

1480-90年頃　油彩・板　57×32cm　美術史美術館、ウィーン

家族とはまったく無関係な裸の男たち

《聖家族と幼い洗礼者ヨハネ》

ミケランジェロ・ブオナローティ［イタリア、1475－1564］

古典文芸への肯定を表現したミケランジェロ

このようなルネサンス期の円形絵画や円形レリーフのことを「トンド」と呼びます。結婚や出産のお祝いとして贈られることが多かったため、聖母子や養父ヨセフを加えた聖家族が主題として好んで描かれました。ところが、このミケランジェロによるトンドには、聖家族以外にも裸体の男5人と、真ん中には葦の十字架を持ち、獣（本来はラクダ）の衣を着た洗礼者ヨハネがいます。どういうことなのでしょうか。

思春期にフィレンツェの支配者メディチ家で、人文主義の薫陶（くんとう）を受けたミケランジェロは、古代の古典文芸の信奉者でした。古代オリンピックがほとんど全裸で競技されたように、背景の裸の男たちは古代ギリシャを象徴しています。聖家族のほうに視線を向けていないことによって、彼らはキリスト教を否定しているのではなく、キリスト教以前の時代の人々であることを表し、古代の古典文芸を肯定することを正当化しています。そして洗礼者ヨハネは、新約の前の旧約聖書の時代を表しているのです。

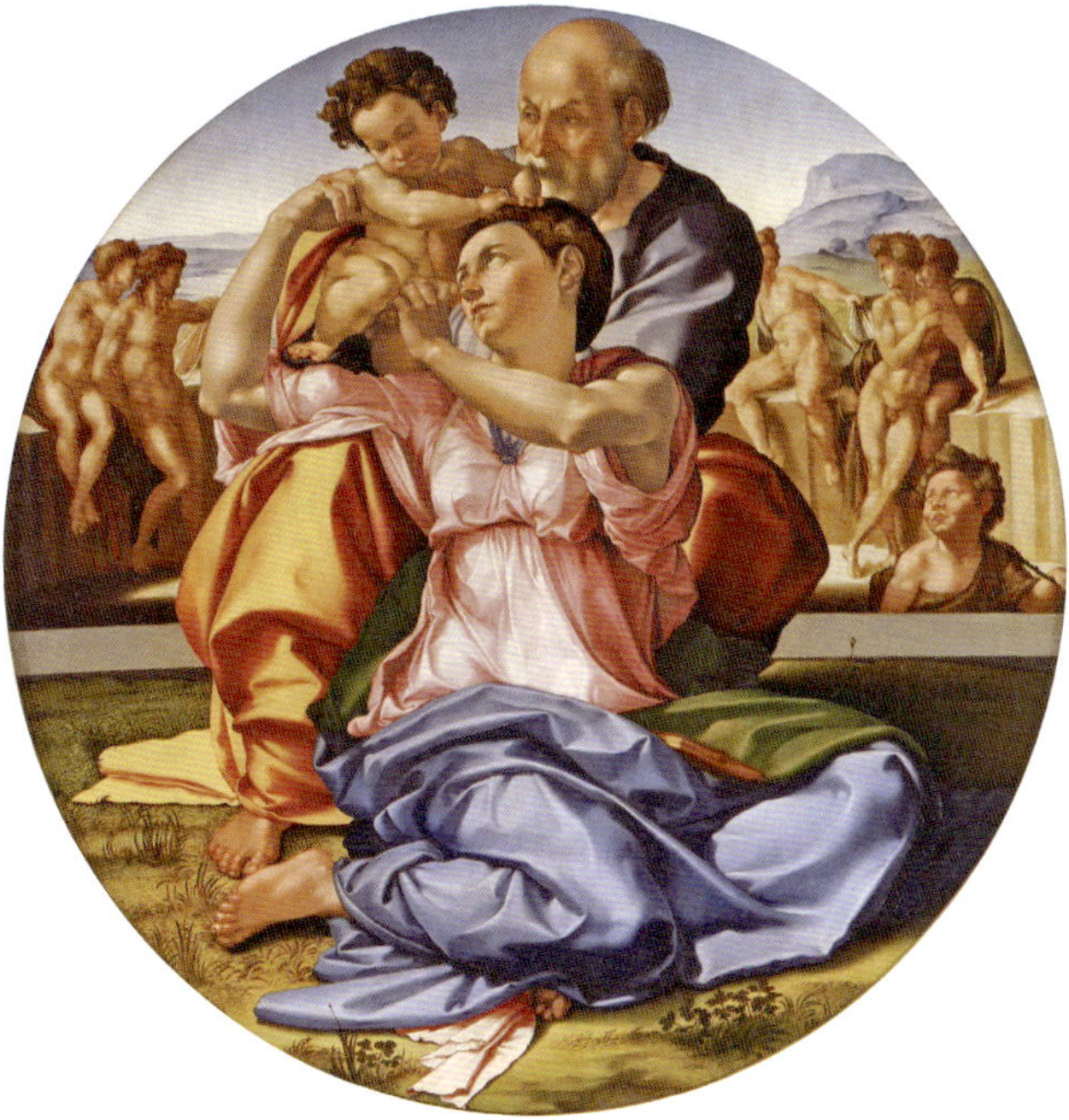

1506-08年　テンペラ・板　直径120cm
ウフィツィ美術館、フィレンツェ

竜ではなくグリフォンになっている

《イアソン》

ギュスターヴ・モロー［フランス、1826－1898］

本来なら竜を退治するはずが……

ギリシャ悲劇やオペラのお蔭で、王女メデイアの名は日本でも知られています。夫に裏切られ、その夫に対する復讐の一環に、自分の子どもたちまで殺してしまう悲劇の王女メデイアの話は有名ですが、その裏切り者の夫がここに描かれているイアソンです。

イアソンは、コルキス王が所有する「黄金の羊皮」を手に入れるため、ヘラクレスなど勇士50人を引き連れ、巨大なアルゴ船でコルキスに到着します。そのイアソンに恋してしまったのが、情熱的で嫉妬深い魔女でもある王女メデイアでした。メデイアはイアソンの後ろで、自分が調合した眠り薬を持っています。これで「黄金の羊皮」を見張っていた竜を眠らせて退治し、イアソンは目的の品を手にすることができました。

イアソンの足元で槍が刺さり絶命しているのは、本来ならば竜でなければなりません。しかし、モローは竜の代わりに、上半身に鷲（わし）の翼と爪を持ち、下半身はライオンの姿をした伝説上の生物グリフォン（グリフィン）を描いたのでした。

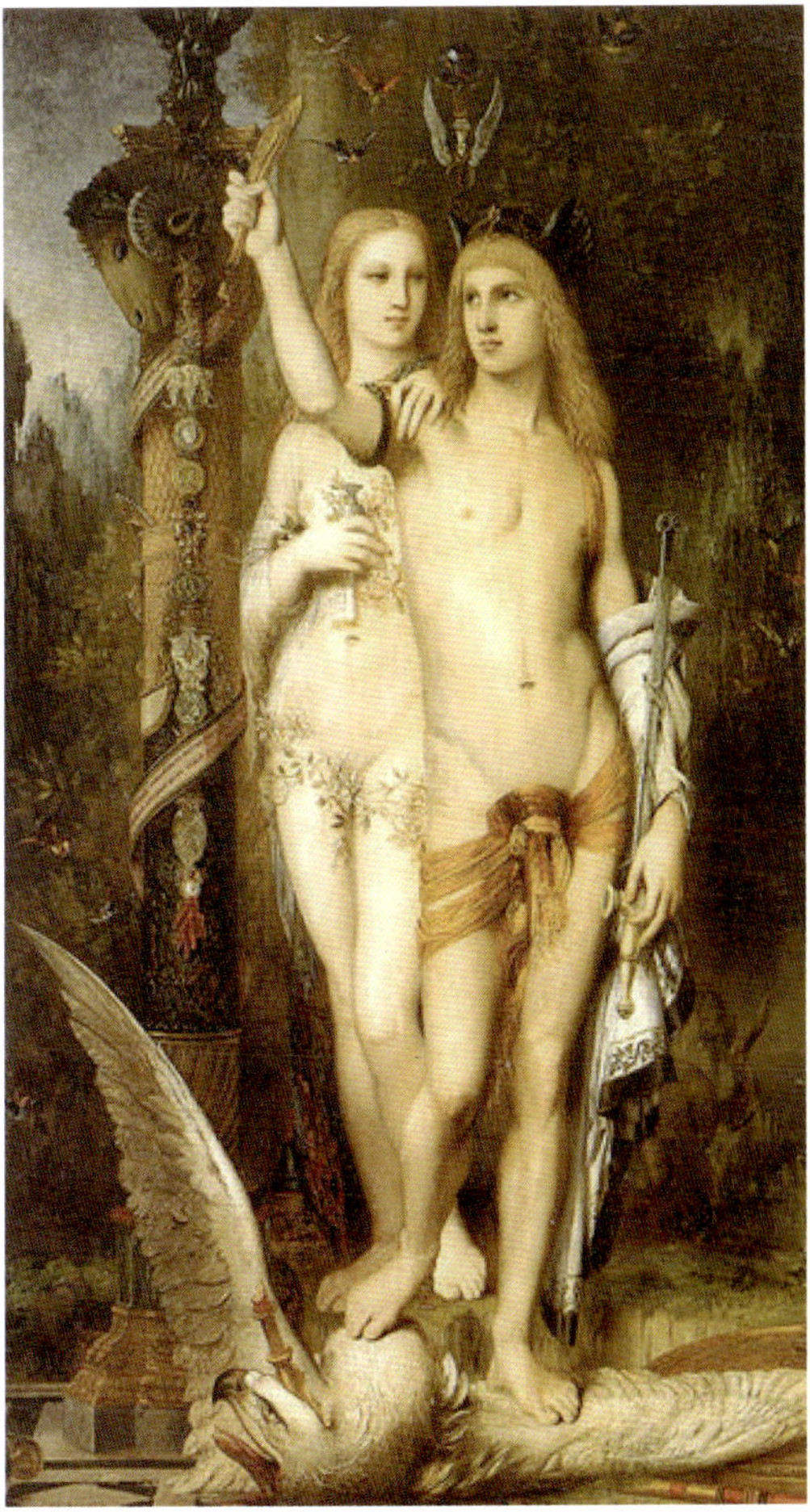

1865年　油彩・画布　204×115.5cm　オルセー美術館、パリ

美しきヒロインの武勇伝についた二つのケチ

《ホロフェルネスの首を斬るユディト》

ミケランジェロ・メリージ・ダ・カラヴァッジョ［イタリア、1571－1610］

テントの中にいなかった侍女が直接の目撃者に

ユダヤ民族の窮地を救った美しきヒロインの武勇伝が描かれています。アッシリア王の命を受けた将軍ホロフェルネスの軍勢によって、ユダヤ人の町ベツリアは攻囲されてしまいます。籠城したものの食料が底をつこうとし、降伏も間近と思われたところ、裕福で美しい未亡人ユディトが一計を案じます。

美しく着飾ったユディトは、敵に寝返ったふりをしてホロフェルネスを誘惑し、隙をねらって殺害することを思いつき、侍女を従え敵陣に侵入、見事にホロフェルネスを魅了してしまうのです。そうとは知らないホロフェルネスは、彼女のために宴会を開くと、すっかりご機嫌になって酒を飲み過ぎ、ユディトに言い寄る前に酔いつぶれてしまいます。

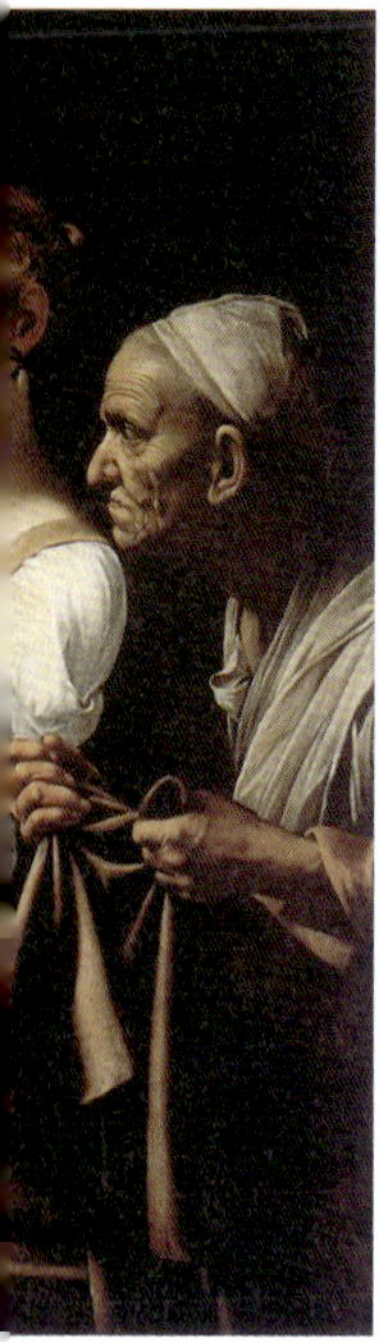

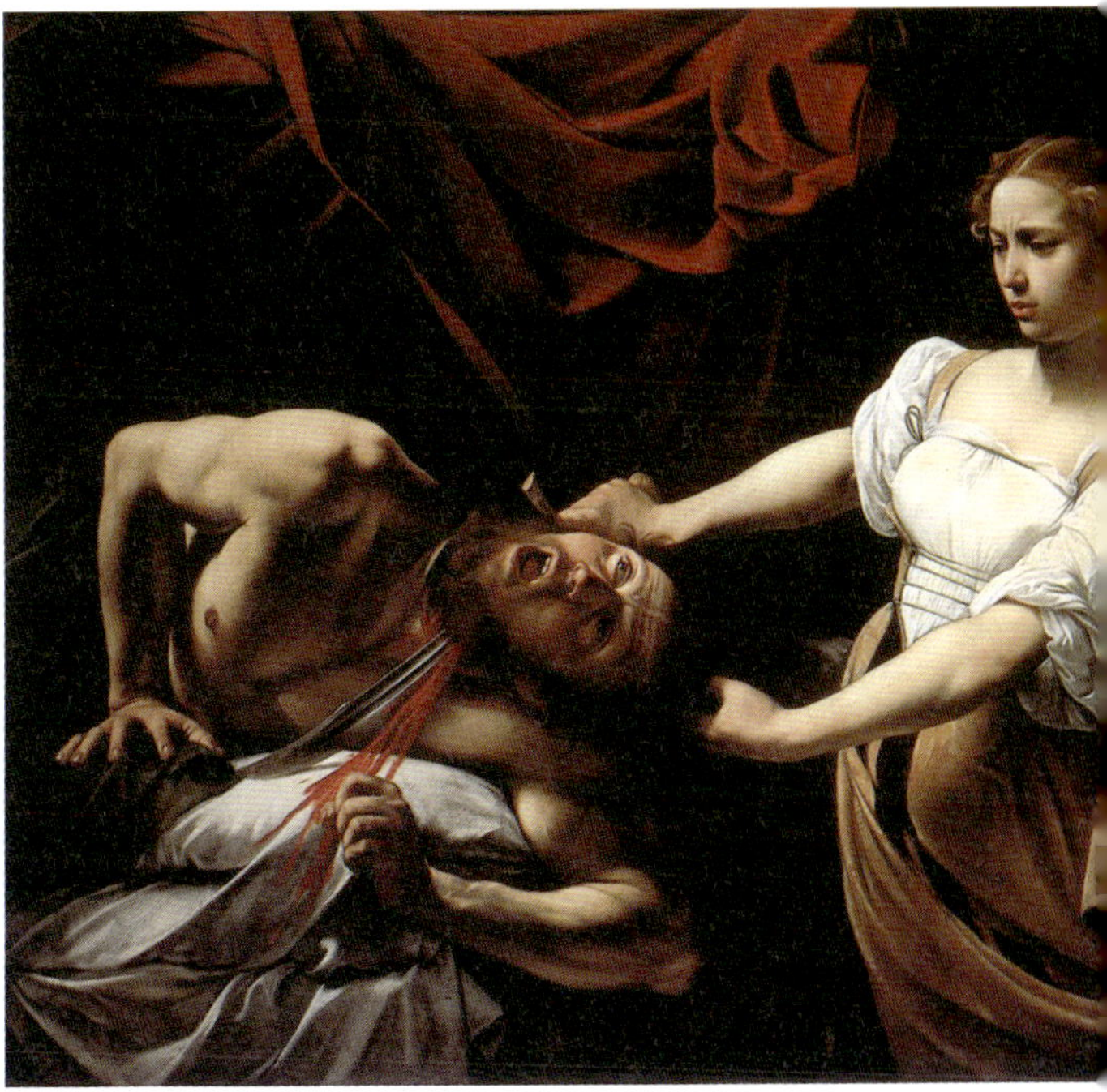
1598-99年頃　油彩・画布　145×195cm　ローマ国立絵画館

彼女は、その機を逃さず彼の剣をつかみ、素早く敵将の首を斬り落としました。

しかし、カラヴァッジョが描いたユディトは、素早くというよりも嫌々斬っているようです。本来なら侍女も外で待機していたので、その場には居ないはずなのでした。

神話と違って羽が綺麗に残っている
《イカロスへの哀歌》
ハーバート・ジェイムズ・ドレイパー［イギリス、1863-1920］

蝋が溶けていないのに、なぜイカロスは死んだのか？

ミノス王によってクレタ島の牢獄（ろうごく）に閉じ込められていたのが、アテナイの伝説上の名工ダイダロスとその子イカロスです。ダイダロスは、父子二人分の羽をこしらえ、羽をそれぞれの肩に蝋で接着させて脱獄を図りました。その際、ダイダロスは息子に対して、決して高く飛びすぎたり低く飛びすぎたりしてはいけないと忠告しました。

しかし、若いイカロスははやる気持ちから高く飛びすぎ、太陽の近くを飛んでいったのです。その結果、肩に接着させていた蝋が溶けて、羽が取れて落ちてしまいます。当然、鳥ではないイカロスも羽と運命を共にし、海に墜落して溺死したのでした。

ドレイパーは、海の精霊たちが死んだイカロスを囲み、嘆き悲しむ姿を描きましたが、神話と違って取れたはずの羽が綺麗に残っています。

背景の崖に黄金色に反射する強い日差しが、いかにもヴィクトリア時代の作品らしい装飾的な印象を与えます。

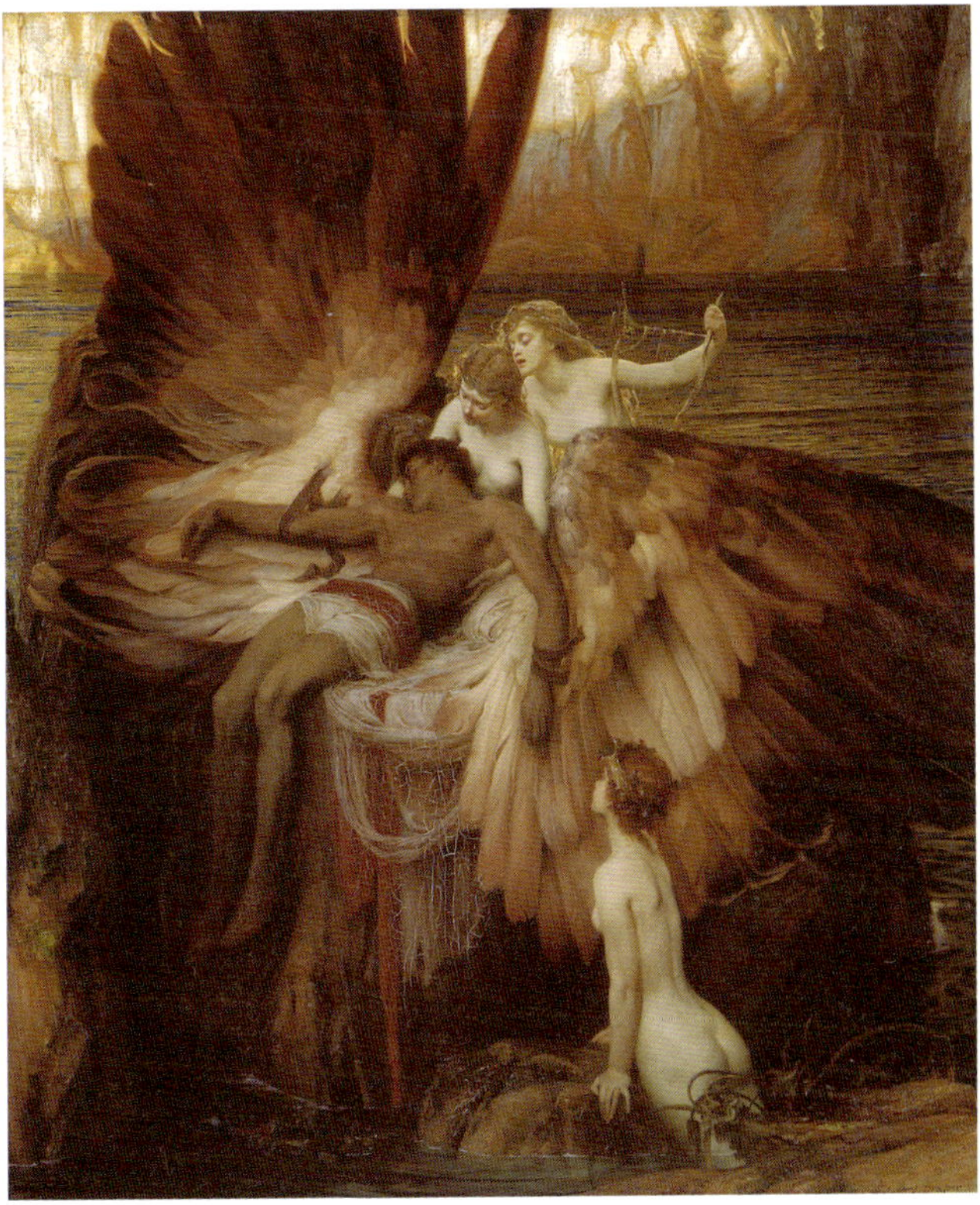

1898年　油彩・画布　182.9×155.6cm
テート・ブリテン、ロンドン

二人の目が開くのは知恵の実を食べてからだった

《アダムとエヴァ》

ルーカス・クラナッハ（父）［ドイツ、1472－1553］

「創世記」の記述と矛盾する二人の表情

神は最初の人間アダムとエヴァを創造し、エデンの園の「善悪の知恵の木」の果実（知恵の実）を食べてはならぬと二人に警告しました。しかし、生き物の中で最も狡猾（こうかつ）だった蛇が、エヴァをそそのかして食べさせ、さらにエヴァは果実をアダムにも食べさせてしまいます。結果、二人は楽園から追放されて不死ではなくなるのですが、その「原罪」の場面が描かれているこの絵には「創世記」の記述と矛盾する点があります。

ここでは二人とも木の枝を持って恥部を隠していますが、二人が裸であることに気づき、そのことを恥じるのは、エヴァがアダムに知恵の実を食べさせた結果、二人の目が開いてからのことでした。しかし、アダムはまだ果実を口にはしていませんが、クラナッハが描いた二人はすでに目が開いて恥部を隠しているのです。

クラナッハ特有のクールな官能性を湛えた引き伸ばされた二人の裸体が、戸惑うように頭部を掻（か）いているアダムと悪女めいたエヴァの表情をよりいっそう際立たせています。

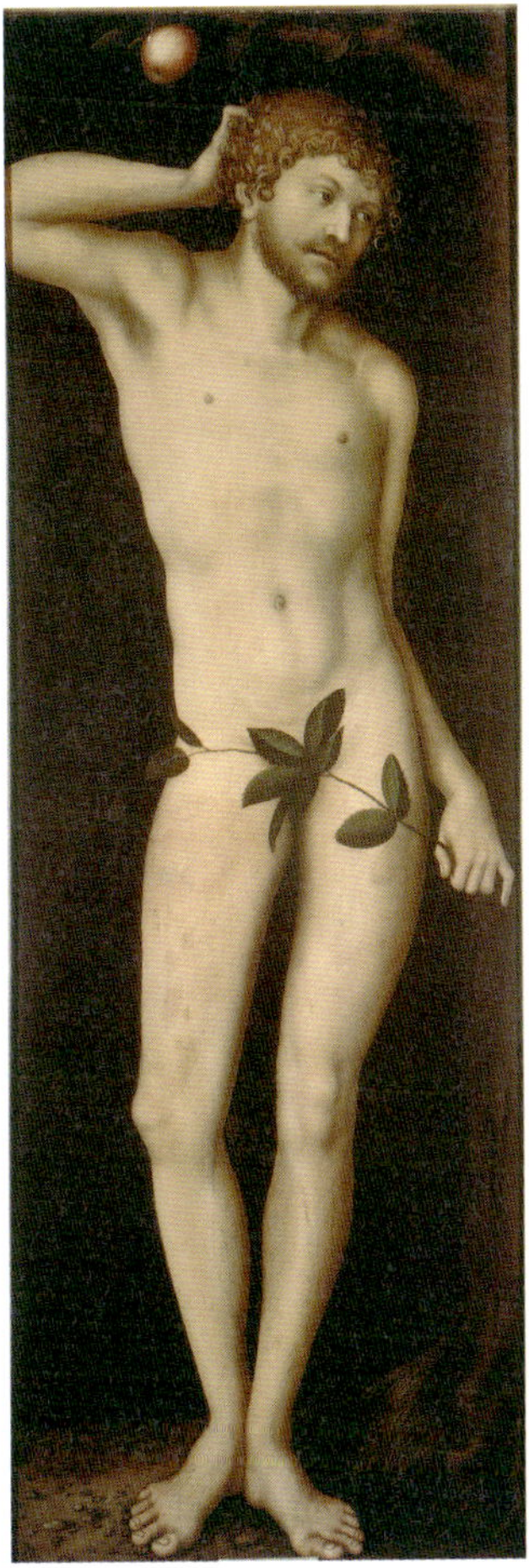

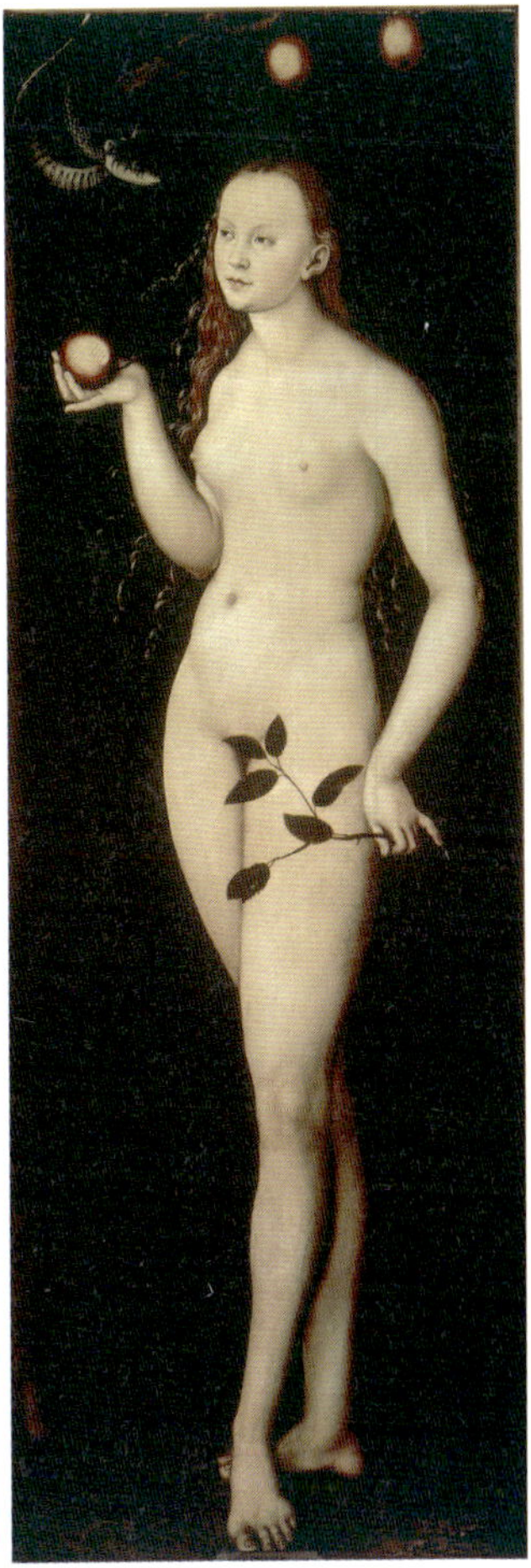

1528年　油彩・板　各172×63cm　ウフィツィ美術館、フィレンツェ
© Alinari Archives, Florence/amanaimages

自殺した尊敬の対象をカトリックの巨匠が救済

《セネカの死》

ピーテル・パウル・ルーベンス［フランドル、1577－1640］

死のポーズを引用した彫刻も、その後は別の主題に

古代ローマのストア派の哲学者であり、劇作家で政治家でもあったセネカ（前4年頃～65）は、皇帝ネロの家庭教師でもありました。しかし、晩年ネロに陰謀を疑われ、自害を命ぜられてしまいます。

古代ローマの歴史家タキトゥスによると、自ら毒をあおったセネカは、さらに血管を切り裂いたものの死に切れず、周囲の人々が温かい風呂に入れます。セネカ最期の場面を描いたのが、この1枚です。セネカは湯を張ったブロンズのたらいの中に立ち、一人の弟子らしき青年がセネカの最後の言葉を書き取っています。

向かって右手には、セネカの血管を切っている医師が描かれています。背後にいるのは、皇帝ネロが遣わした兵士たちで、セネカの自害を見届けようとしています。セネカは自分で血管を切ったのですが、この絵の中でルーベンスはあえて医師に切らせているのです。

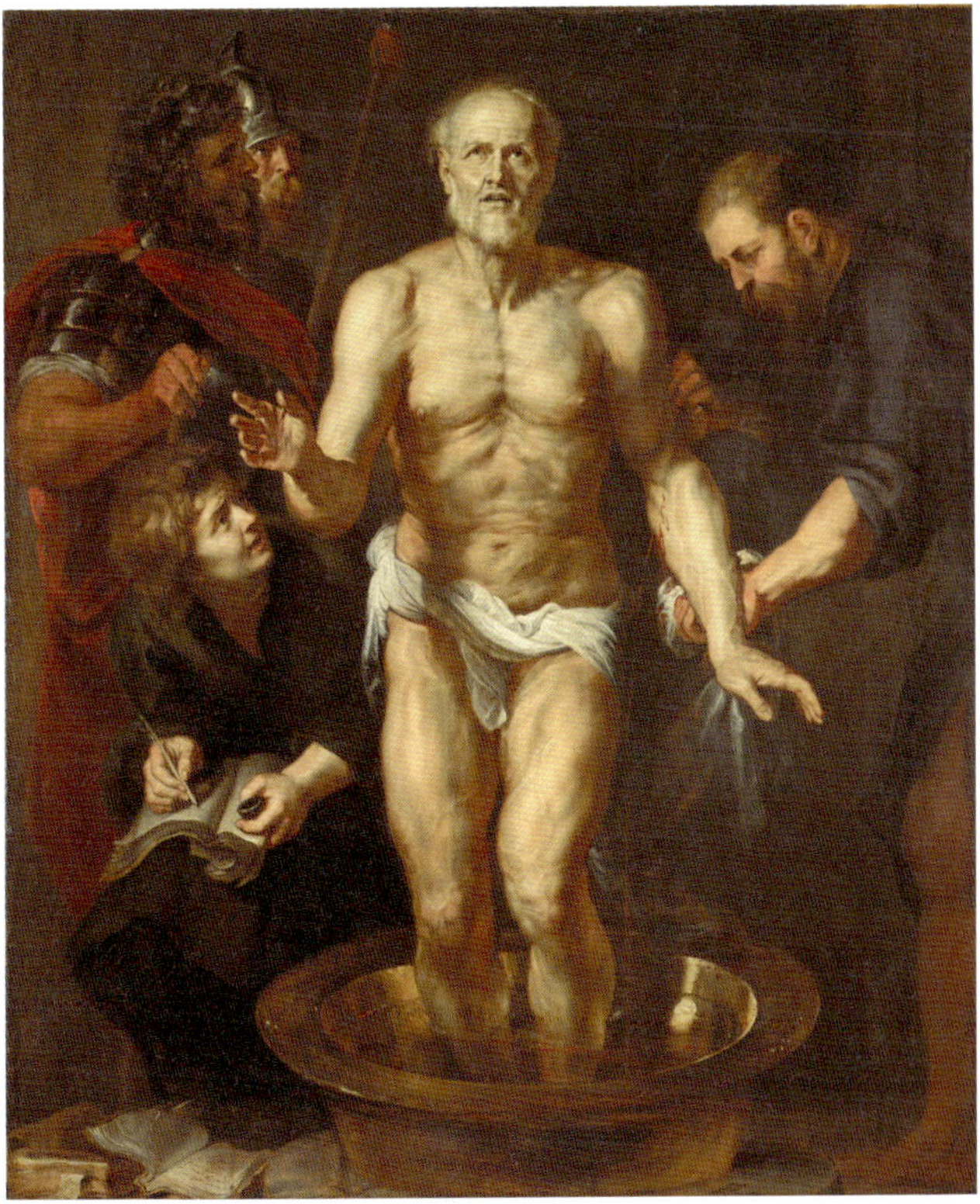

1608-09年頃　油彩・板　185×154.7cm
アルテ・ピナコテーク、ミュンヘン
©Bayerische Staatsgemaldesammlungen/bpk/amanaimages

ルーベンスにとって、セネカは尊敬の対象でした。本シリーズの第1作『名画は嘘をつく』（134頁）でご紹介した《4人の哲学者》にも、セネカの胸像が描かれています。その際にも触れましたが、ルーベンスの兄もストア派の哲学者ユストゥス・リプシウスの教え子でした。セネカだけではなく、ルーベンスを含め当時の人文主義者たちにとって、古代ローマの哲学者は敬意の対象だったのです。

また、敬虔なカトリック信者であったルーベンスらしく、キリスト教で禁じられている自殺の罪から、セネカを救おうという気持ちが表されています。その結果が、この史実と違ったセネカ最期の場面の描写になったのです。

セネカのポーズ自体は、ルーベンスがローマで古代とイタリアの巨匠たちの作品から学んでいたころ、現地で模写した古代彫刻からの引用です。現在はパリにあるこの彫刻は、当時は《瀕死(ひんし)のセネカ》と呼ばれていました。

ただし顔だけは、自分自身が所有していた《4人の哲学者》にも描かれているセネカの胸像の模刻のほうに近いようにうかがえます。

しかし、ルーベンスがもし聞いたらガッカリするだろう話があります。じつはその後、この胸像は古代ギリシャの詩人ヘシオドスのものとされ、黒大理石の《瀕死のセネカ》も、現在では《アフリカの漁夫》とみなされるようになってしまったのでした。

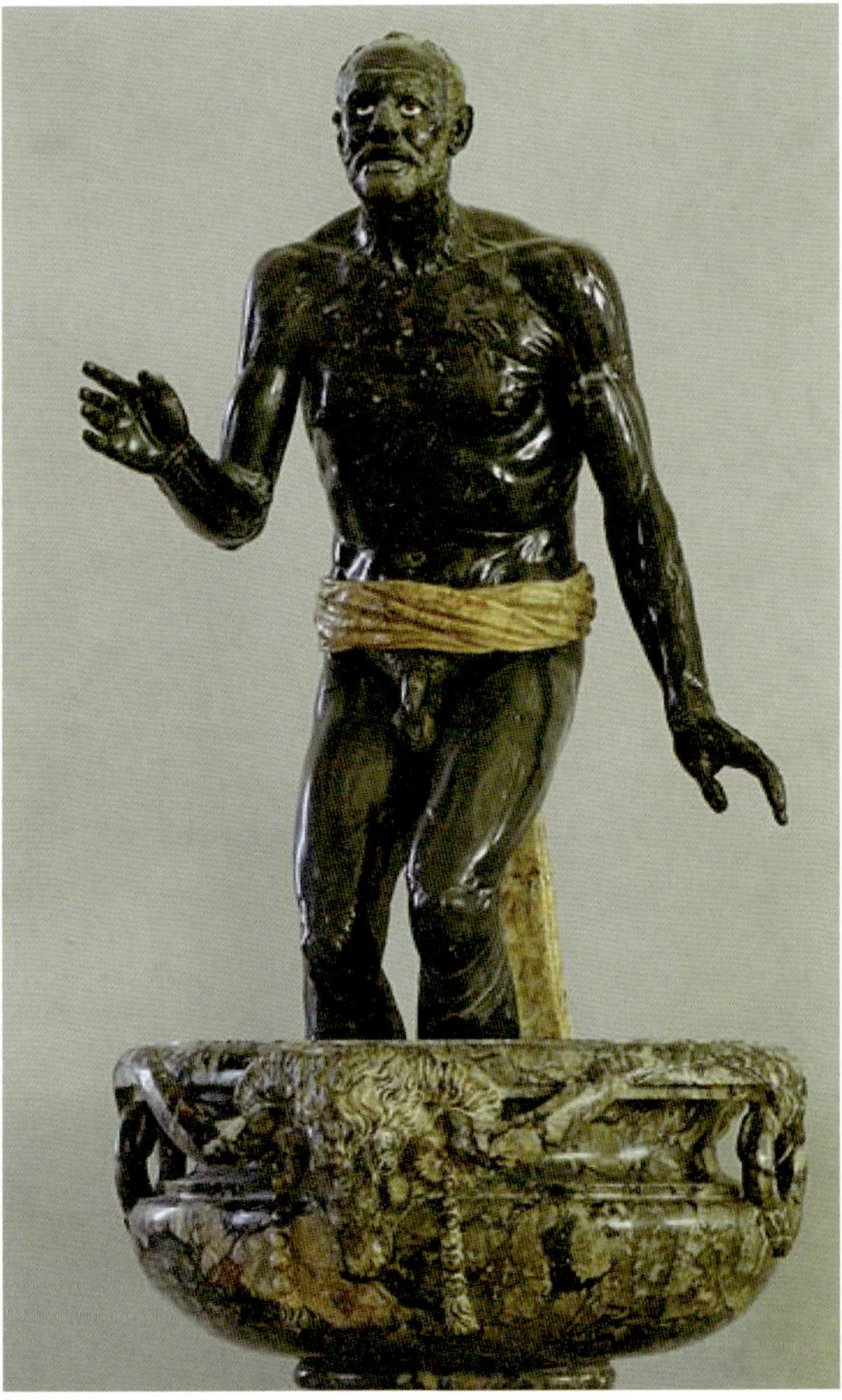

《アフリカの漁夫（瀕死のセネカ）》
＊ヘレニズム彫刻のローマ時代の模刻。高さ118cm、ルーヴル美術館（パリ）。

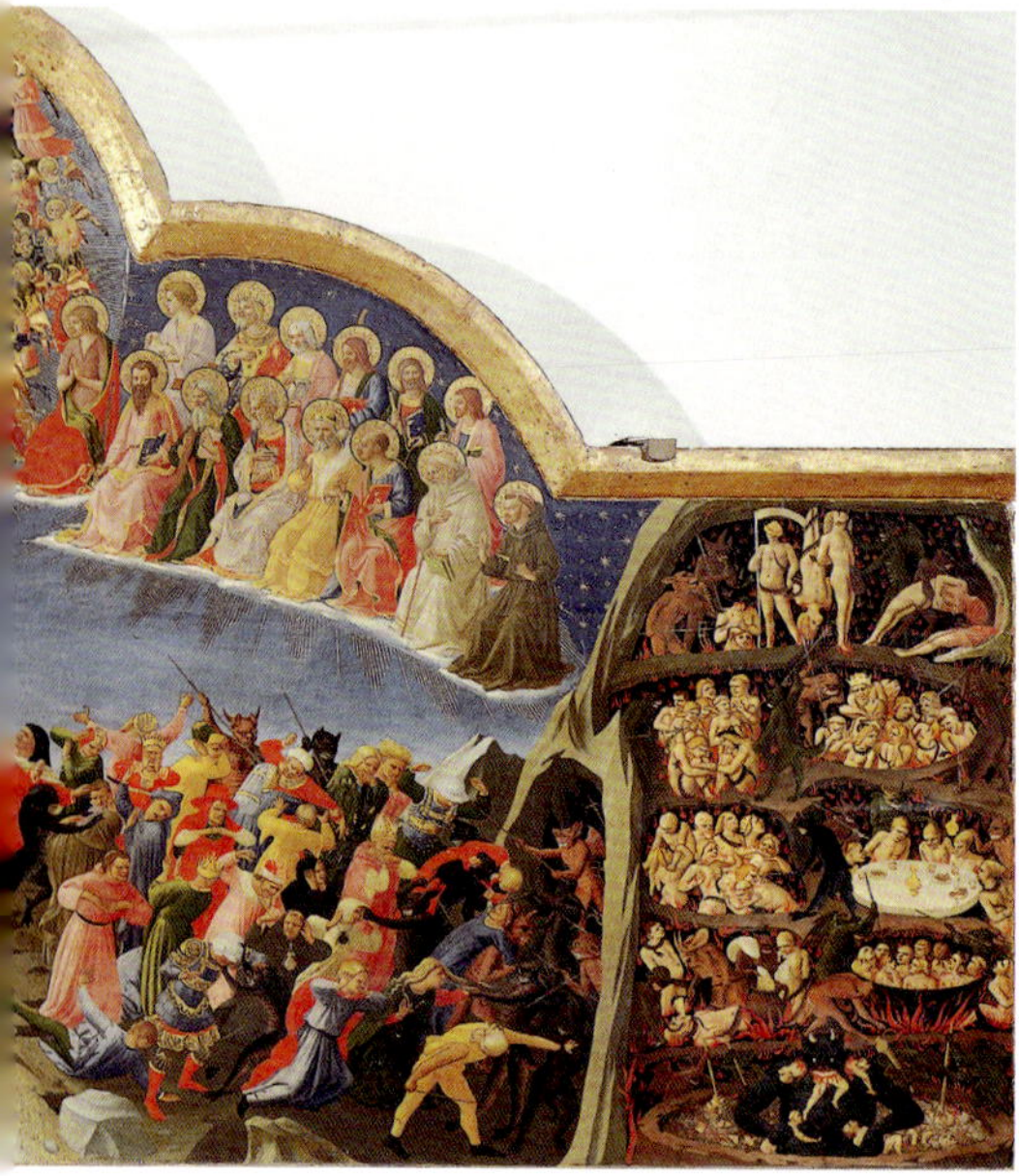

最後の審判で蘇生（そせい）したなら裸体のはずでは？

《最後の審判》

フラ・アンジェリコ［イタリア、c1395－1455］

「天使のような修道士」が魅せた慎ましさ

ドメニコ会修道院に属していた画家グイード・ディ・ピエトロは、美術史においてその信心深く謙虚な人柄から、通称フラ・アンジェリコ（天使のような修道士）として名を残しました。これら2枚の《最後の審判》も、職業画家であると同時に敬虔な修道士だっ

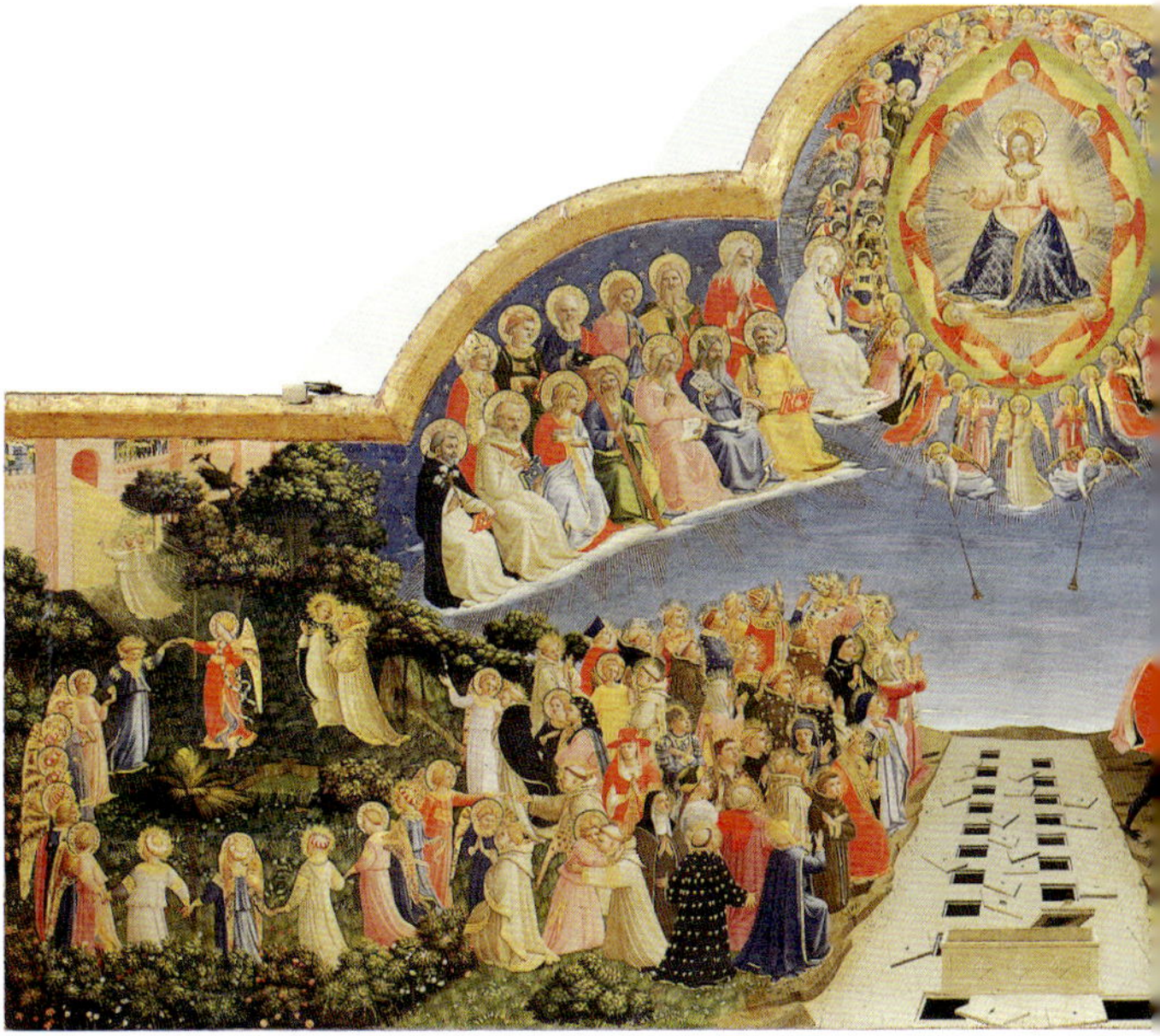

1432-1435年　テンペラ・板　105×210cm　サン・マルコ美術館、フィレンツェ
©amanaimages

た人物らしい描かれ方になっています。

じつは伝統的に、最後の審判の場面では、人々は裸体でなくてはならないのです。本来なら人々は蘇生した際には骸骨（がいこつ）の姿で、地面から離れるに従い肉をつけていき、イエスが復活したときと同じ年齢（30歳）の姿で描かれるのが「正しい」表現なのです。ちなみに、絵の中央下に描かれた無数の四角い穴は墓穴で、これが開いているというのは死者たちの蘇生を表して

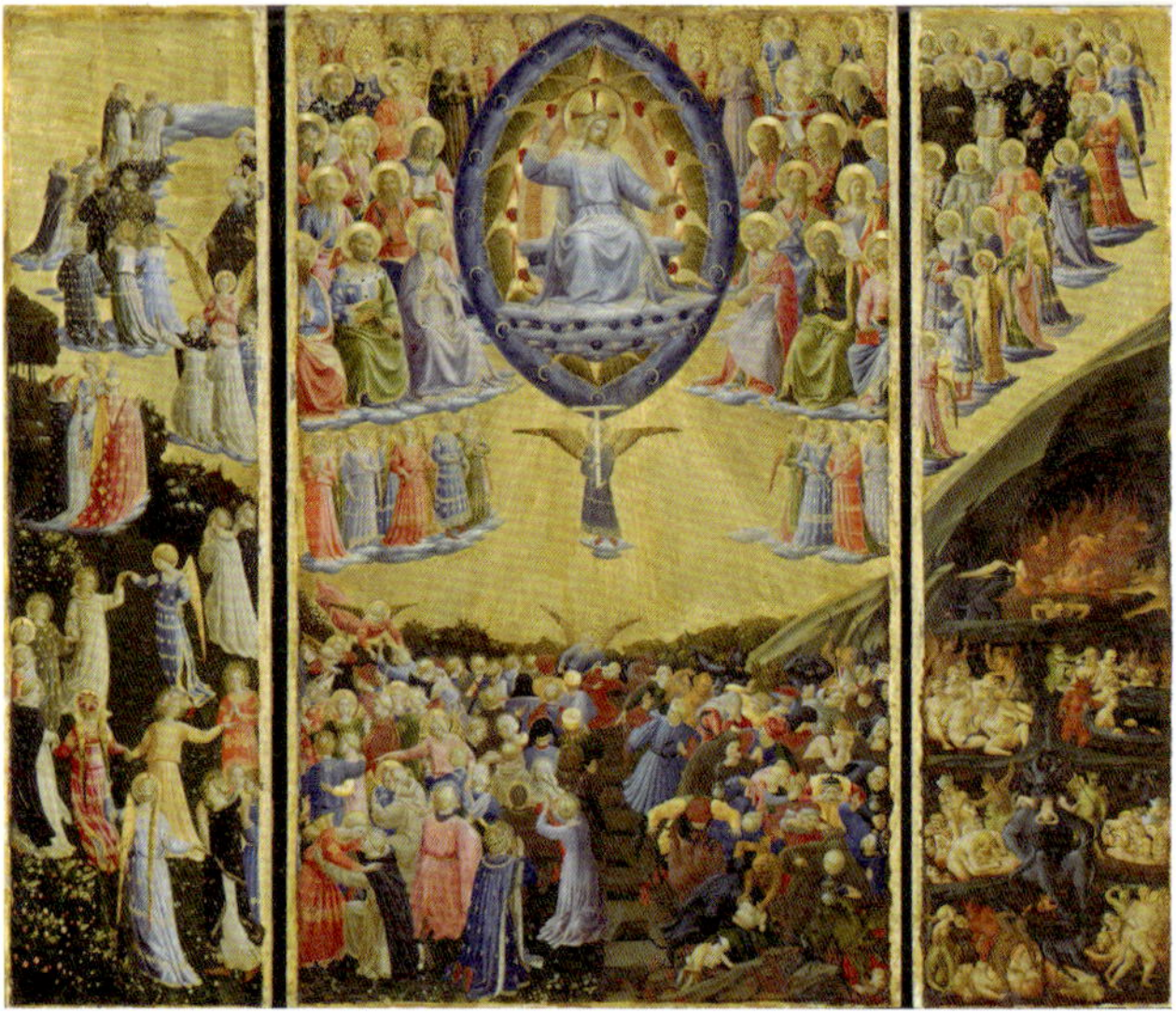

1450年頃　テンペラ・板
102.8×65.2cm(中央)、
103×28.2cm(左)、
102.8×28cm(右)　ベルリン絵画館
© Fine Art Images/Alinari Archives, Firenze/amanaimages

います。

しかしアンジェリコは、裸体を右手の地獄の場面以外では描いていません。裸体である代わりに、彼らは当世風のそれぞれの社会的身分を表す衣装で描かれています。そのような慎み深さも「天使のような修道士」の通称に相応しい要素なのでしょう。

第9章

家族たちの偽り

幸せな家族の肖像とは程遠く

《ベレッリ家の家族》

エドガー・ドガ［フランス、1834-1917］

ドガの観察眼が見抜いた冷たい家庭風景

現代人の私たちは、年賀状の家族写真同様に、家族の肖像というものは幸福の象徴と見なしがちです。しかし、鋭い観察力で対象に対する感情や理想化を排し、辛辣（しんらつ）な慧眼（けいがん）で現実を描いたドガにかかると、家族の肖像も違ったものになりました。

イタリアに滞在中だったドガが、フィレンツェで暮らしていた叔母一家を描いたこの絵からは、家族らしい温かさや親密さが少しも感じられません。叔母たちの家に同居していた彼は、じっくりと家族を観察することができました。健康状態がすぐれず、うつ状態になることもあった叔母、その夫のベレッリ男爵との良好とはいえない夫婦関係、さらにその夫婦関係が子どもたちにも与えていた影響を決して見逃さなかったのです。

ドガは従来の営利目的で描かれる肖像画と違い、通俗性や権威や

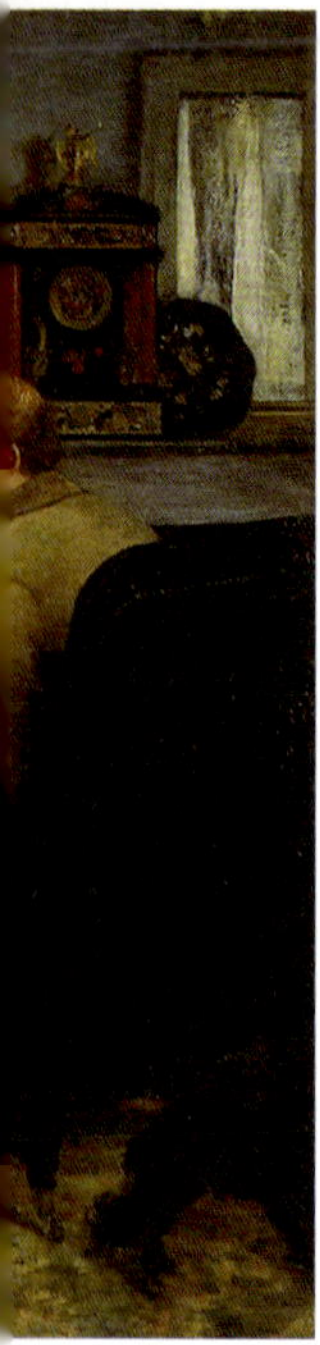

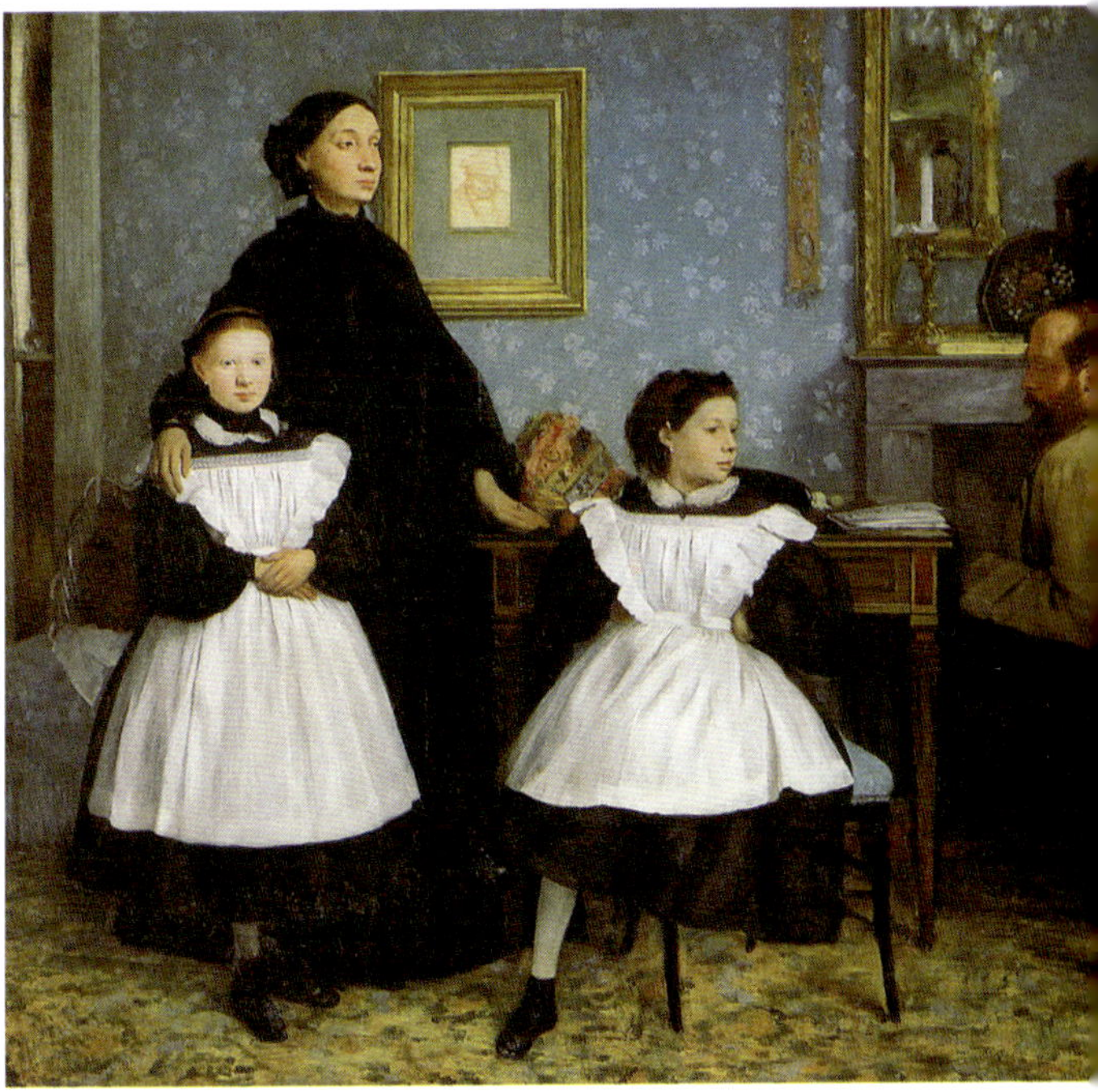

1858-67年　油彩・画布　200×250cm　オルセー美術館、パリ

大衆におもねることを嫌いました。そんな彼らしく、伝統的に肖像画に求められてきた表面的で理想的な家族像などというものはいっさい排して、ありのままの家族の姿を露わにしたのでした。

仮面夫婦が描かれているかのような冷たさ

《温室にて》

エドゥアール・マネ［フランス、1832－1883］

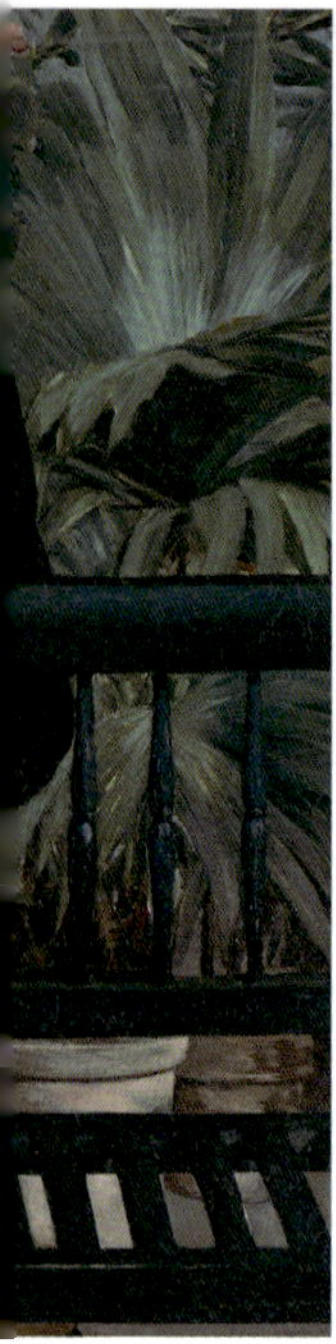

ブルジョワジーの節度あるクラス感を表現

温室でポーズを取っているのは、高級衣料店を経営するマネ夫妻と仲がよかったギルメ夫妻です。現代人の感覚からすると、あまり仲が良さそうな夫婦には見受けられません。夫が背後からベンチにもたれかかって妻に視線を向けているのに対し、妻のほうは夫に無関心のように視線を交わしてもいないからです。

親密さよりも、冷たくぎこちない雰囲気が漂っているようですが、画面中央の二人の手の指の指輪が目立つように描かれていて、二人の婚姻関係が強調されています。

高級官僚の息子で、洗練された粋なパリジャンだったマネは、典型的な上層ブルジョワ階級に属する男性でした。現代と違い、あからさまな愛情表現よりも節度ある態度が望まれた時代らしく、下町の商店主などとは立場が異なるギルメ夫

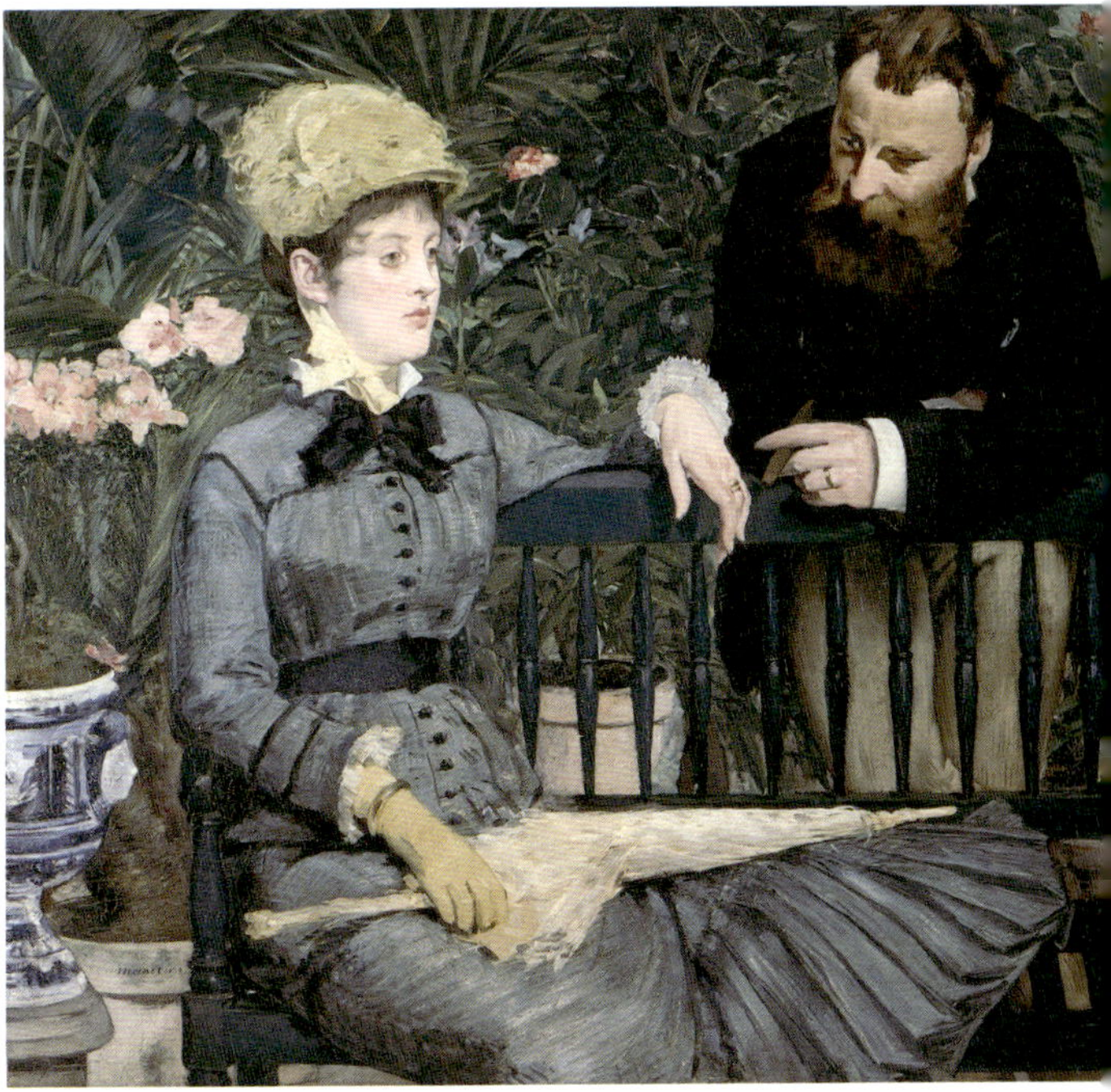

1878-79年　油彩・画布　115×150cm　ベルリン国立美術館
©amanaimages

妻の態度には、当時の上層ブルジョワジー特有の「クラス感」が表されているのです。離婚という選択肢のない時代における、緊張感がはらんだ仮面夫婦の姿が描かれているわけではありません。

じつは彼女の不誠実ぶりを表している

《若い母親》

ヘラルト・ダウ［オランダ、1613－1675］

もはや父親が誰なのかさえ疑わしい

ライデン時代の若きレンブラントの最初の弟子だったのが、風俗画で名高いヘラルト・ダウです。この作品は、1660年の王政復古後に王位についた英国のチャールズ2世に贈るため、当時のオランダ共和国政府が購入したものでした。

一見、若い母親の何気ない日常生活を描いているようですが、決して彼女を高徳の人物として描いているわけではありません。実際には現代人からすると、国王への贈り物としては「いかがなものか？」ともいうべき母親像が描かれているのでした。

編み物をする母親の前に脱ぎ捨てられているスリッパは、彼女が性的に奔放であることを表し、右手前のひっくり返ったランタンは、彼女の不注意さを意味します。右端の卓上にある火の消えたロウソクは、一時の快楽の儚さを象徴し、その左に描かれている死んだ鳥がありますが、当時のオランダ絵画では鳥は性行為を示唆する暗喩なのです。

果たして召使いがあやしている赤ん坊は、本当に夫の子なのでしょうか……。

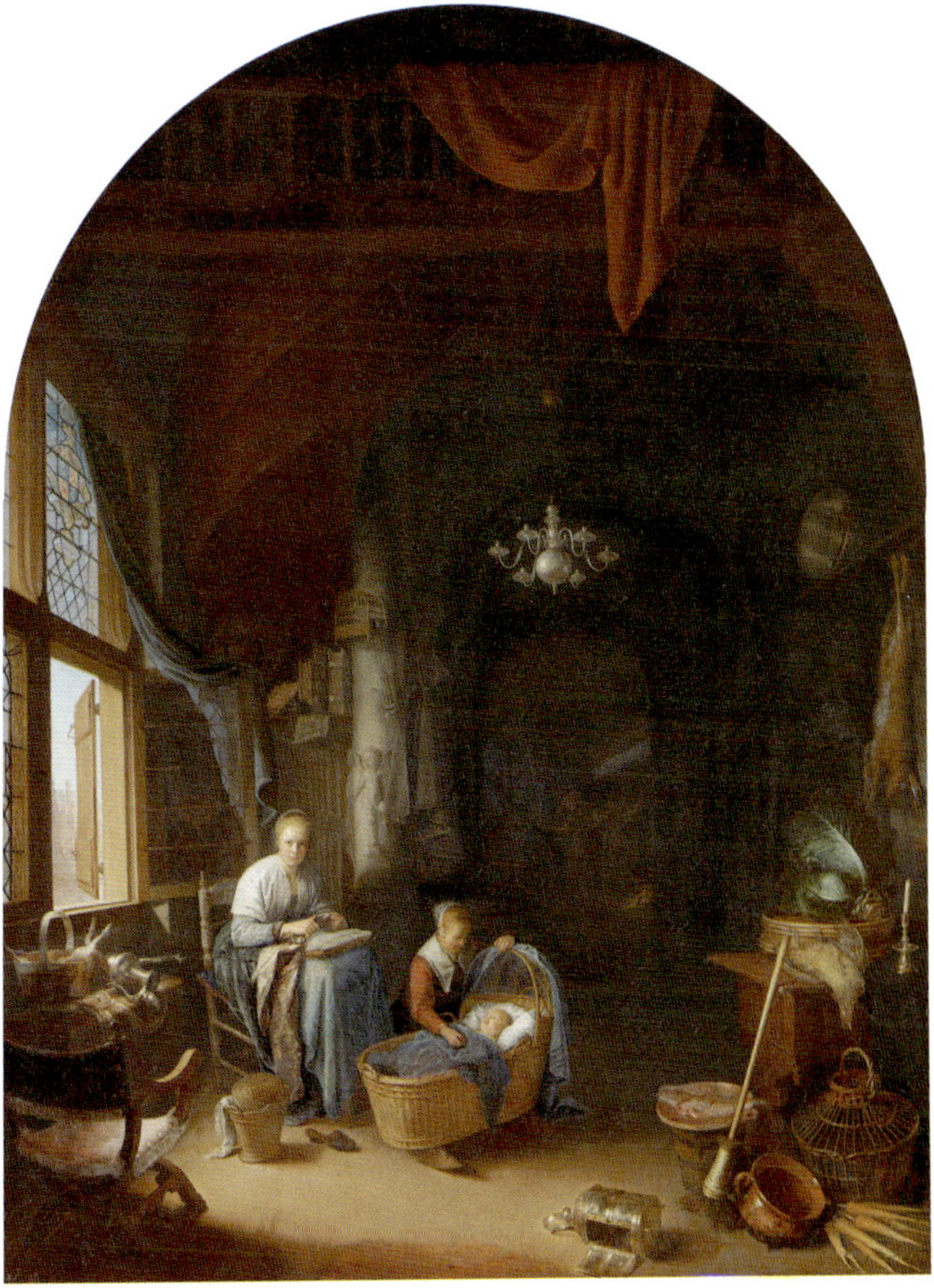

1658年　油彩・板　73.7×55.5cm
マウリッツハイス美術館、デン・ハーグ（オランダ）

微笑む夫婦の幸せを称えているわけではない

《幸せな夫婦》

ユディト・レイステル［オランダ、1609－1660］

女流画家が描いたキリスト教倫理観への導き

長年にわたりフランスでは、オランダ絵画の評価は高くありませんでした。レイステルの風俗画を見れば、17世紀フランス絵画との根本的な違いがよく理解できます。まず、フランス絵画が最重要視する古典主義（理想主義）からかけ離れた写実性の強さ。次に、高貴な主題と見なされ絵画のヒエラルキーの頂点にあった歴史画ではなく、オランダで人気のあった風俗画というジャンルであることです。それは、カトリックで王侯中心のフランスと、プロテスタント中心の市民社会だったオランダの違いでもありました。

オランダの風俗画は、何も日常生活のワンシーンをただ描いているわけではなく、キリスト教倫理観への導きが示されているのが特徴です。これも、楽しそうな夫婦の姿を微笑ましく描いたわけではありません。この時代、笑顔は愚かさと自己抑制の欠如と見なされていました。その上、性行為を示唆する楽器の演奏は肉欲への戒め、さらに性行為とセットになりがちな飲酒も、自己抑制の欠如を戒めるための演出だったのです。

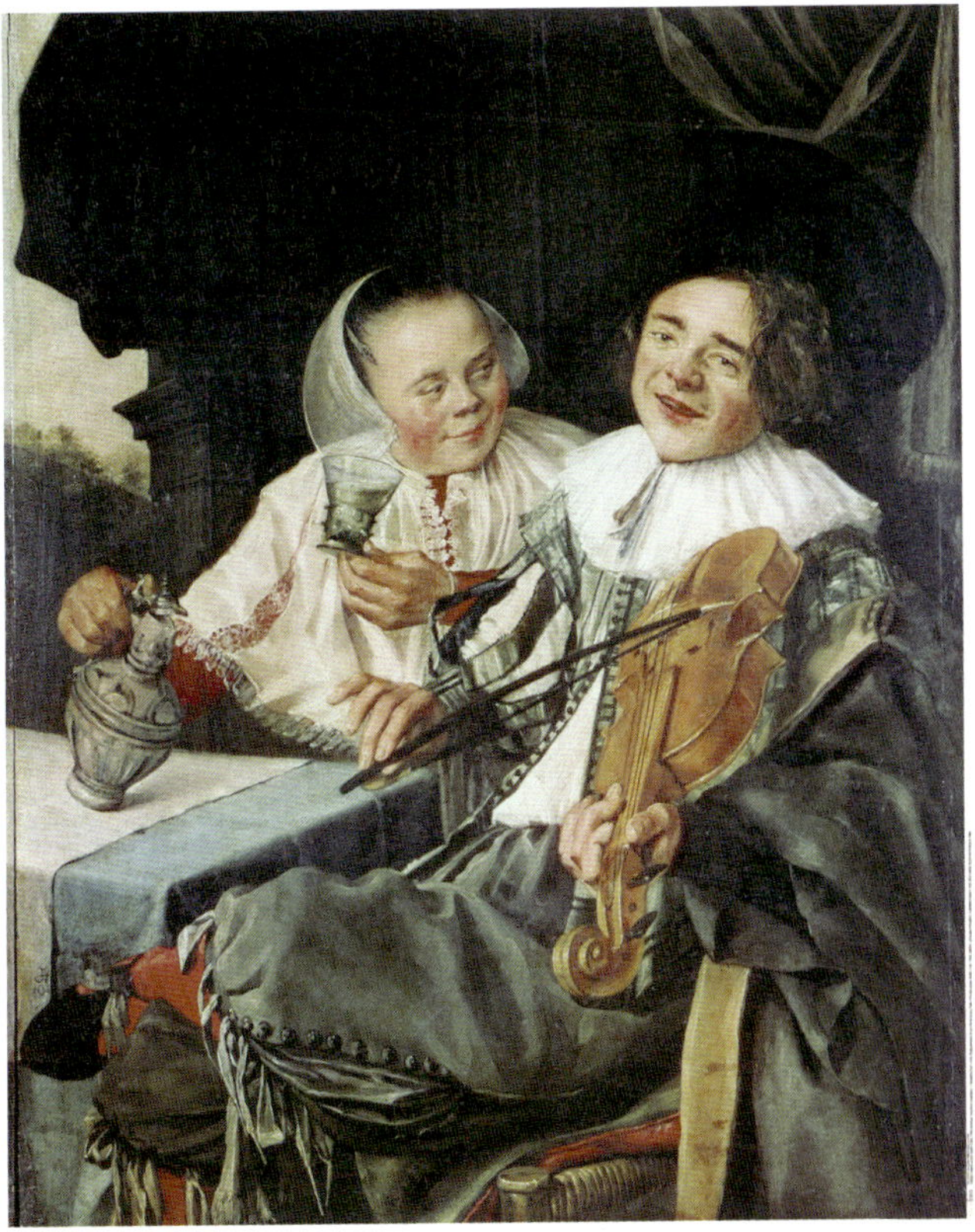

1630年　油彩・画布　68×55cm
ルーヴル美術館、パリ
©amanaimages

実際に笛が伝えているメッセージは親への戒め

《フルートを持って歌う少年》

フランス・ハルス［オランダ、c1581-1666］

楽しげな少年の姿に、養育の大切さをこめて

右手でフルートを持った少年は、頭を傾けながら左手で誰かの歌を聞こうとしているのでしょうか。それとも、この時代は現代のように絵画に作品名がない時代であり、現在に伝わるものは目録に記された記述がタイトルとして残っているため、少年自身が歌っていると勘違いされて記されていただけなのでしょうか。

伝統的に楽器の演奏は性行為を示唆し、その音色は儚い快楽の象徴でした。もし、少年がむなしくも自分が奏でたフルートの音色を聴こうとしているのでしたら、節制を促すこの時代のオランダ風俗画ならではの主題性となります。タイトルにもあるフルート（笛）がそのヒントになっていて、古いネーデルラント地方の諺「大人が歌えば子どもが笛を吹く」というメッセージが描かれていると考えるのが妥当といえるでしょう。

つまり、この風俗画はその諺の持つ意味である「善いことも悪いことも、子どもは親の真似をする」と、子どもの正しい養育がいかに大切かを表しているのです。

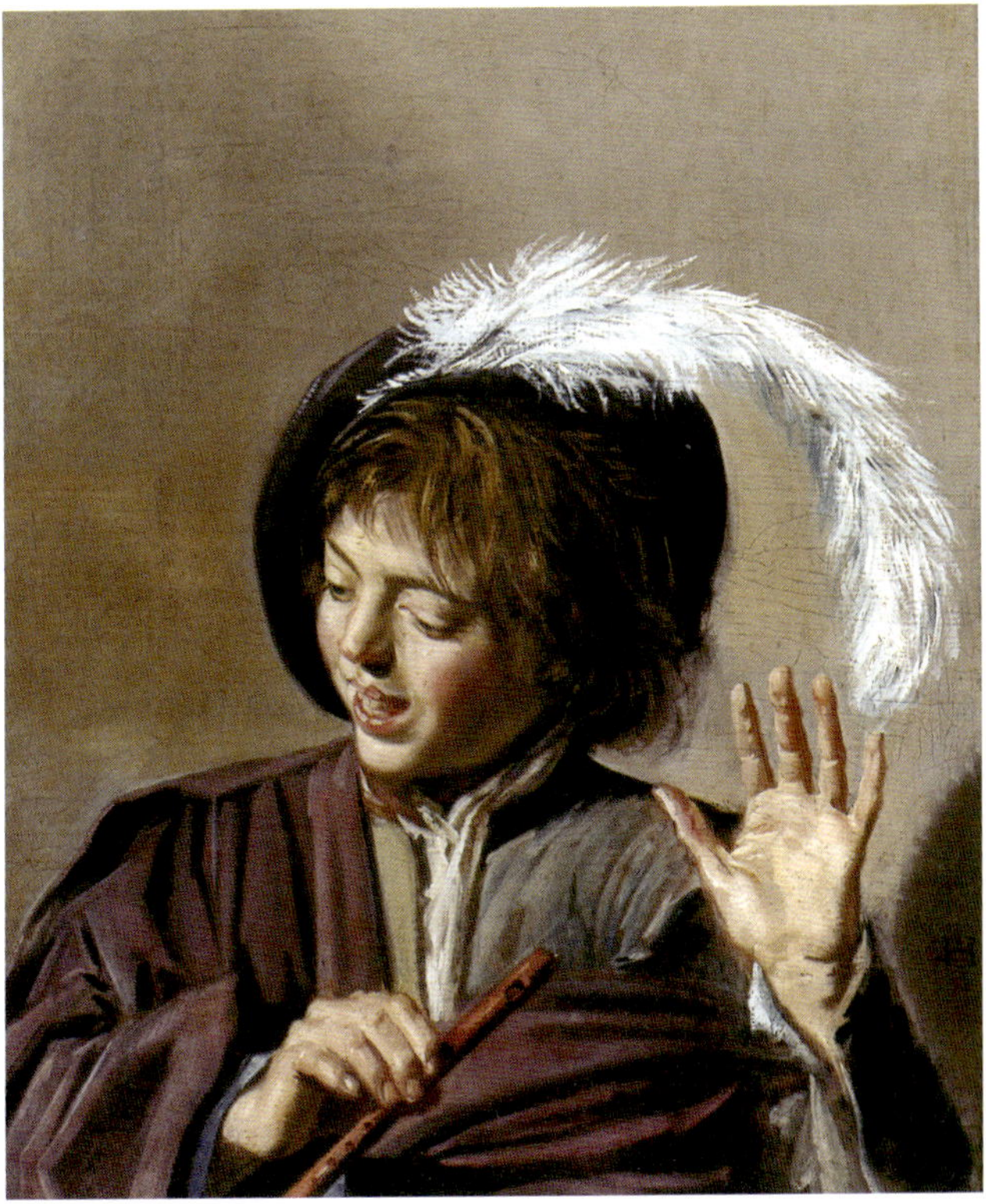

1623年頃　油彩・画布　62×54cm
ベルリン絵画館
©amanaimages

まるで我が子を描いたように見えるが……

《子どもの湯浴み》

メアリー・カサット［アメリカ、1844－1926］

母子像で高い評価を受けるカサットは生涯独身だった

印象派の仲間には、フランス人のモリゾとアメリカ人のカサットという、近代的な女性画家のパイオニア的存在がいました。二人が共に得意として描いた家庭の情景を比べると、モリゾの作品はフランス人らしい感受性豊かな叙情性が漂うのに対し、カサットの作品はアメリカ人らしい素直で温かい愛情が満ちています。カサットの作品には、彼女が育ったアメリカ上流社会特有のさり気ない優雅さと親密感が溢れているのです。

近代絵画の父エドゥアール・マネの弟ウジェーヌと結婚したモリゾは、画業に理解ある夫がマネージャー役を務めてくれたため、無事に画家の道を続けることができました。しかし、カサットは、画家としてのキャリアと結婚生活が両立しないと考えていたため、若いころから結婚すること自体を諦めていたのです。

印象派の同志だったモリゾ以上に母子像の評価が高いカサットですが、画家として大成するには大変な努力と労力が必要と考え、彼女は生涯独身を通したのでした。

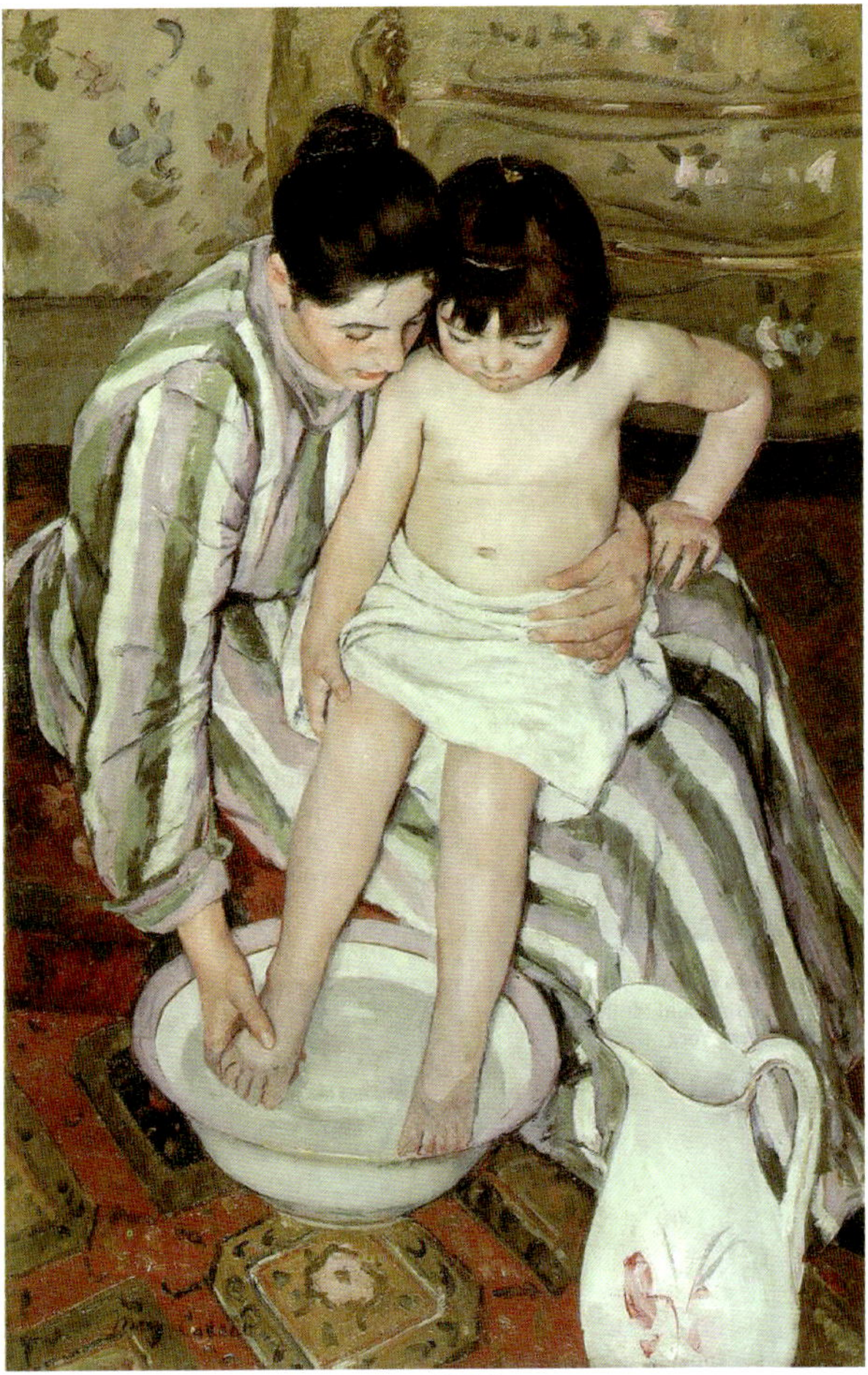
1893年　油彩・画布　100.3×66.1cm　シカゴ美術館

単に兄弟間の嫉妬と憎悪の話だけではない

《アベルを殺害するカイン》

ティントレット［イタリア、1518―1594］

兄弟間の殺しはキリストの死の予型

アダムとエヴァの息子たちがカインとアベルです。楽園を追放された人間は労働の苦しみを与えられ、兄カインは定住農耕者となり、弟アベルは遊牧の羊飼いとなりました。二人はそれぞれ収穫物を神に捧げましたが、神はカインのものは拒み、アベルのものだけを受け取ります。そのアベルの捧げ物である羊の頭部が右下に描かれています。このことに嫉妬したカインはアベルを憎み、野原で弟を襲って殺してしまうのです。

ちなみに、古代ギリシャや旧約聖書の神が動物の供物を好んだのは、肉が一番高価なご馳走であり、動物の血が大地を豊穣にするという考えがあるからでした。

カインとアベルの物語は、兄弟間の嫉妬と憎悪の物語だけではありません。アベルの死はキリストの死の「予型」であり、カインは裏切り者のユダと見なされ

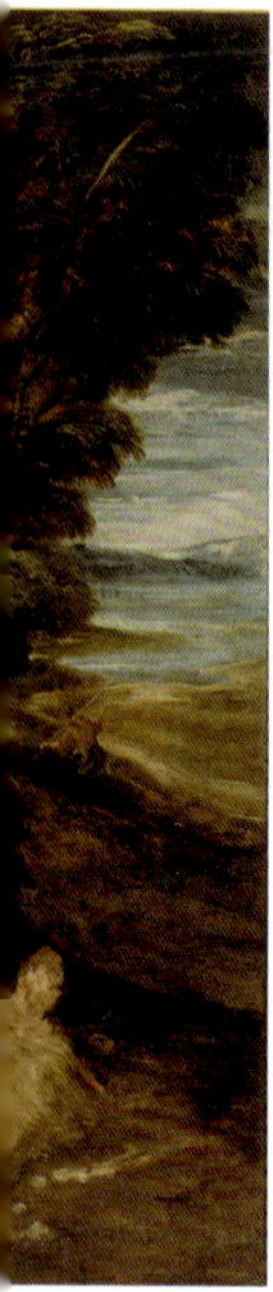

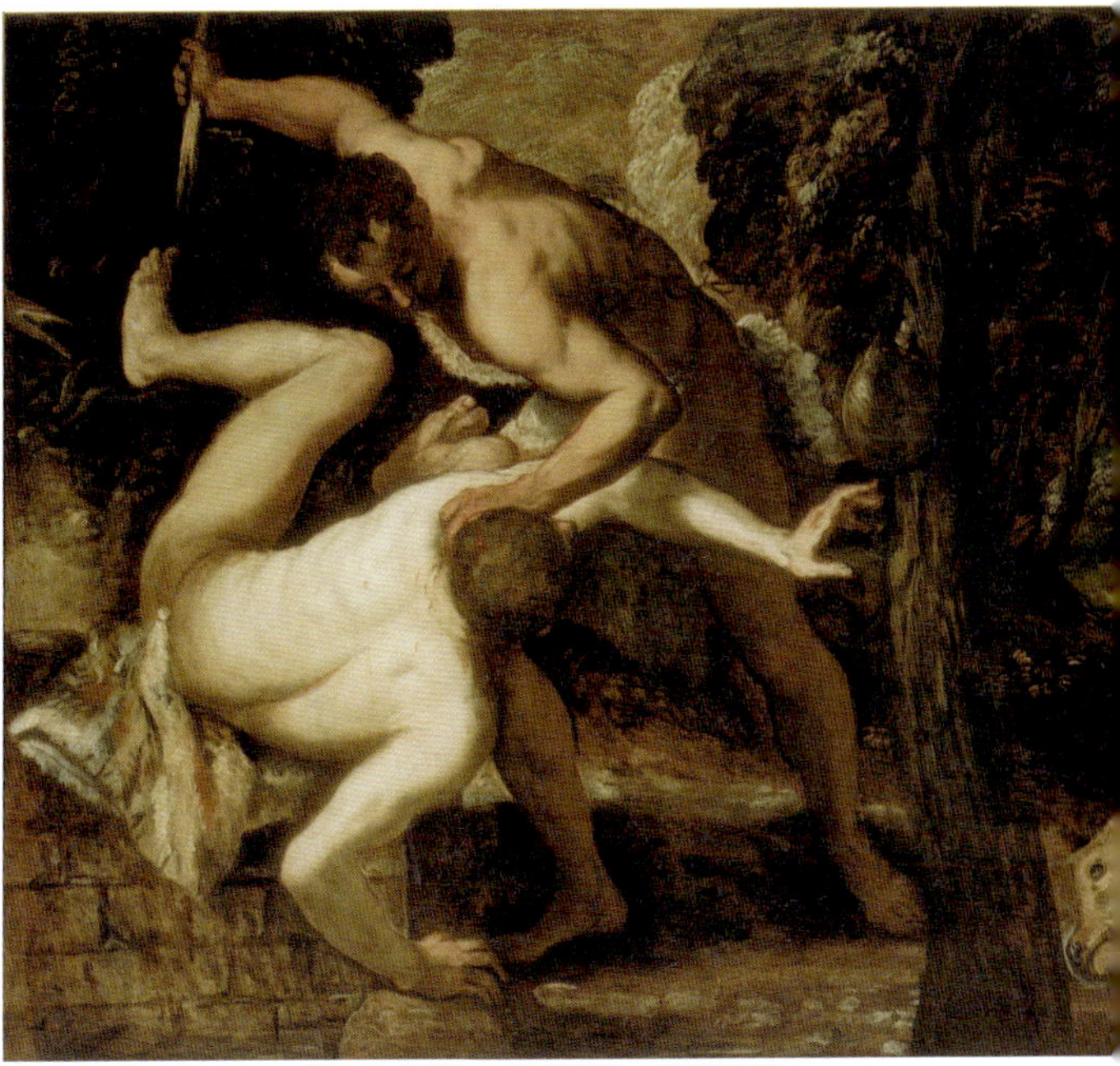

1550-53年　油彩・画布　149×196cm　アカデミア美術館、ヴェネツィア
©Alinari Archives, Florence/amanaimages

ます。

さらに、放浪の民ユダヤ民族の象徴が羊飼いアベルであり、農夫のカインはユダヤ民族を苦しめた農耕民族であるエジプト人やメソポタミア人の象徴と見なすのです。

化かしあいの結婚に当人たちは無関心

《当世風結婚 第1場面『結婚契約』》

ウィリアム・ホガース［イギリス、1697－1764］

落ちぶれた貴族と名誉の欲しい商人

恋愛や結婚には、相手を思いやる多少の「白い嘘」も必要ですが、自分の欲望のために相手を欺く嘘は不幸の源になりがちです。経済が発展した18世紀のイギリスで、第2次世界大戦後の日本でも見られた新たに財を成した商人階級と没落した貴族階級との結婚を、《当世風結婚》として風刺した6枚の連作は版画化されて大当たりしました。

この第1の場面では、結婚の契約が結ばれています。右端の伯爵は家系図を見せ、イギリス王朝の開祖ウィリアム征服王の末裔であることを自慢しています。足に巻いた包帯は、美食から患った痛風の証です。窓の外には新築中の邸宅があり、財産を食いつぶしていることがわかります。その向かいに座る商人は、財を成したものの階級社会では商人というだけで低く見られるため、何としても貴族の血筋が欲しいので

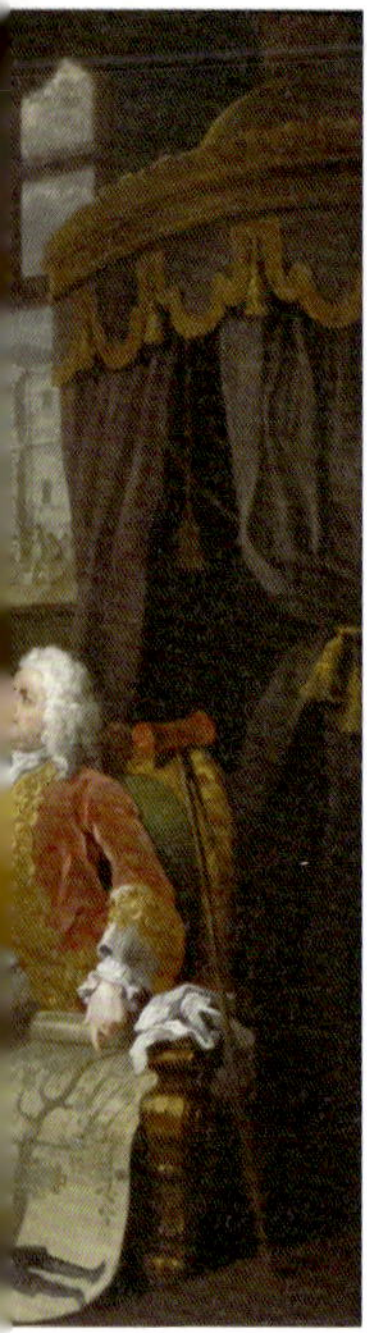

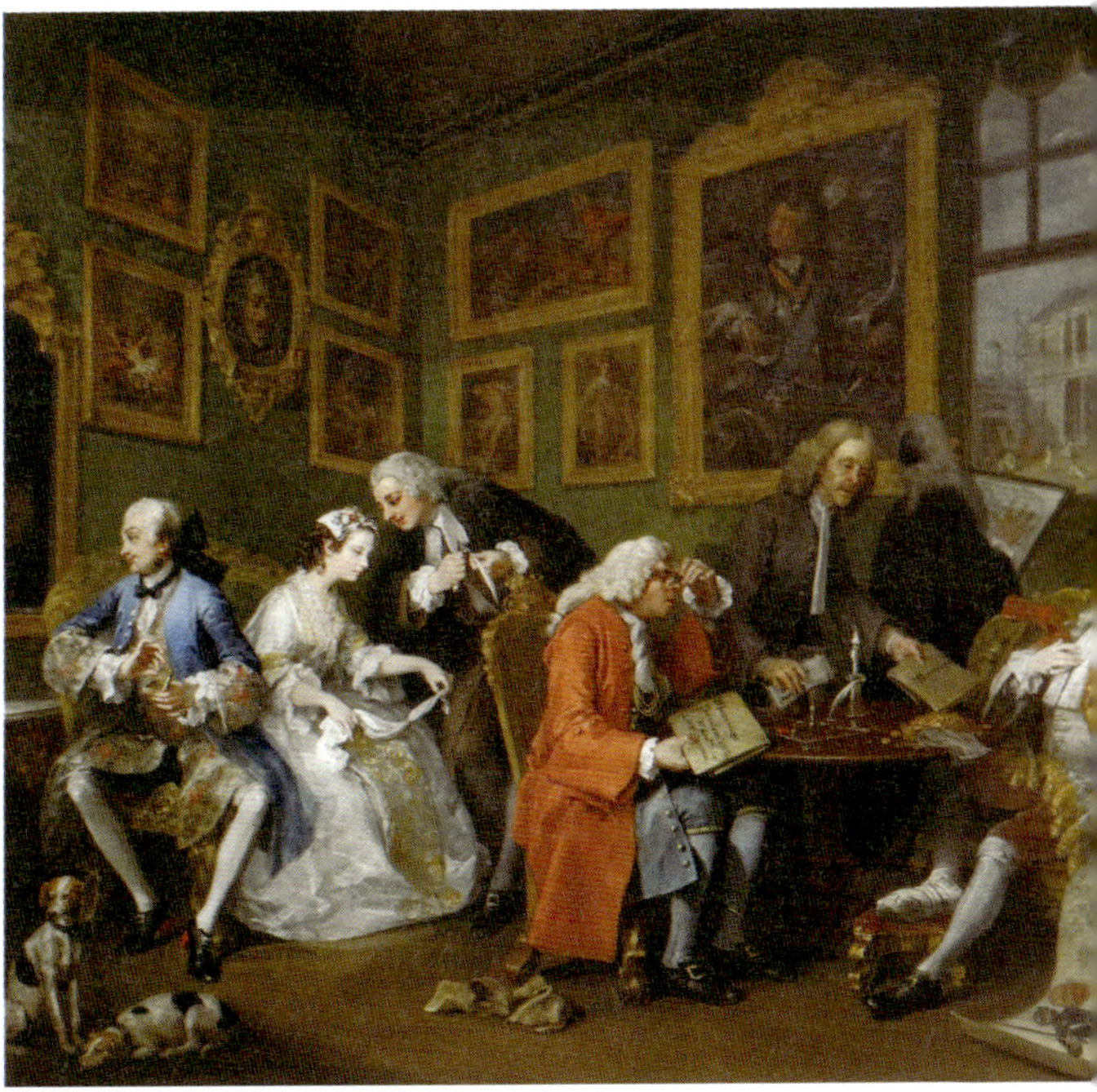

1743年頃　油彩・画布　69.9×90.8cm
ナショナル・ギャラリー、ロンドン
©amanaimages

した。

こうして伯爵の息子と商人の娘の結婚が成立しましたが、左端の肝心の二人は互いに背を向け相手に興味がなく、弁護士にいたっては早速その花嫁を口説いています。

愛のない結婚の結果お互い早々に朝帰り

《当世風結婚 第2場面『内緒話』》

ウィリアム・ホガース［イギリス、1697-1764］

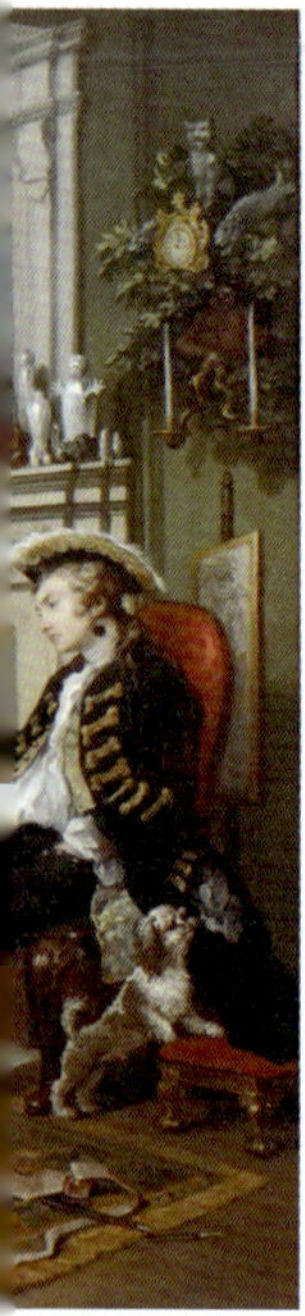

一緒に帰ってきたわけではない

《当世風結婚》の第2場面です。ナルシストで遊び人の子爵（伯爵の息子）と、商人の娘の新婚生活が始まりました。暖炉の右の時計は1時20分を指しています。午前か午後なのかはっきりしませんが、二人は別々に夜を過ごしてきたようです。

絵画ではお馴染みの貞節の象徴である犬が、疲れた様子の子爵のポケットにある女性のナイトキャップを嗅（か）ぎつけています。子爵がすでに不倫中なのを表していますが、性的には満たされていないこともわかります。首の絆創膏（ばんそうこう）が性病にかかっていることを表し、足元の折れた剣と暖炉の上の鼻が壊れた彫像は、彼が性的に不能になっていることを暗示しているのです。品がない座り方をしている新妻も、カード遊びに夢中な上、その艶っぽい視線からはかに意中の男性がいる様子です。そんな二人

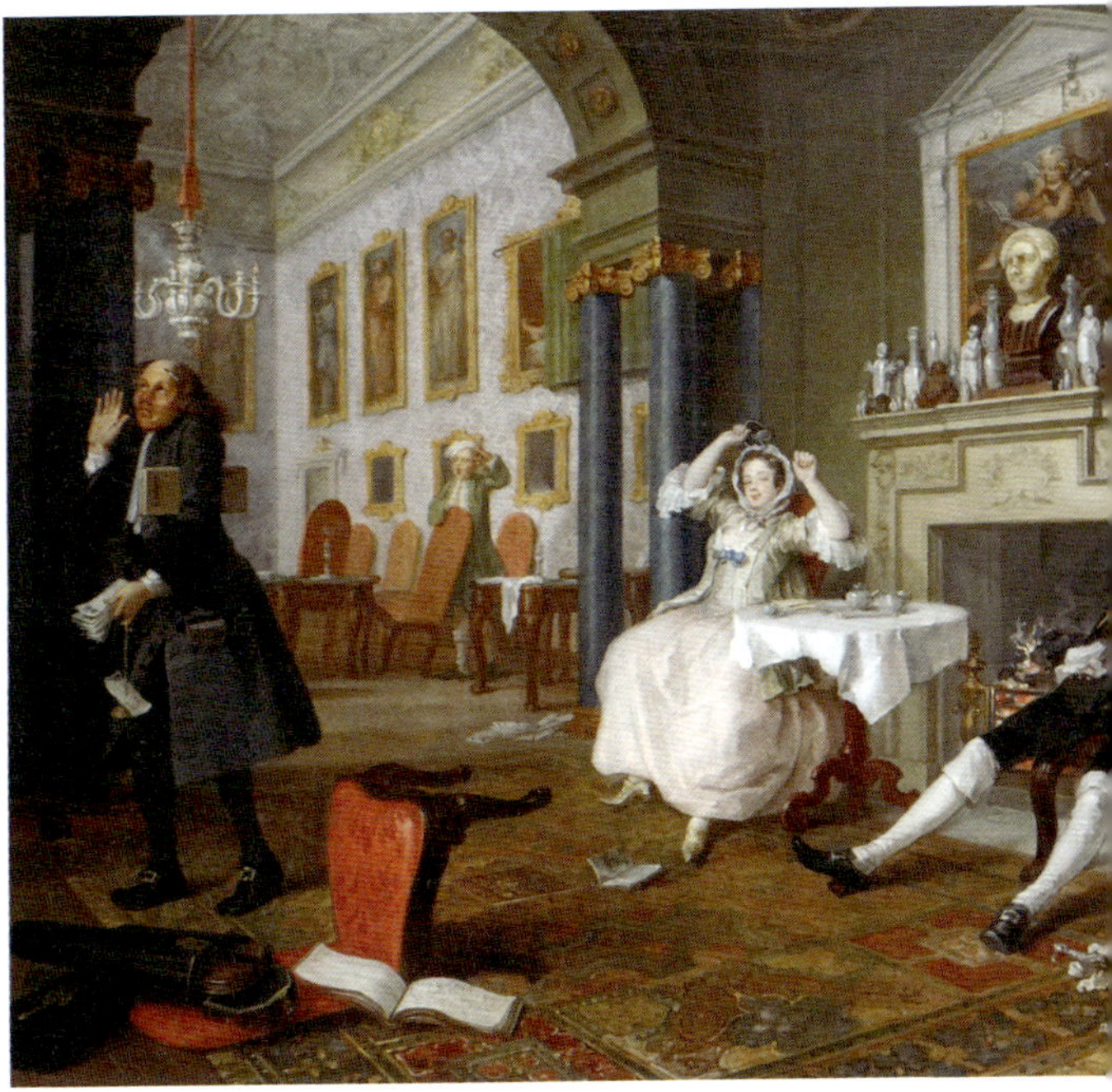

1743年頃　油彩・画布　69.9×90.8cm
ナショナル・ギャラリー、ロンドン
©amanaimages

に執事も呆れ果てています。

結局この連作の終わりには、子爵は妻の恋人になっていた弁護士に殺され、弁護士は死刑となり、子爵夫人となった商人の娘は自殺を図って幕が下りるのでした。

サンタからの贈り物はクリスマスに来ない？

《聖ニコラウス祭》

ヤン・ステーン［オランダ、1626－1679］

聖ニコラウスはサンタクロースの原形だが……

プロテスタントとカトリックの違いを簡単にいうと、プロテスタントは福音主義です。信仰と聖書の教えのみに従い生きていくことを重んじ、カトリックが禁じていない聖人崇拝を認めません。しかし、カトリック国家スペインから独立を果たしたオランダは、プロテスタント中心の社会でありながらも、聖ニコラウスの伝説は生き残りました。

この絵は、クリスマスやクリスマス・イヴに、子どもたちにプレゼントを渡している場面を描いているのではありません。12月5日の聖ニコラウスの祝祭を描いたものです。長く立派な白髭の聖ニコラウスは、私たちに馴染みのあるサンタクロースの原形となりました。絵を見ると、このお祝いの席の主役が子どもたちだとわかります。

着飾った金色のドレスの少女は、プレゼントされた洗礼者ヨハネ（子どもの病気の守護聖人）の人形と、お菓子などが入ったバケツを持っています。母親が見せてと促しても手放す気がないことがわかります。

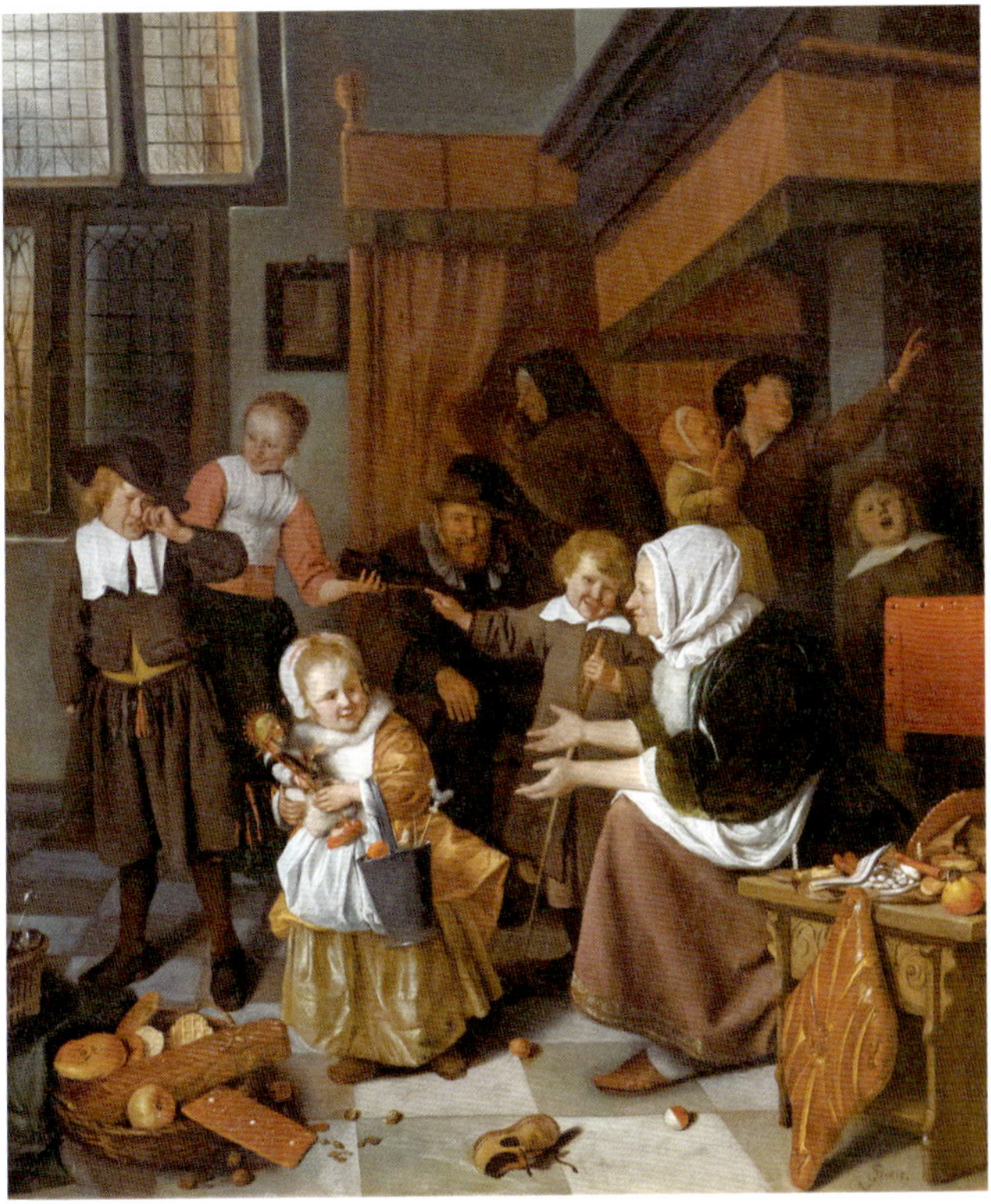

1665-68年　油彩・画布　82×70.5cm
アムステルダム国立美術館
©amanaimages

右手後ろの男性は、小さな子どもに向かって暖炉を指さし、12月5日の夜に1年間よい子で過ごした子どもには、暖炉の煙突を通って聖ニコラウスが贈り物とお菓子を運んでくれるということを教えています。ネーデルラントの子どもたちは、暖炉のそばに靴を置いて聖人の贈り物を待ち望みました。

少女は1年間よい子だったので贈り物を受け取ることができましたが、泣いている兄はその後ろの少女が空の靴を持っていることからわかるように、よい子ではなかったので贈り物がないようです。

現在のニューヨーク市は、元はオランダ人の入植者たちが、アメリカの植民地を開拓したニューアムステルダムでした。彼らは、この聖ニコラウスの祝日の伝統を、アメリカ大陸にも持ち込みます。そこで、聖ニコラウス（シンテルクラース）が、アメリカでのクリスマスのサンタクロースへと発展したのです。

今もアメリカの子どもたちは、17世紀のオランダの子どもたち同様に贈り物を楽しみにしています。夜にサンタクロースが贈り物を持ってきてくれたときのために、暖炉にミルクとクッキーを、そして木靴の代わりに靴下を用意するのです。

第10章

神々の謎

主題のマタイは誰なのか？

《聖マタイの召命》

ミケランジェロ・メリージ・ダ・カラヴァッジョ［イタリア、1571－1610］

長年にわたって議論の的になっている出世作

美術愛好家だったデル・モンテ枢機卿（すうききょう）に庇護されていたカラヴァッジョが、ローマ市民への公的なデビュー作として描いた祭壇画です。現代でも多くの人が、この祭壇画のある礼拝堂を訪れますが、当時もその写実的な描写と大胆な明暗法で一大センセーションを巻き起こし、話題を呼びました。その結果、カラヴァッジョは一気に当代一のスター画家となり、多くの追従者たちを生み出すことになったのです。

これはキリストが、取税人だったマタイを「私に従ってきなさい」と召し出している場面が描かれています。一見、当世風の服装をした人々が描かれているため、当時の人々には風俗画のように映ったことでしょう。問題なのは、誰がマタイなのかはっきりしない点にあります。長年にわたり、自分を指している髭を生やした初老の男がマタイだと信じられてきましたが、近年では左端で俯（うつむ）いている若者がマタイであるという説が支持されつつあります。しかし、実際にはどちらなのか確証はないのです。

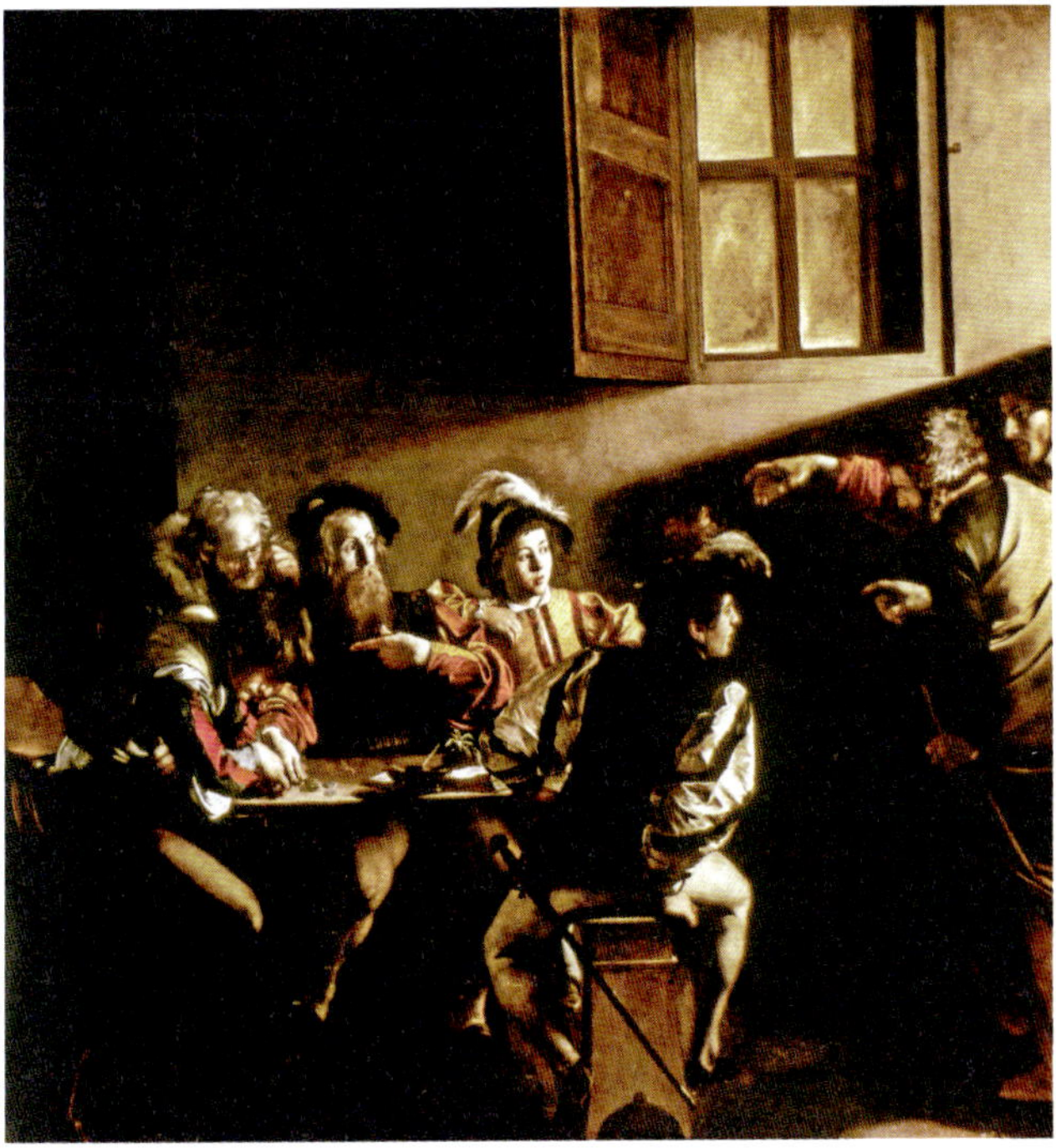

1599-1600年　油彩・画布　322×340cm
サン・ルイージ・デイ・フランチェージ教会、ローマ
©amanaimages

旅人の背中から生えた白い両翼の秘密

《サラを訪れる天使》

ジョヴァンニ・バッティスタ・ティエポロ［イタリア、1696－1770］

じつは天使だった旅人の正体を明かしている

中近東では、旅人をもてなすことは大変な美徳と考えられていました。

ある炎暑の日のこと、あまりの暑さに玄関先で横たわっていたアブラハムは、灼熱の中を旅する3人の旅人を見かけ、慌てて彼らを招きました。自ら木陰のテーブルを設え、彼らをご馳走と貴重な水で手厚くもてなします。そんな中、彼らはアブラハムに向かって1年後に妻のサラが子どもを産むことを予言します。じつは3人の旅人は神から遣わされた天使だったのですが、人間の姿をしていたのでわからなかったのです。

その予言を後ろで聞いた89歳のサラは、子どもが生まれるわけなどないと密かに笑いました。しかし、それを見た旅人（天使＝神の使者）は、なぜそれを信じないのかとサラを咎め、主に不可能はないと伝えたためサラも慌てて笑っていないと否定したのです。

いきなり初対面の人にいわれたので、サラも信じがたかったのは当然のことですが、ここではティエポロは旅人の本来の姿である羽のある天使として描いています。

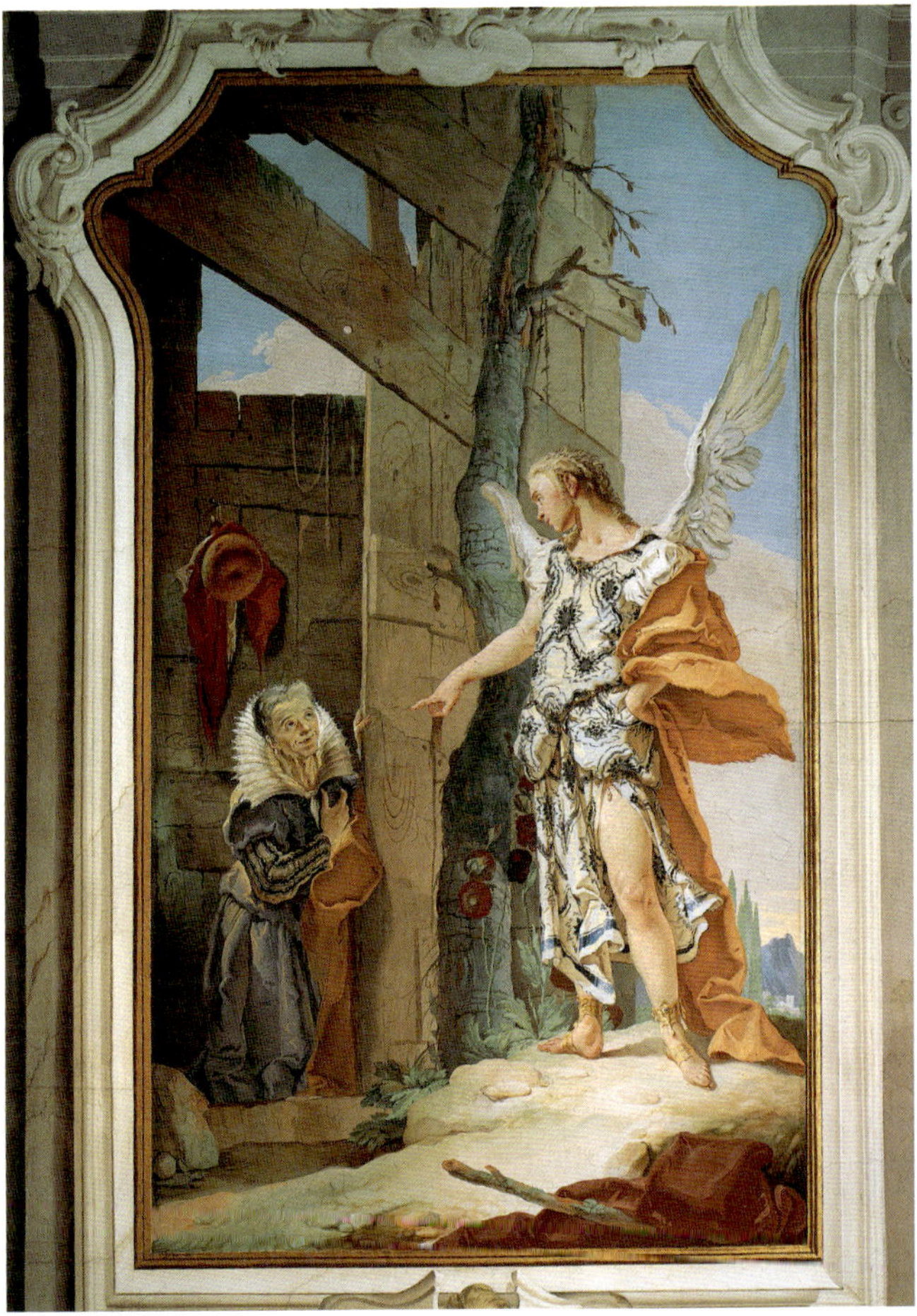

1724-29年　フレスコ　パトリアルカーレ宮、ウディネ（イタリア）
©amanaimages

聖書の記述に抗った リアリズム画家の矜持

《イサクの犠牲》

ミケランジェロ・メリージ・ダ・カラヴァッジョ［イタリア、1571-1610］

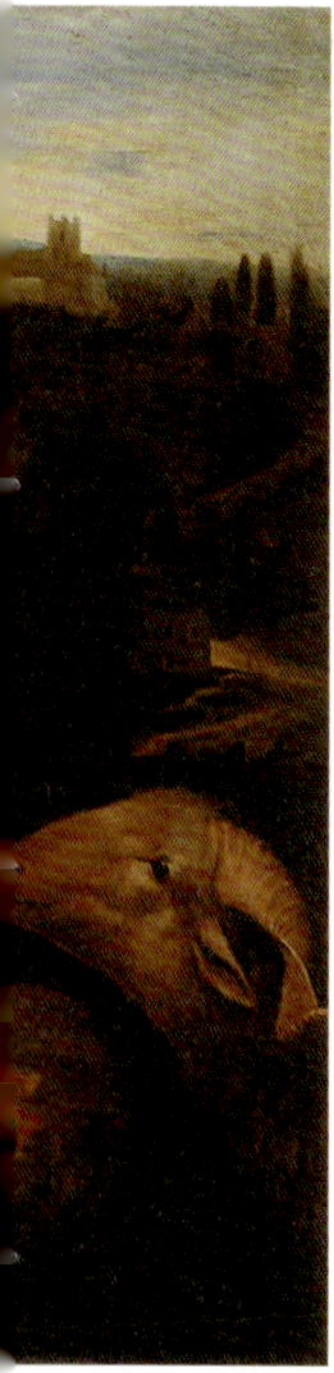

聖書によると天使は語りかけただけ

旧約聖書の「イサクの犠牲」は、神の子であるキリストの犠牲の予型と見なされます。100歳で念願の息子イサクを得て平和に暮らしていたアブラハムは、神からイサクを連れてモリヤの山の祭壇で燔祭として我が子を捧げるよう命じられました。

本来、燔祭は祭壇で羊を殺して焼き、神に捧げる儀礼です。神の命にただひたすら従い、作法に則って頸部を切りつけようとした瞬間、天使がアブラハムを止めます。天使が左手で指しているのは、イサクの代わりに生贄になる牡羊です。神はアブラハムの信仰を試し、神のためには我が子の命さえ惜しまなかった彼を祝福して、子孫の繁栄を約束しました。

しかし、聖書の記述と大きく違う点が二つあります。

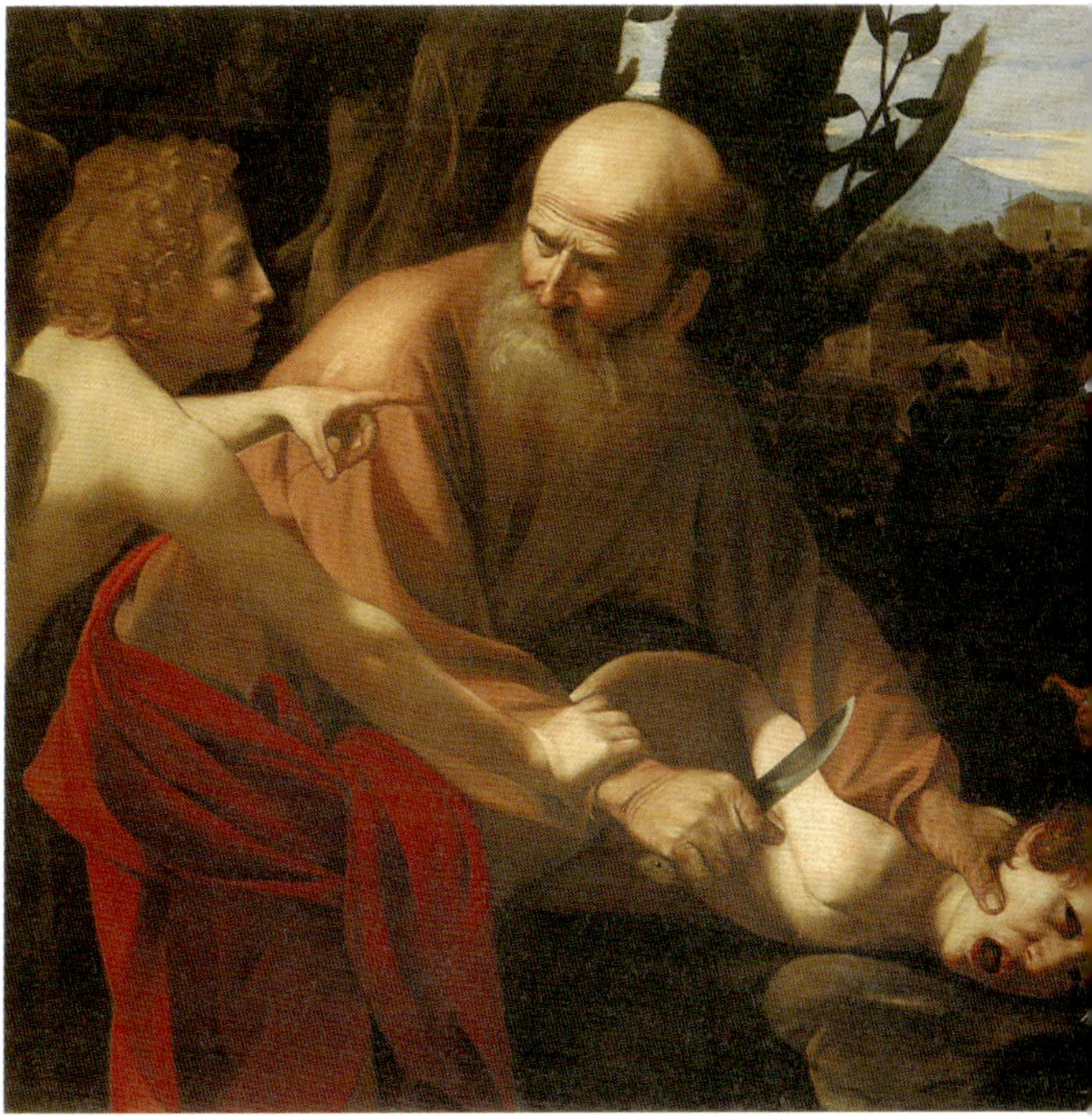

1603年　油彩・画布　104×135cm　ウフィツィ美術館、フィレンツェ

さすがリアリズムの画家カラヴァッジョらしく、イサクは生贄になることに激しく抵抗しています。そして、天使はたしかにアブラハムが頸部を切ろうとするのを阻止しましたが、絵のようにアブラハムの手首をつかんではなく、彼に語りかけることによって止めたのでした。

目が不自由な父を騙して家督を受けた弟

《ヤコブを祝福するイサク》

ホセ・デ・リベーラ［スペイン、1591―1652］

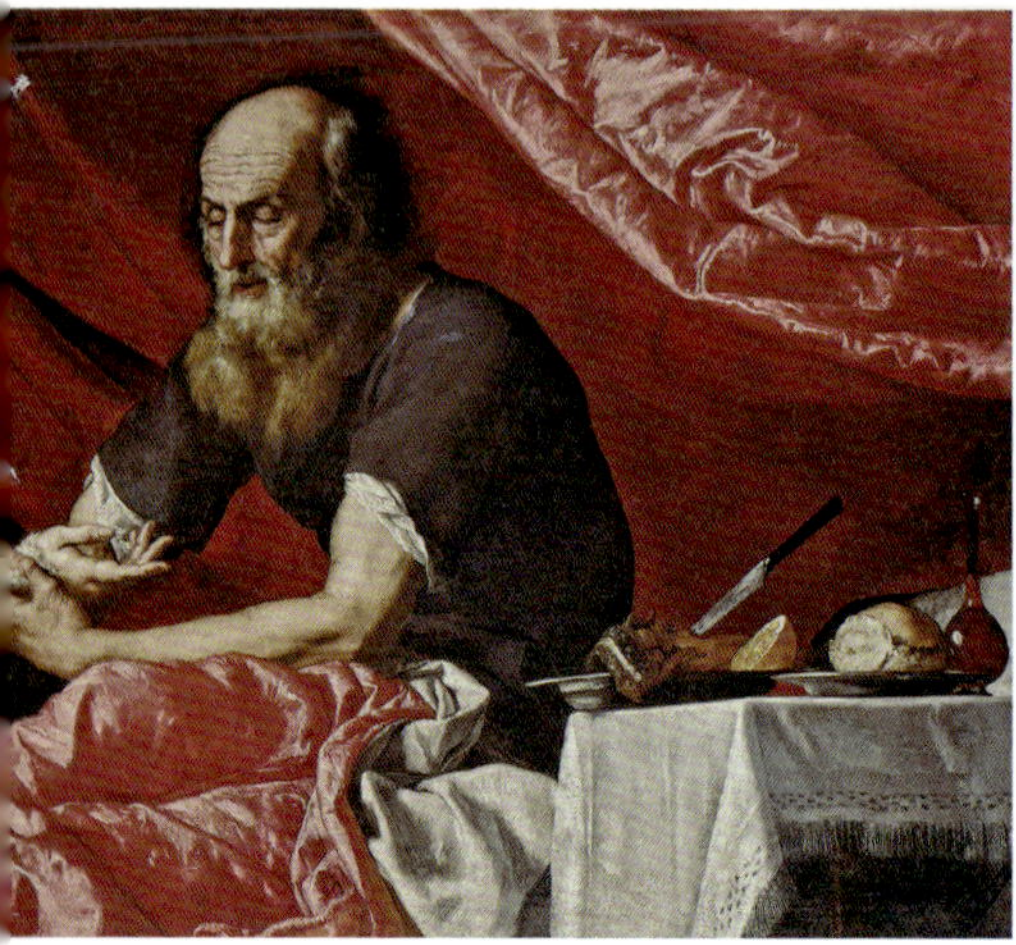

兄と間違えるように腕に毛皮を巻いた

前項のイサクはアブラハムの遺言で、故郷の娘リベカを妻に迎え、エサウとヤコブという双子の兄弟が生まれました。

家督の権利を相続できるのは、本来なら長子である兄エサウだったのですが、権利を欲しがった弟ヤコブは空腹で帰ってきたエサウに対し、一杯のレンズ豆のスープと引き換えに家督権を譲り受けたのでした。

しかし、イサクはエサウに相続させるのが当然と考えていました。イサク

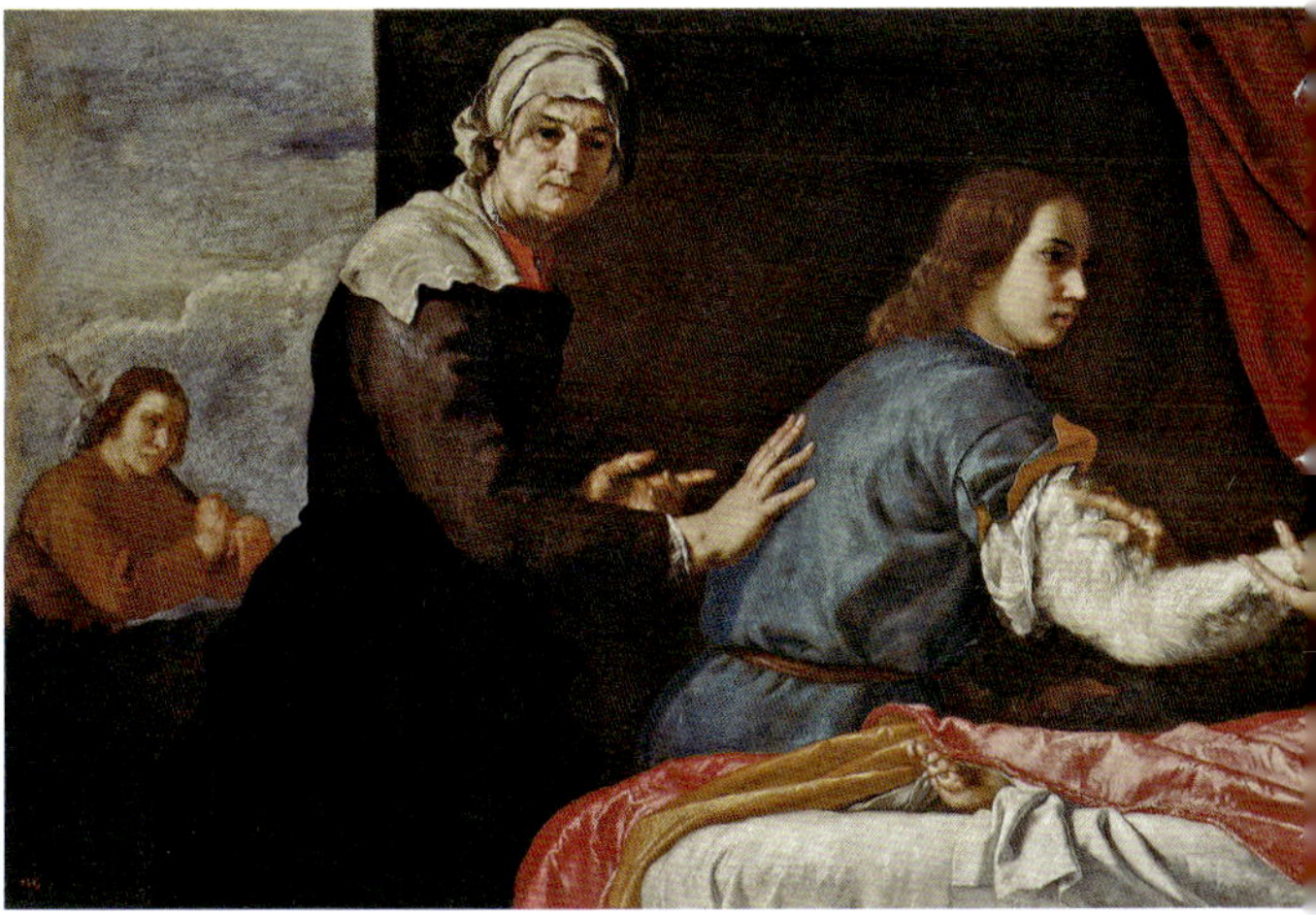

1637年　油彩・画布　110×291.5cm　プラド美術館、マドリード
©amanaimages

の祝福がなくては家督の相続が成立しません。また、エサウも弟との口約束など反故にするつもりでした。

そこで、弟ヤコブのほうをかわいがっていた母リベカが一計を案じ、年老いてほとんど盲目になっていたイサクを欺くことにしました。ヤコブは、生まれたときから毛深かったエサウになりすますため、山羊の毛皮を自分の腕に巻いたのです。

その結果、彼はよく目の見えないイサクを騙して、自分をエサウと思い込ませて祝福を受けました。ひとたび授けた祝福は、取り消すことができなかったのです。

兄たちの末弟への愛を試したヨセフの一計

《ベニヤミンの袋から銀の杯を見つけるヨセフ》

クラース・コルネリス・ムイヤールト［オランダ、1592－1655］

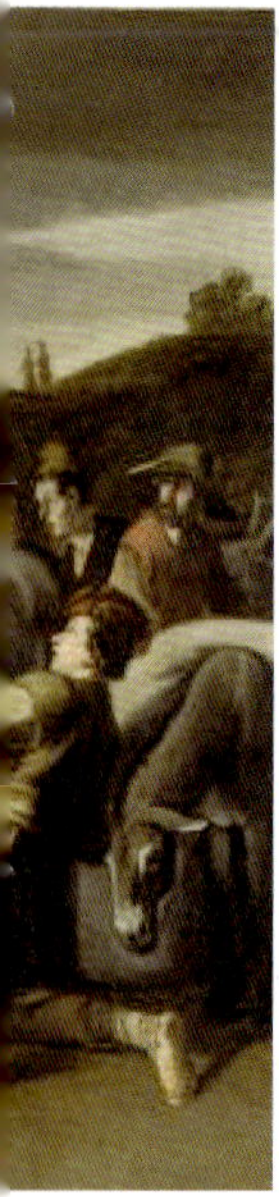

泣いている少年ベニヤミンが悪いわけではない

ヤコブの息子ヨセフは、父に最も愛されたため異母兄たちに憎まれました。その結果、兄たちにエジプトへ向かう商人に売られてしまいます。しかし紆余曲折の後、エジプトの宰相にまで出世しました。

やがて飢饉の折、ヤコブは末子ベニヤミン以外の息子たちを、エジプトへ穀物の買い出しにつかわせます。

ヨセフは異母兄たちに気づき、自分の正体を隠したまま兄の一人を人質にして、同母弟ベニヤミンを連れてくるよう要求します。

約束通り、彼らはベニヤミンを連れてエジプトを再訪しました。彼らが帰途につく際、ヨセフはベニヤミンの穀物が入った袋に銀杯を忍ばせ、追っ手を遣わせて銀杯を発

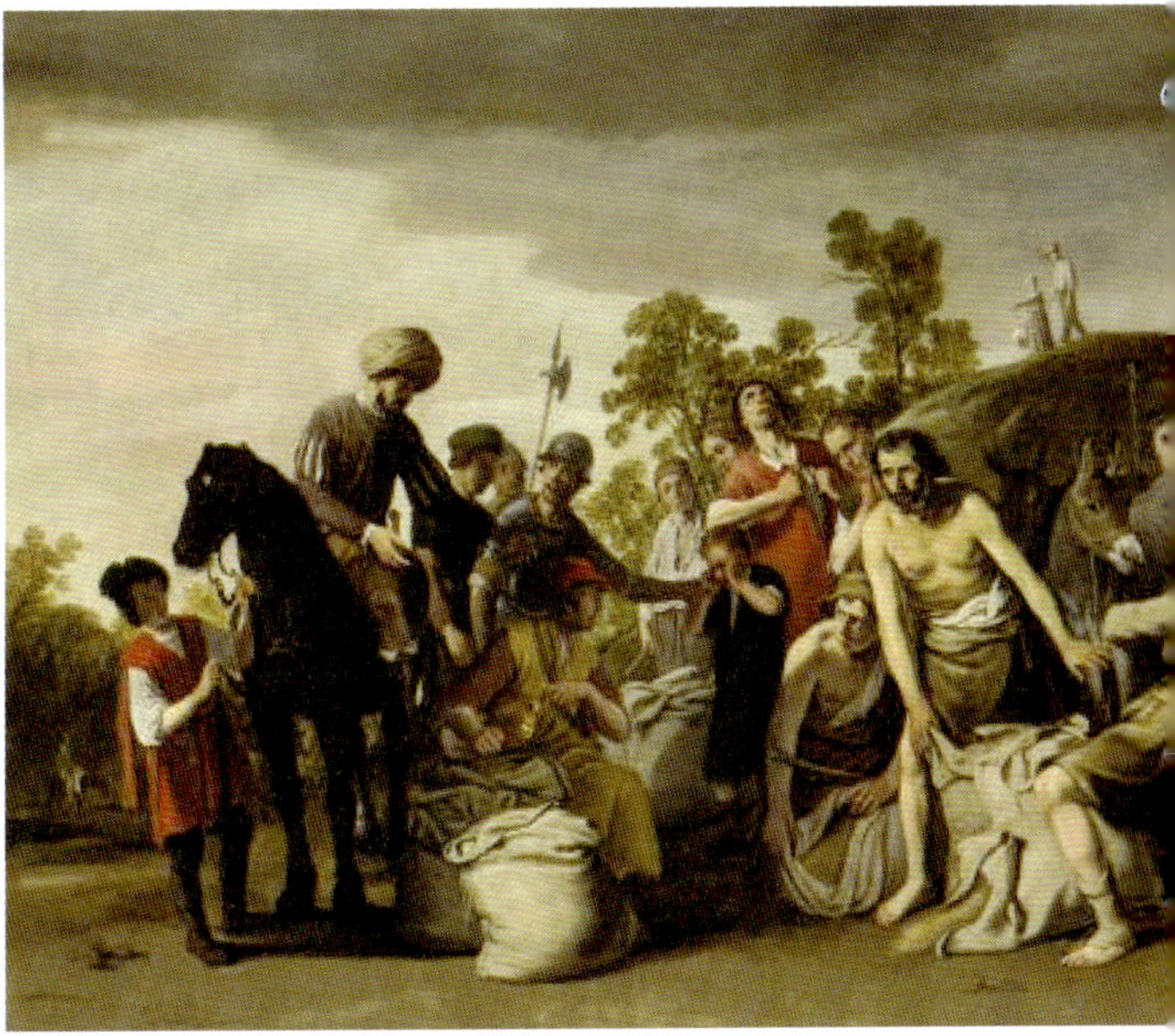

1627年　着彩・画布　94.5×138.4cm
国立西洋美術館、ブダペスト

見させます。無実の罪を着せられたベニヤミンが、画面中央で泣いているのはそのためです。

ヨセフの前に連れ戻された彼らは、必死にベニヤミンを庇（かば）いました。しかし、これは彼らの末弟への愛情を測るための試験だったのです。

結局ヨセフは自分の正体を明かして、また彼らの過去の仕打ちも許し、一族は父ヤコブ共々エジプトへ移り住んだのでした。

ペットの白鳥をかわいがっているわけではない

《レダと白鳥》

アントニオ・アッレグリ・ダ・コレッジョ［イタリア、c1489-1534］

白鳥となった神と王妃の情交の一場面だった

ルネサンス期以降、好んで描かれた主題です。ギリシャ神話が文学として復興を果たしたこの時代、同じ歴史画でも宗教画と違って、このような神話画は、当時の王侯などの権力者たちが個人的な嗜好を満たすために発注されました。そのため、官能的な要素が強いことも特徴的です。

この作品も、マントヴァ公フェデリーコ2世ゴンザーカが発注し、以後スペイン王フェリペ2世、神聖ローマ皇帝ルドルフ2世、摂政オルレアン公フィリップ、プロシア王フリードリヒ2世の手へと渡り、現在に至ります。

好色な主神ユピテルが、スパルタ王の妻レダに対する自分の欲望を満たすため、白鳥に変身してレダを誘惑し、結ばれる場面が描かれています。

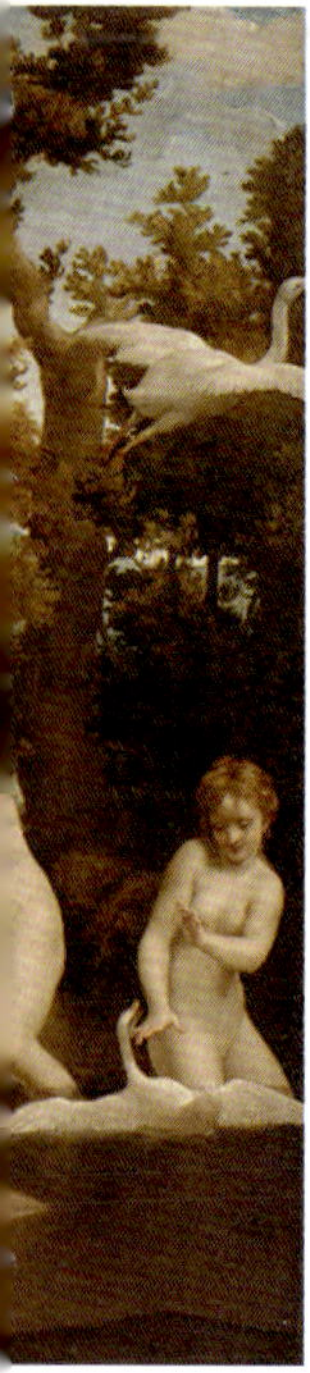

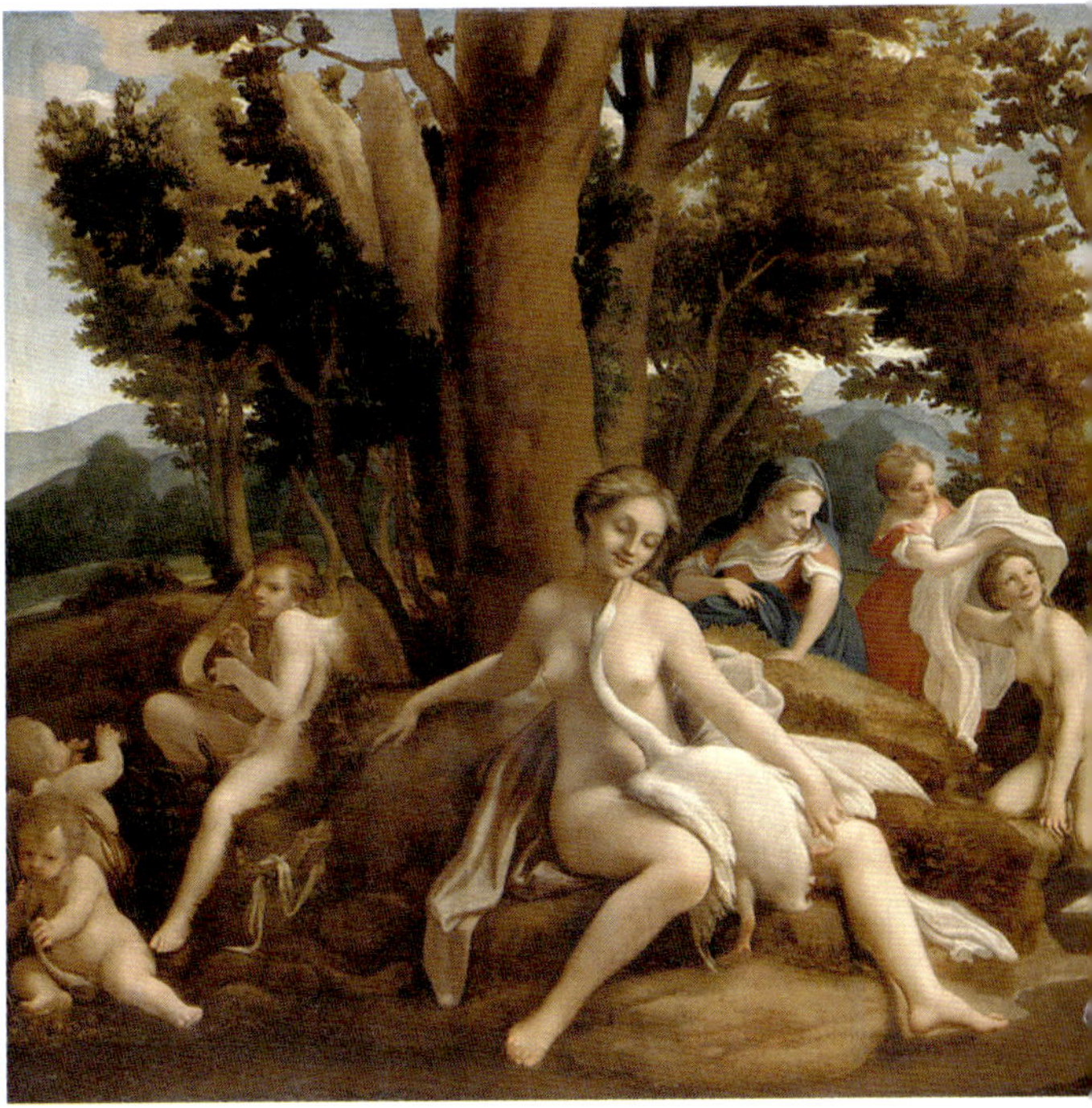

1532年頃　油彩・画布
156.2×195.3cm
ベルリン絵画館

したがって、美女が白鳥をペットのようにかわいがっているのではなく、愛を交わしている場面が描かれているのです。

現代と違い、男女の性行為の場面を描くことが非常に難しく、時に投獄など危険を伴う時代だったことがうかがえる主題です。

女性同士の恋人？　じつは好色な神の罠

《ユピテルとカリスト》

フランソワ・ブーシェ［フランス、1703－1770］

ユピテルに翻弄されたカリストの悲劇

処女神ディアナの侍女を務めるニンフ（妖精）だった美しきカリストは、女神やほかのニンフたち同様に、純潔を守らなければいけませんでした。そんなカリストに恋心を抱いたのが、好色な神ユピテルです。ユピテルは、ディアナ（三日月の髪飾りが持物）の姿に変身してカリストに近づき、彼女の抵抗もむなしくその純潔を奪いました。

月が9回ほど満ちた後、森の中の小川で、ディアナが侍女たちに裸になって水浴するよう促しました。一人だけ躊躇していたカリストでしたが、衣類を強引にはかされてしまった結果、彼女の妊娠が発覚してしまいます。その結果、激怒したディアナによって、彼女は女神のお供から外され追放されてしまうのです。その後、熊に姿を変えられたカリストは、ユピテルによって夜空の大熊座にされてしまったのでした。

一見、女性の恋人たちのように映りますが、ユピテルの持物である鷲が背後にいるため、ユピテルがディアナに扮してカリストを騙している場面だとわかるのです。

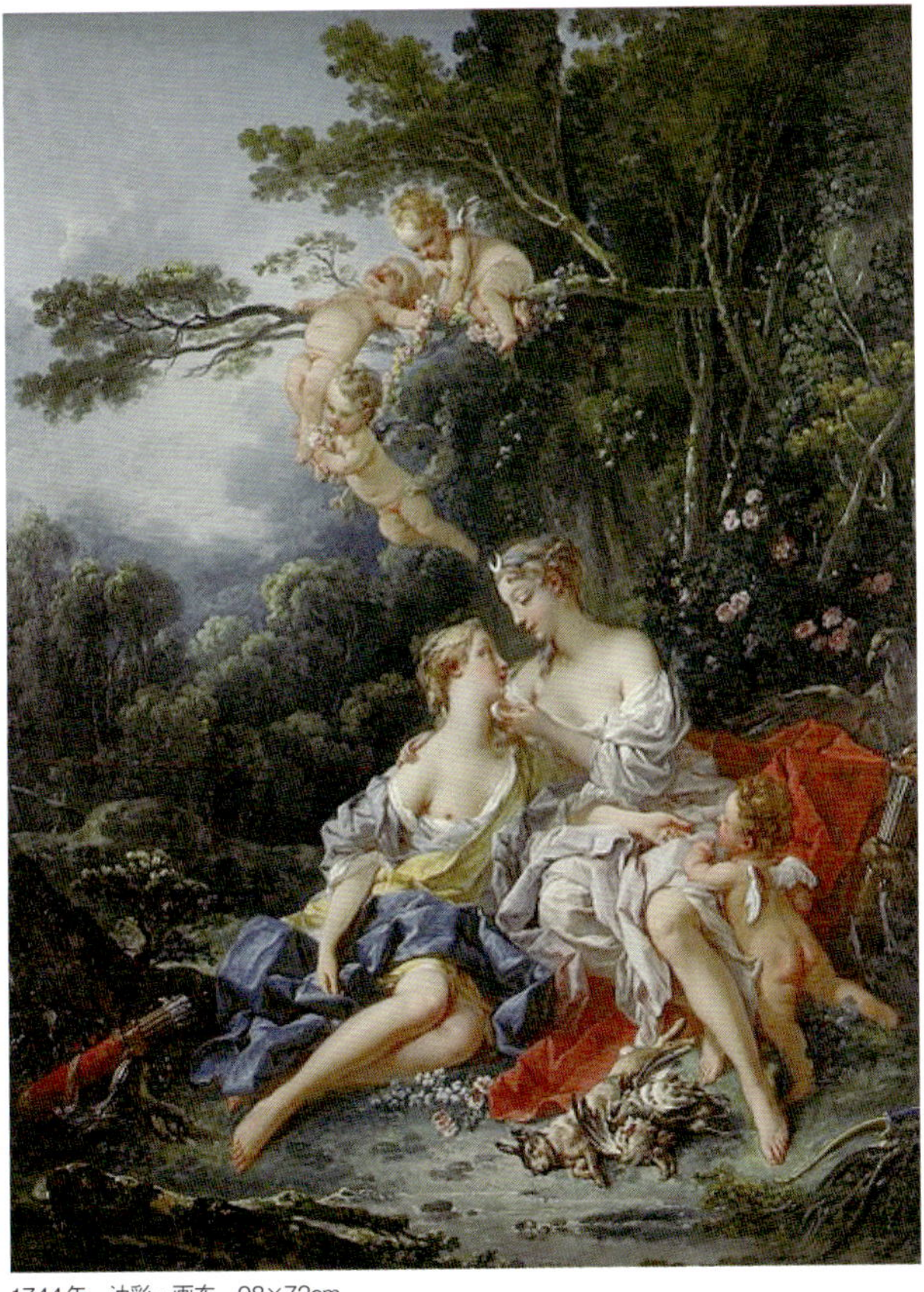

1744年　油彩・画布　98×72cm
プーシキン美術館、モスクワ

逞しい軍神マルスが、なぜ軽やかな布を破けない？

《ウルカヌスに捕らえられたマルスとウェヌス》

ルカ・ジョルダーノ［イタリア、1634－1705］

本来なら目に見えない真鍮の網でからめ取られた

粗野で攻撃的な性格な軍神マルスは、両親のユピテルとユノのみならず、ほかの神々からも嫌われていました。しかし、そんな逞しく精力的なマルスと恋に落ちたのが、愛と美の女神ウェヌス（ヴィーナス）です。ただ、それを快く思わなかったのが理性的な太陽神アポロでした。ウェヌスには、火の鍛冶の神である醜男ウルカヌスという夫がいたからです。アポロは親切にも（でしょうか？）その不貞を女神の夫にご注進します。

話を聞いて怒ったウルカヌスは、すぐに蜘蛛の巣のように細く軽く、それでいて丈夫でありながら肉眼では見えない真鍮の網をつくり、寝床の周りに張り巡らせておきました。その結果、密通の際に抱き合った二人は、見事に網に捕らえられます。身動きができなくなった二人に対し、ウルカヌスはほかの神々を呼び、見せつけて恥をかかせたのです。したがって、恋人たちの脚にからまっているのは軽やかなレースのような布ではなく、目には見えないはずのウルカヌスお手製の真鍮の網なのでした。

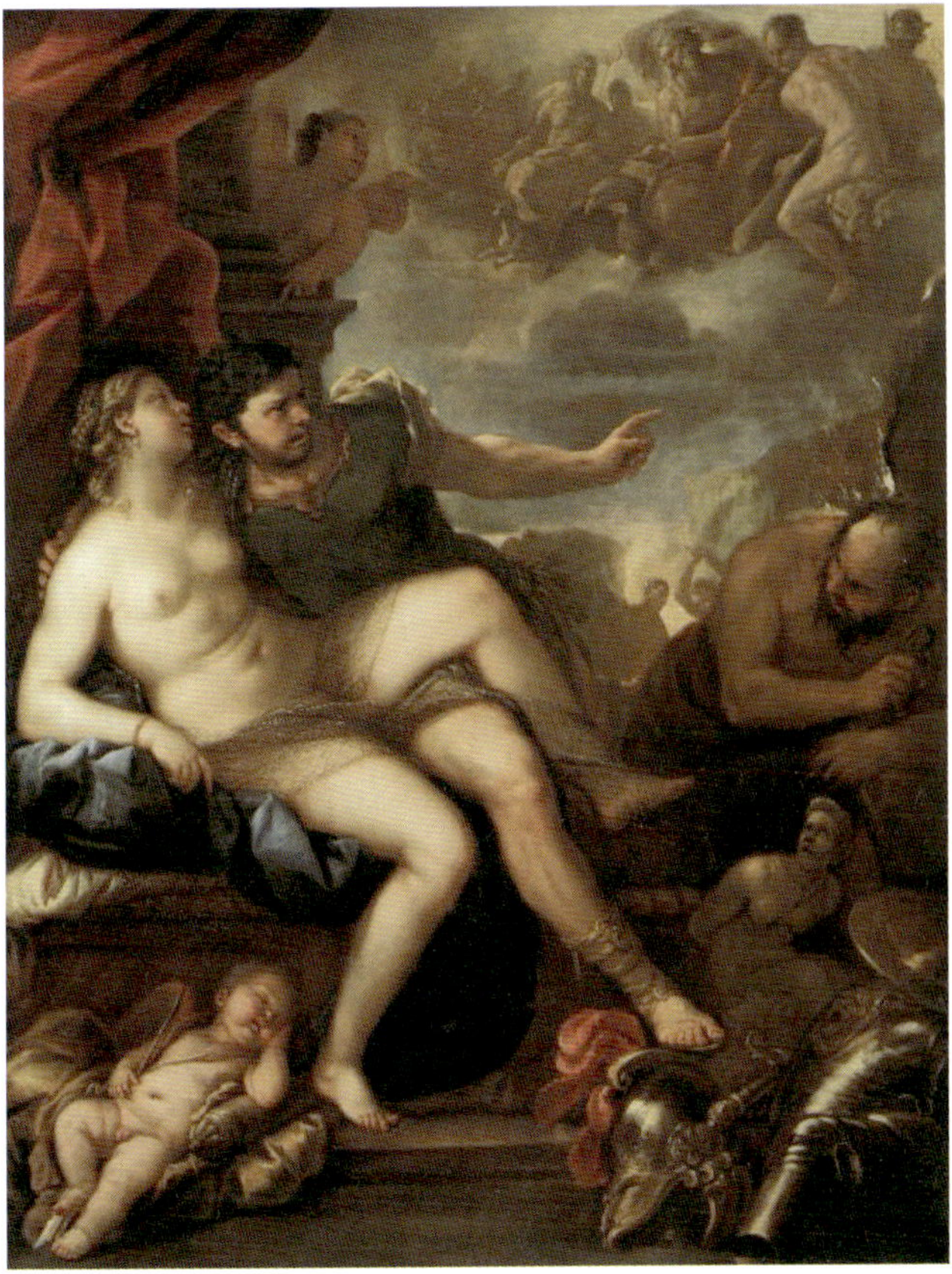

1670-75年頃　油彩・画布　232×182cm
ウィーン美術アカデミー

享楽的なヴェネツィア画家が絵の中に間男を隠した

《ウルカヌスに驚かされるウェヌスとマルス》

ティントレット［イタリア、1518－1594］

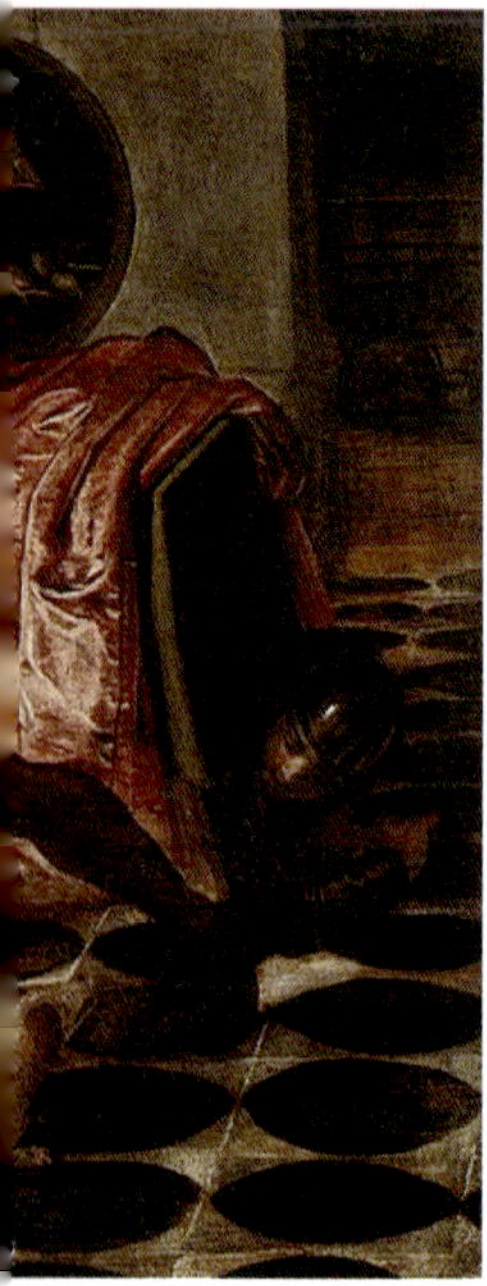

あえて『変身物語』の描写を喜劇化した

前項のジョルダーノと同じく、古代ローマの詩人オウィディウスの『変身物語』からのエピソードが描かれていますが、同じ場面とは思えないほど構成が違っています。本来なら、ウルカヌスが妻ウェヌスの不貞の場を押さえた場面が描かれているはずなのですが、寝台には間男のマルスが見当たりません。ウルカヌスも、どこか間の抜けたような姿です。ウェヌスとマルスのあいだの子ども（諸説ありますが通常はそう見なされます）愛の神クピドも、母親の側で寝たふりをしています。どこか怪しい様子です。

それもそのはず、絵の右下で夫婦の貞節を象徴する犬が吠（ほ）えている相手にご注目。ヘルメットを被ったマルスがテーブル

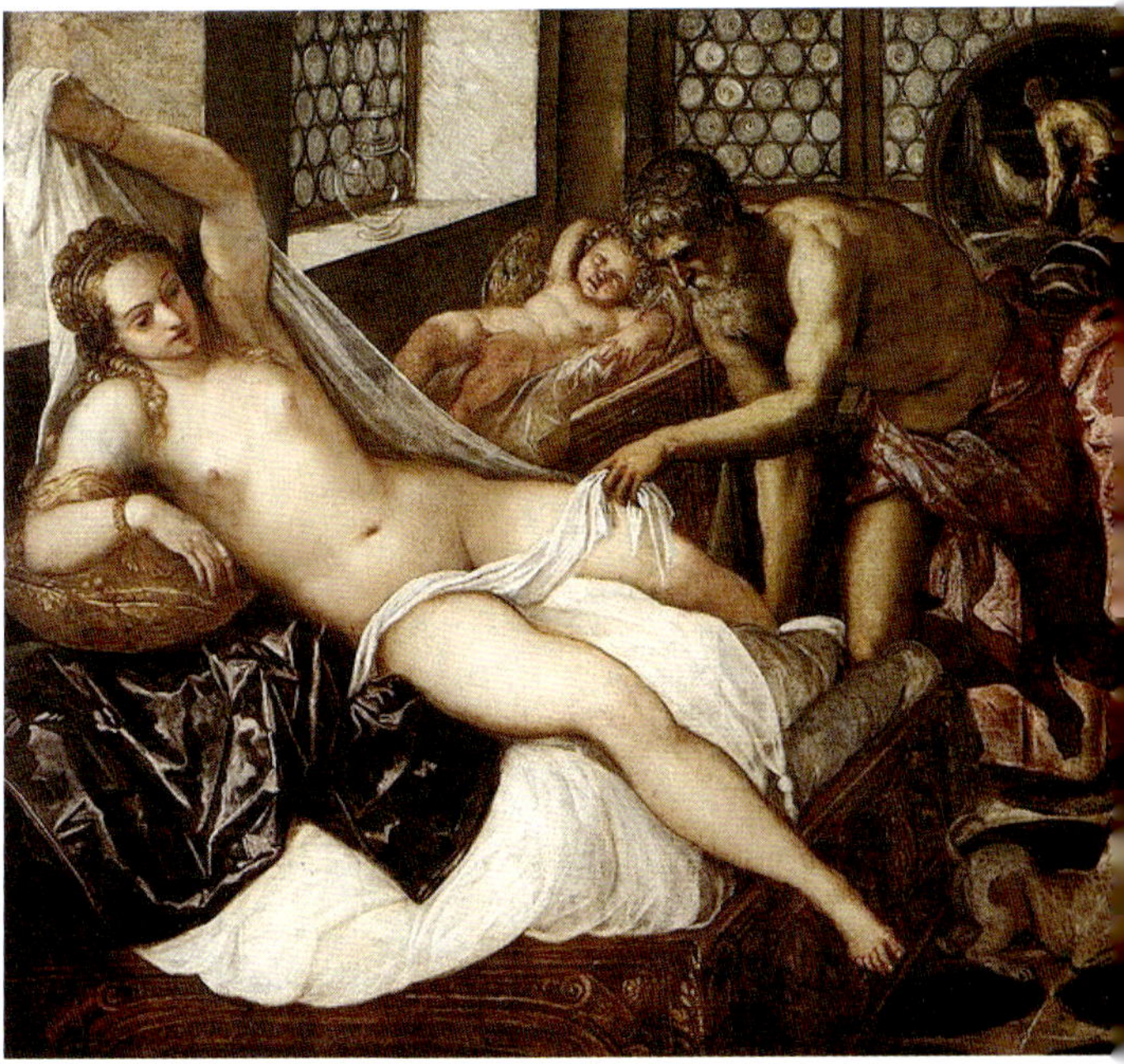

1555年頃　油彩・画布　135×198cm　アルテ・ピナコテーク、ミュンヘン

の下に隠れています。ティントレットは古典文学をカリカチュアライズして喜劇化したのです。いかにも享楽的なヴェネツィアの画家らしい作品ですね。

ウェヌスの男性遍歴同様に、この作品もイギリスではアランデル公爵からデヴォンシャー侯爵のもとへ、さらに現在はドイツのアルテ・ピナコテークに所蔵されています。

恋人二人に挟まれての三角関係に見えるが……

《歌い、音楽を奏でるアポロ、ヒュアキントス、キュパリッソス》

アレクサンドル・アンドレイェヴィチ・イワノフ［ロシア、1806－1858］

二人の少年もそれぞれ持物が違っている

ギリシャの神々を代表する美丈夫アポロは、古代ギリシャの神らしく同性とも浮き名を流し、神話にエピソードを残しています。牧笛を吹く少年の下には円盤が薄く描かれていますので、円盤を頭に受けて死んだヒュアキントスと見なします。また、月桂樹の冠を被ったアポロにもたれかかり歌っている少年の足元には、鈍い金色に光る角を持つ鹿がいます。これは、キュパリッソスが誤って投げ槍で殺してしまった鹿です。

ところが、未完に終わったこの作品を紹介している美術館の図録では、しなだれて歌っているのがヒュアキントスで、左で牧笛を奏でているのがキュパリッソスとあるのです。

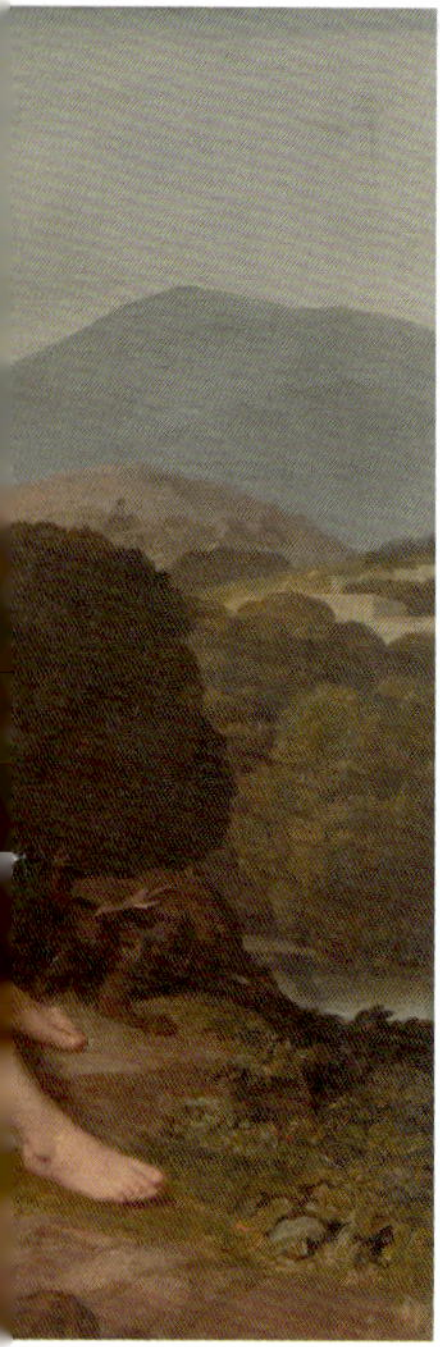

持物（アトリビュー

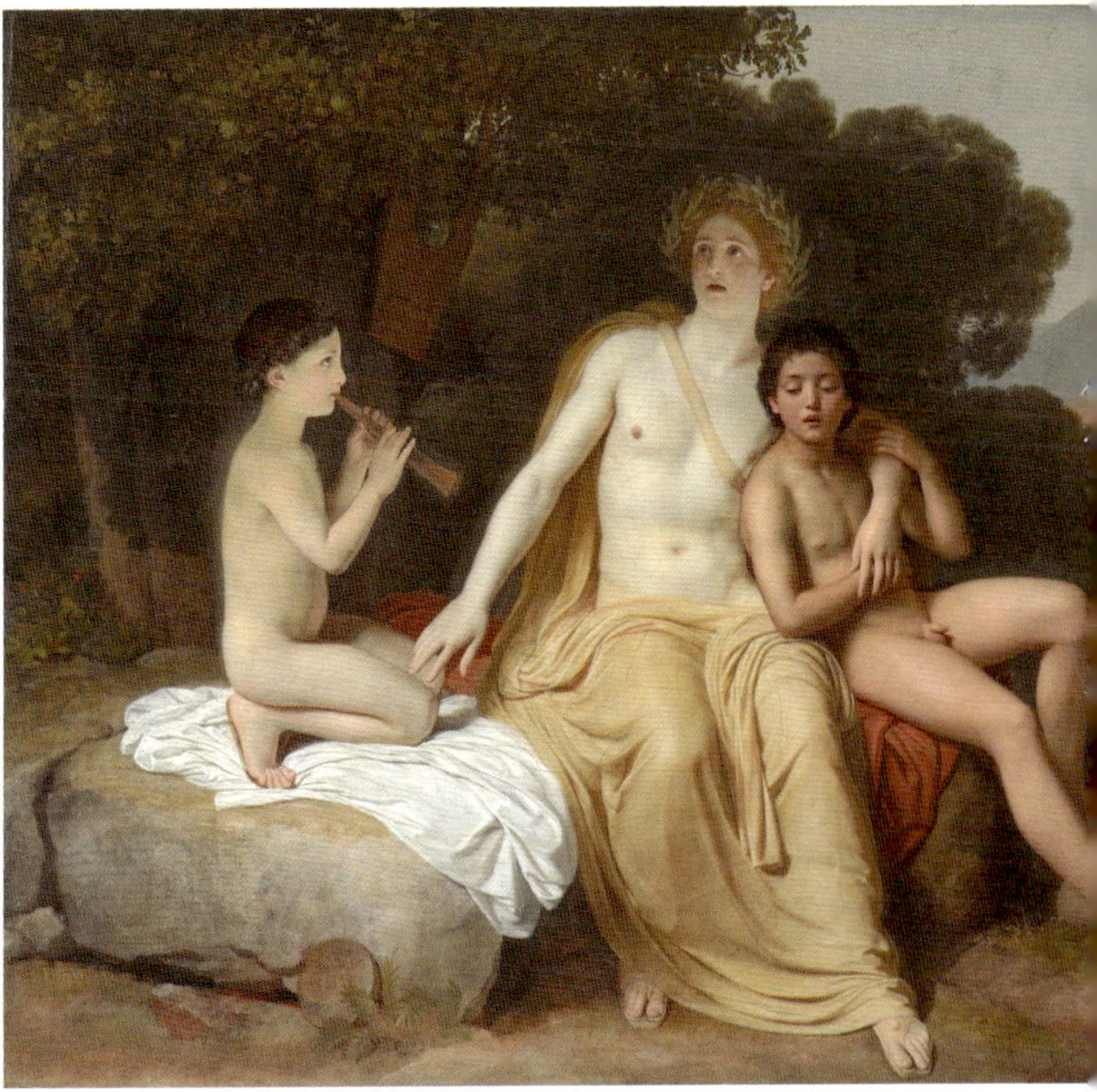

1831-34年　油彩・画布　101×138.5cm　トレチャコフ美術館、モスクワ

ト）と比べると、美術史上の象徴学では辻褄（つじつま）が合いません。

また、神話の中では、この3人が決して三角関係であったわけではなく、美男の割には悲恋が多いアポロが、同時に二人の恋人に囲まれご満悦状態なことがあったわけでもありません。この作品は、音楽の神としてのアポロを象徴的に描いたものなのです。

聖書の一節を説いた場面ではない

《ピエタ》

ジョヴァンニ・ベリーニ［イタリア、c1430－1516］

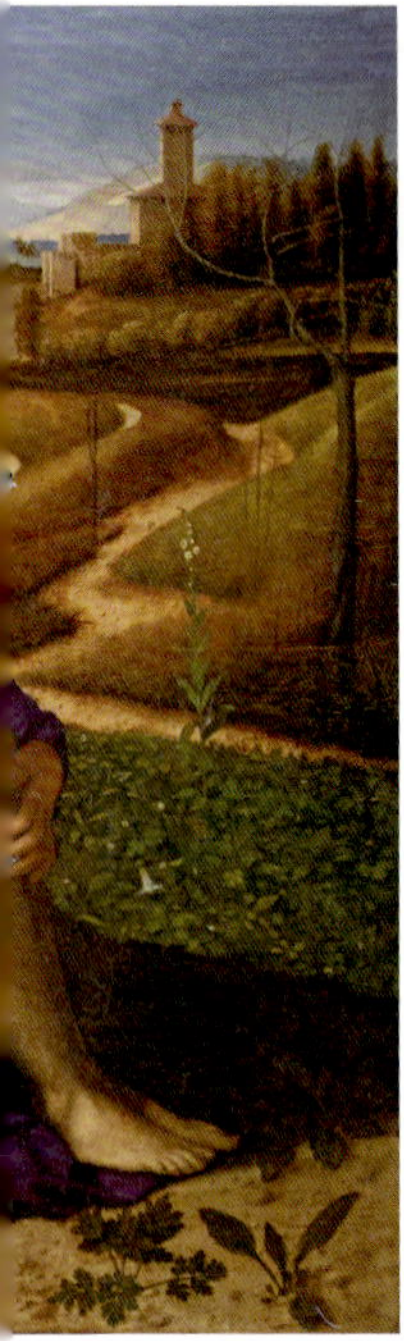

じつは福音書に登場する場面はない

「哀悼」を意味する「ピエタ」は、キリストの十字架降下の直後の場面を示すために用いられる言葉です。ベリーニのこの作品は、ルネサンス初期のものらしく、跪いて悲しみにくれている聖母の膝の上に、キリストの遺体が置かれたピエタ像になっています。

この「ピエタ」という主題は、じつは福音書には何も記されていません。この主題は12世紀のビザンティン美術に取り上げられて以降、13世紀には西ヨーロッパにももたらされました。福音書に記されていないこの主題が広まったのは、当然のことながら物語の中の一場面を伝えるためではありません。聖書の一節を描くという物語性よりも、人々に敬虔な気持ちを抱かせることを目的とした主題なのです。

ちなみに、背景の風景

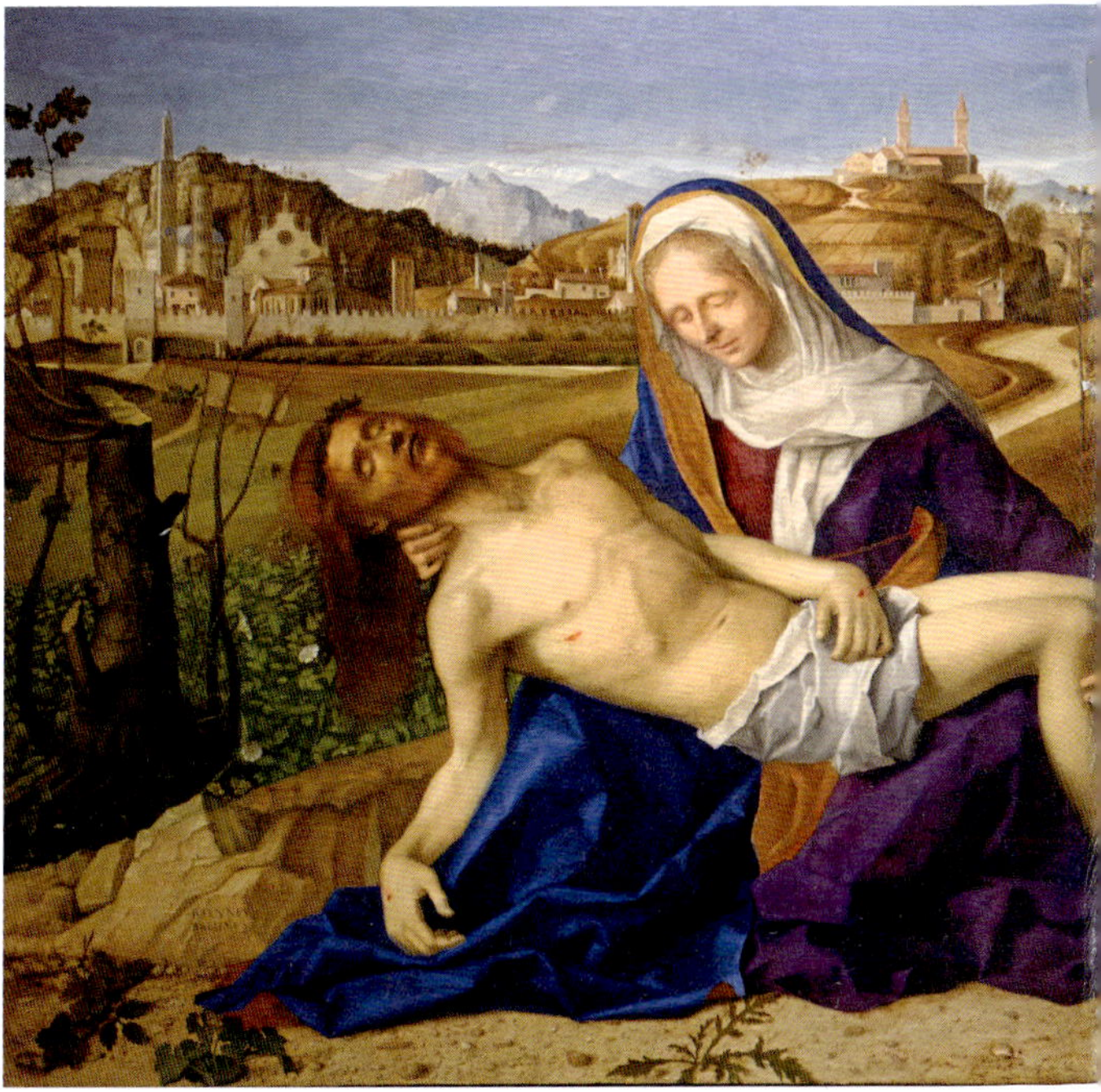

1505年　65×90cm
アカデミア美術館、ヴェネツィア
©amanaimages

は本来のエルサレムではなく、当時ヴェネツィア共和国の支配下にあったヴィチェンツァです。ヴェネツィア派の基礎を築いたベリーニは、人々に馴染みのある景色を背景に主題を叙情性高く描く、同派特有の世俗的風景描写を確立したのでした。

木村泰司 きむら・たいじ

西洋美術史家。1966年、愛知県生まれ。米国カリフォルニア大学バークレー校で美術史学士号を修めた後、ロンドンのサザビーズ美術教養講座にてWORKS OF ART 修了。エンターテインメントとしての西洋美術史を目指し、さまざまな講演会やセミナー、イベント、執筆などで活躍。
主な著書に『名画は嘘をつく』『名画は嘘をつく2』(以上、ビジュアルだいわ文庫)、『名画で読む！旧約・新約聖書の世界』『名画で読む！ 神話とおとぎ話の世界』(以上、綜合ムック)、『名画の言い分』『印象派という革命』(以上、集英社)、『美女たちの西洋美術史』(光文社新書)など多数。

本作品は当文庫のための書き下ろしです。

ビジュアルだいわ文庫

名画の本音
名画は嘘をつく3

著　者　木村泰司
©2017 Taiji Kimura, Printed in Japan
2017年9月15日第一刷発行
2017年10月5日第二刷発行
発行者　佐藤 靖
発行所　大和書房
東京都文京区関口1-33-4　〒112-0014
電話03-3203-4511
装幀者　福田和雄(FUKUDA DESIGN)
本文デザイン DTP　朝日メディアインターナショナル株式会社
本文写真　株式会社アマナ
本文印刷　歩プロセス
カバー印刷　歩プロセス
製　本　ナショナル製本

ISBN978-4-479-30670-2
乱丁本・落丁本はお取り替えいたします。
http://www.daiwashobo.co.jp/